# die 40 wichtigsten Fälle zum Zivilprozessrecht I

## Erkenntnisverfahren

Hemmer/Wüst/Haubold/d'Alquen

Hemmer/Wüst Verlagsgesellschaft



Hemmer/Wüst/Haubold/d'Alquen,

die 40 wichtigsten Fälle zum Zivilprozessrecht I,

Erkenntnisverfahren

**ISBN 978-3-86193-346-5**

**7. Auflage 2014**

gedruckt auf chlorfrei gebleichtem Papier

von Schleunungdruck GmbH, Marktheidenfeld

# Vorwort

Die vorliegende Fallsammlung ist für **Studenten in den ersten Semestern** gedacht. Gerade in dieser Phase ist es wichtig, bei der Auswahl der Lernmaterialien den richtigen Weg einzuschlagen. **Auch in den späteren Semestern und im Referendariat** sollte man in den grundsätzlichen Problemfeldern sicher sein. Die essentials sollte jeder kennen.

Die Gefahr zu Beginn des Studiums liegt darin, den Stoff zu abstrakt zu erarbeiten. Nur ein **problemorientiertes Lernen**, d.h. ein Lernen am konkreten Fall, führt zum Erfolg. Das gilt für die kleinen Scheine / die Zwischenprüfung genauso wie für das Examen. In juristischen Klausuren wird nicht ein möglichst breites Wissen abgeprüft. In juristischen Klausuren steht der Umgang mit konkreten Problemen im Vordergrund. Nur wer gelernt hat, sich die Probleme des Falles aus dem Sachverhalt zu erschließen, schreibt die gute Klausur. Es geht darum, Probleme zu erkennen und zu lösen. Abstraktes anwendungsunspezifisches Wissen, sog. „Träges Wissen", täuscht Sicherheit vor, schadet aber letztlich.

Bei der Anwendung dieser Lernmethode sind wir Marktführer. Profitieren Sie von der über 35-jährigen Erfahrung des **Juristischen Repetitoriums hemmer** im Umgang mit Examensklausuren. Diese Erfahrung fließt in sämtliche Skripten des Verlages ein. Das Repetitorium beschäftigt **ausschließlich Spitzenjuristen**, teilweise Landesbeste ihres Examenstermins. Die so erreichte Qualität in Unterricht und Skripten werden Sie anderswo vergeblich suchen. Lernen Sie mit den Profis!

Ihre Aufgabe als Jurist wird es einmal sein, konkrete Fälle zu lösen. Diese Fähigkeit zu erwerben ist das Ziel einer guten juristischen Ausbildung. Nutzen Sie die Chance, diese Fähigkeit bereits zu Beginn Ihres Studiums zu trainieren. Erarbeiten Sie sich das notwendige Handwerkszeug anhand unserer Fälle. Sie werden feststellen: Wer Jura richtig lernt, dem macht es auch Spaß. Je mehr Sie verstehen, desto mehr Freude werden Sie haben, sich neue Probleme durch eigenständiges Denken zu erarbeiten. Wir bieten Ihnen mit unserer **juristischen Kompetenz** die notwendige Hilfestellung.

Fallsammlungen gibt es viele. Die Auswahl des richtigen Lernmaterials ist jedoch der entscheidende Aspekt. Vertrauen Sie auf unsere Erfahrungen im Umgang mit Prüfungsklausuren. Unser Beruf ist es, **alle klausurrelevanten Inhalte** zusammenzutragen und verständlich aufzubereiten. Prüfungsinhalte wiederholen sich. Wir vermitteln Ihnen das, worauf es in der Prüfung ankommt – verständlich – knapp – präzise.

Achten Sie dabei insbesondere auf die richtige Formulierung. Jura ist eine Kunstsprache, die es zu beherrschen gilt. Abstrakte Floskeln, ausgedehnte Meinungsstreitigkeiten sollten vermieden werden. Wir haben die Fälle daher bewusst kurz gehalten. Der Blick für das Wesentlich darf bei der Bearbeitung von Fällen nie verloren gehen.

Wir hoffen, Ihnen den Einstieg in das juristische Denken mit der vorliegenden Fallsammlung zu erleichtern und würden uns freuen, Sie auf Ihrem Weg in der Ausbildung auch weiterhin begleiten zu dürfen.

**Karl-Edmund Hemmer & Achim Wüst**

## Inhaltsverzeichnis:

Die Zahlen beziehen sich auf die Seiten des Skripts.

## Kapitel I: Die Zulässigkeit der Klage

### 1. Abschnitt: Gerichtsbezogene Prozessvoraussetzungen



### 2. Abschnitt: Parteibezogene Prozessvoraussetzungen



### 3. Abschnitt: Wirksame Klageerhebung

## Kapitel IV: Die Beteiligung mehrerer am Rechtsstreit



## Kapitel V: Beweisführung

# Kapitel I: Die Zulässigkeit der Klage

## 1. Abschnitt: Gerichtsbezogene Prozessvoraussetzungen

### Fall 1: Eröffnung des Zivilrechtswegs

***Sachverhalt:***

*Die Parteien streiten um die Kündigung ihrer seit mehreren Jahren bestehenden Vertragsbeziehung durch die Beklagte B. Die B betreibt ein Laboratorium mit über 20 Angestellten und bietet chemische Analysen an. Der Kläger K war in der Forschung und Vermarktung für die B tätig. Nach einem zwischen ihnen geschlossenen „Vertrag über freie Mitarbeit" beriet K die B bei der Entwicklung neuer Teststoffe. Weiterhin akquirierte und betreute er Kunden. Er sollte mindestens 10 Tage im Monat für die Beklagte tätig werden, wobei die Zeiteinteilung in seinem freien Ermessen lag. K war berechtigt, Nebentätigkeiten auszuüben und erbrachte daher ähnliche Dienstleistungen bundesweit für chemische Laboratorien. Als Vergütung erhielt K eine Tagespauschale sowie vom Kundenumsatz abhängige Provisionen. Wegen der allgemeinen schlechten wirtschaftlichen Lage kündigte die B den Vertrag. K ist der Ansicht, dass er Arbeitnehmer der B und die Kündigung sozial nicht gerechtfertigt sei. Weiterhin schulde ihm die B noch Vergütung und Aufwendungsersatz in Höhe von 10.000,- €. B trägt vor, dass A kein Arbeitnehmer sei, sondern „freier Mitarbeiter".*

***Frage:*** *Welcher Rechtsweg ist für die Leistungsanträge eröffnet?*

#### I. Einordnung

Die Frage nach dem richtigen Rechtsweg ist keine Frage nach der Zulässigkeit der Klage überhaupt. Wenn K den falschen Rechtsweg beschreitet, seine Klage also bei einem unzuständigen Gericht eingereicht wird, dann wird sie dort nicht durch Prozessurteil abgewiesen, sondern gem. § 17a II GVG an das zuständige Gericht des zulässigen Rechtswegs weitergeleitet.

Es geht hier also „nur" um die Frage, welches Gericht nach welcher Prozessordnung entscheiden wird, entweder ein Zivilgericht nach der ZPO oder ein Arbeitsgericht nach dem ArbGG.

Grundsätzlich entscheidet das Zivilgericht als ordentliches Gericht über alle bürgerlichen Rechtsstreitigkeiten, § 13 GVG.

In § 2 ArbGG werden jedoch eine Reihe bürgerlicher Rechtsstreitigkeiten den Arbeitsgerichten zugewiesen.

Da K behauptet, Arbeitnehmer zu sein, ist hier die Frage der Rechtswegzuständigkeit näher zu betrachten.

**hemmer-Methode**: Die Eröffnung des Rechtswegs ist im Zivilrecht, anders als im öffentlichen Recht, selten ein Problem. Dieser Punkt braucht daher in der Regel auch nicht in der Klausur erwähnt zu werden.

## II. Gliederung

**1. Rechtswegeröffnung über § 2 I Nr. 3a) ArbGG**

**(P):** Arbeitnehmereigenschaft **keine „doppeltrelevante" Tatsache** für den Zahlungsanspruch, Prüfung somit bereits hier notwendig

**2. Rechtswegeröffnung über § 2 III ArbGG**

**(P):** „Zusammenhangsklage"

Nach Rspr. des BVerfG und des BAG ist § 2 III ArbGG nicht anwendbar, wenn **„sic-non"-Fall** (Kündigungsschutzklage) mit weiterem Streitgegenstand verbunden wird

**3. Rechtswegeröffnung über § 13 GVG**

## III. Lösung

### Rechtsweg für den Leistungsantrag

Der zulässige Rechtsweg beurteilt sich nach der wahren Natur des Rechtsverhältnisses, aus dem der Klageanspruch hergeleitet wird.

Hier könnte gem. § 13 GVG der Rechtsweg zu den ordentlichen Gerichten eröffnet sein, wenn es sich um eine bürgerlich-rechtliche Streitigkeit handelt. Eine solche liegt vor, wenn der Streitgegenstand eine unmittelbare Folge des Zivilrechts ist.

K und B streiten um Zahlung aus einem Vertragsverhältnis. Ein solches Vertragsverhältnis ist eine unmittelbare Folge des Zivilrechts. Mithin liegt eine bürgerlich-rechtliche Streitigkeit vor.

**hemmer-Methode**: Nochmals – die eben gemachten Ausführungen haben in einer gewöhnlichen ZPO-Klausur nichts verloren. Sie nerven sonst den Korrektor!
Der Zivilrechtsweg wäre vorliegend aber dann nicht gegeben, wenn der Rechtsweg vor den Arbeitsgerichten eröffnet ist, § 13 a.E. GVG.

### 1. Rechtswegeröffnung über § 2 I Nr. 3a) ArbGG

Für den Antrag auf Zahlung von 10.000,- € könnte sich die Rechtswegeröffnung vor den Arbeitsgerichten aus § 2 I Nr. 3a) ArbGG ergeben.

Dann müsste es sich um eine bürgerlich-rechtliche Streitigkeit zwischen einem Arbeitnehmer und Arbeitgeber aus dem Arbeitsverhältnis handeln.

Zweifelhaft ist allerdings, ob es sich vorliegend bei K überhaupt um einen Arbeitnehmer handelt. B bestreitet dies.

Im Rahmen der Rechtswegeröffnung ist nun zu differenzieren:

#### a) „sic-non"-Fall

Kann der geltend gemachte Anspruch ausschließlich auf eine arbeitsrechtliche Anspruchsgrundlage gestützt werden, ist es aber fraglich, ob deren Voraussetzungen vorliegen, handelt es sich um einen sog. „sic-non"-Fall.

Die Arbeitnehmereigenschaft ist hier eine „doppeltrelevante" Tatsache. Sie ist sowohl für die Begründung der Rechtswegzuständigkeit als auch für die Begründetheit der Klage maßgebend.

Würde in einem solchen Fall die Rechtswegeröffnung durch das Gericht verneint und die Sache verwiesen, dann wäre damit praktisch schon der Rechtsstreit in der Sache entschieden.

Wenn das Gericht, an das verwiesen würde, nämlich der Begründung des verweisenden Gerichts folgen würde – was es in aller Regel auch tun wird, – so müsste es die Klage als unbegründet abweisen.

Daher muss es für die Rechtswegeröffnung ausreichend sein, wenn der Kläger die „doppeltrelevanten" Tatsachen schlüssig vorträgt. Nach der Rechtsprechung des BAG kommt es für die Frage der Arbeitnehmereigenschaft aber nicht einmal auf einen schlüssigen Vortrag an, sondern es reicht die bloße Behauptung aus.

#### b) „et-et" oder „aut-aut"-Fall

Ein sog. „et-et"-Fall liegt vor, wenn der Anspruch widerspruchsfrei sowohl auf eine arbeitsrechtliche als auch auf eine nicht arbeitsrechtliche Anspruchsgrundlage gestützt werden kann.

Um einen sog. „aut-aut"-Fall handelt es sich schließlich, wenn der Anspruch entweder auf eine arbeitsrechtliche oder eine bürgerlich-rechtliche Anspruchsgrundlage gestützt werden kann.

In diesen beiden Konstellationen ist der Rechtsweg vor den Arbeitsgerichten nur eröffnet, wenn die Arbeitnehmereigenschaft feststeht.

**hemmer-Methode**: Bei dieser Differenzierung handelt es sich schon um ein ziemlich spezielles Problem. Merken sollte man sich nur, dass bei einer „doppeltrelevanten" Tatsache im Zivilprozess deren schlüssiges Vortragen ausreicht.

Im konkreten Fall stellt die Arbeitnehmereigenschaft zwar bezüglich des Kündigungsschutzantrages eine „doppeltrelevante" Tatsache dar, allerdings nicht hinsichtlich des Leistungsantrages. Ein Anspruch auf Zahlung von Vergütung und Aufwendungsersatz setzt kein Arbeitsverhältnis voraus, sondern lässt sich auch auf bürgerlichrechtliche Anspruchsgrundlagen stützen.

#### c) Begriff des Arbeitnehmers

Damit kommt es hier auf die Arbeitnehmereigenschaft des K an. Arbeitnehmer ist, wer auf Grund eines privatrechtlichen Vertrags im Dienste eines anderen zur Leistung weisungsgebundener, fremdbestimmter Arbeit in persönlicher Abhängigkeit verpflichtet ist. Es kommt dabei auf eine Gesamtwürdigung aller maßgebenden Umstände des Einzelfalls an. Da K seine Tätigkeit weitgehend frei gestalten konnte, ist er nicht als Arbeitnehmer anzusehen. Ebenso wenig ist er eine arbeitnehmerähnliche Person i.S.v. § 5 I S. 2 ArbGG mangels wirtschaftlicher Abhängigkeit von B.

**hemmer-Methode**: In einer Arbeitsrechtsklausur wird hier ein Schwerpunkt des Falls liegen und es wäre eine umfangreichere Würdigung notwendig.

Da K kein Arbeitnehmer ist, scheidet eine Rechtswegeröffnung über § 2 I Nr. 3a) ArbGG aus.

### 2. Rechtswegeröffnung über § 2 III ArbGG

Möglicherweise ergibt sich die Rechtswegeröffnung aber über § 2 III ArbGG im Wege der sog. „Zusammenhangsklage", ohne dass es auf die Arbeitnehmereigenschaft des K ankäme.

Oben wurde bereits festgestellt, dass für die Rechtswegeröffnung bezüglich des Kündigungsschutzantrages ausreichend ist, dass K seine Arbeitnehmereigenschaft behauptet.

Gem. des Wortlauts von § 2 III ArbGG könnte dann das Arbeitsgericht auch über nicht im Katalog von § 2 I, II ArbGG aufgeführte Streitigkeiten entscheiden.

In einem sog. „sic-non"-Fall hinsichtlich des Feststellungsantrages wird aber die Anwendbarkeit dieser Vorschrift von der Rechtsprechung des BAG und BVerfG abgelehnt. Ansonsten bestünde die Gefahr einer nicht mit Art. 101 GG zu vereinbarenden Rechtswegerschleichung, da der Kläger ja einfach nur seine Arbeitnehmereigenschaft behaupten muss, um zwischen zwei verschiedenen Gerichten wählen zu können.

**hemmer-Methode**: Auch dabei handelt es sich um ein eher spezifisch arbeitsrechtliches Problem.

Somit kommt im vorliegenden Fall für die Leistungsanträge auch keine Rechtswegeröffnung über § 2 III ArbGG in Betracht.

### 3. Rechtswegeröffnung über § 13 GVG

Da der Rechtsweg vor den Arbeitsgerichten für den Leistungsantrag des K nicht nach § 2 I, III ArbGG eröffnet ist, ist letztlich doch der Zivilrechtsweg gegeben.

## IV. Zusammenfassung

- Die Zulässigkeit des Zivilrechtswegs bestimmt sich nach § 13 GVG. Ein Problembereich der Klausur liegt hier nur in den seltensten Fällen. Ausführungen sind regelmäßig überflüssig. Allenfalls wenn es um Arbeitnehmer geht, sollte man hellhörig werden.
- Die schlüssige Behauptung einer „doppeltrelevanten" Tatsache ist im Rahmen der Zulässigkeit einer Klage ausreichend.

## V. Vertiefung

- Hemmer/Wüst, ZPO I, Rn. 147 f.
- Hemmer/Wüst, Arbeitsrecht, Rn. 13 ff.

# Fall 2: Sachliche Zuständigkeit des Gerichts

***Sachverhalt:***

*K hat dem B vor einiger Zeit einen antiken Schreibtisch zum Preis von 5.000,- € verkauft. Die Lieferung durch K erfolgte ordnungsgemäß, allerdings zahlte B bis heute nicht. Nachdem K ihn mehrfach gemahnt hatte, ging er schließlich zu Rechtsanwalt R, um seine Forderung gerichtlich durchzusetzen.*

1. *K begehrt nur die Zahlung der vereinbarten 5.000,- €.*

2. *Da B trotz der zahlreichen Mahnungen nun schon seit über einem Jahr nicht gezahlt hat, möchte K neben den 5.000,- € auch Zinsen. Um die Kosten seines Anwalts, mit dem er ein Stundenhonorar vereinbart hat, gering zu halten, rechnet er die Zinsen selbst aus und beauftragt den R, 5.453,67,- € einzuklagen.*

3. *Vor mehreren Jahren hatte der K dem B ein Darlehen gewährt. Daraus schuldet B dem K noch Zinsen in Höhe von 890,- €. K möchte nun alles „in einem Aufwasch" erledigen, R soll daher auch diese Zinsen mit einklagen.*

4. *B ist nicht sehr erfreut, als ihm die Klageschrift des K zugestellt wird. Daher erzählt er in seiner Stammkneipe jedem, dass K ein „kapitalistischer Halsabschneider" ist. Dies kommt dem K zu Ohren. Er fühlt sich in seiner Ehre gekränkt und möchte daher den B auf Unterlassung verklagen.*

5. *K klagt wie unter 3. den Preis für den Schreibtisch und die Darlehenszinsen ein. Da sich im Laufe des Verfahrens Beweisprobleme bezüglich der Darlehenzinsen offenbaren, wird die Klage in diesem Punkt zurückgenommen. B lässt daraufhin durch seinen Anwalt einen Verweisungsantrag wegen Unzuständigkeit des Gerichts stellen.*

***Frage:*** *Welches Gericht ist in den Alternativen 1-5 sachlich zuständig?*

## I. Einordnung

Die sachliche Zuständigkeit behandelt die Frage, welches Gericht innerhalb derselben Gerichtsbarkeit in erster Instanz einen Rechtsstreit zu entscheiden hat.

Ist der Rechtsweg zu den Zivilgerichten gem. § 13 GVG eröffnet, können Amtsgericht oder Landgericht zuständig sein. Die für die Abgrenzung relevanten Normen sind die §§ 1 ff. ZPO und die §§ 23 f., 71 GVG.

Danach ist grundsätzlich das Landgericht zuständig, § 71 I GVG, sofern nicht eine besondere Zuweisung an das Amtsgericht vorliegt, §§ 23 f. GVG.

**hemmer-Methode**: Wird die Klage zum sachlich unzuständigen Gericht erhoben, so erfolgt keine Verweisung von Amts wegen wie bei Klageerhebung zu einem Gericht des falschen Rechtswegs gem. § 17a II GVG.
Vielmehr bedarf es eines Antrags des Klägers, § 281 I S. 1 ZPO. Wird dieser nicht gestellt, wird die Klage als unzulässig abgewiesen.

## II. Gliederung

**Frage 1: Klageantrag 5.000,- €**

- Grundsätzliche Zuständigkeit des Landgerichts, § 1 ZPO, § 71 I GVG
- Bei einem **Streitwert bis einschließlich 5.000,- €** allerdings Zuständigkeit des Amtsgerichts, § 23 Nr. 1 GVG

**Frage 2: Klageantrag 5.453,67,- € (5.000,- € nebst 453,67,- € Zinsen)**

- **Zinsen** als Nebenforderungen bleiben außer Betracht, § 4 I a.E. ZPO
- Dies gilt auch, wenn die Zinsen ausgerechnet werden und dem Hauptantrag ziffernmäßig zugeschlagen sind
- Daher auch hier Zuständigkeit des Amtsgerichts, §§ 71 I, 23 Nr. 1 GVG

**Frage 3: Klageantrag 5.890,- € (5.000,- € Kaufpreis und 890,- € Darlehenszinsen)**

- § 4 I a.E. ZPO gilt nur, wenn die Zinsen als Nebenforderung zum Hauptantrag geltend gemacht werden
- Hier haben die **Darlehenszinsen** aber **keinen Bezug zum Kaufvertrag**, daher erfolgt Addition gem. § 5 ZPO
- Bei Streitwert über 5.000,- € Zuständigkeit des Landgerichts, § 71 I GVG

**Frage 4: Unterlassungsantrag**

- Auch bei **nichtvermögensrechtlichen Streitigkeiten** Abgrenzung grundsätzlich nach §§ 71 I, 23 Nr. 1 GVG
- **(P):** Streitwertermittlung Festsetzung durch das Gericht nach freiem Ermessen gem. §§ 3 ZPO, 48 II GKG

**Frage 5: Änderung des Klageantrags**

- Gem. § 4 I ZPO ist der Streitwert zum **Zeitpunkt der Klageeinreichung** maßgebend
- Nach § 261 III Nr. 2 ZPO hat eine Änderung keine Auswirkungen auf die Zuständigkeit
- Auch kein Fall des § 506 ZPO, da dieser nur bei nachträglicher Erweiterung des Klageantrags einschlägig

## III. Lösung Frage 1

### Sachliche Zuständigkeit

Die sachliche Zuständigkeit bestimmt sich nach § 1 ZPO i.V.m. §§ 71, 23 f. GVG.

#### 1. Grundsätzliche Zuständigkeit des Landgerichts, § 71 I GVG

Grundsätzlich ist gem. § 71 I GVG das Landgericht für bürgerliche Rechtsstreitigkeiten zuständig.

**hemmer-Methode**: Eine bürgerliche Rechtsstreitigkeit liegt hier eindeutig vor. In Zweifelsfällen ist diese Frage schon unter dem Prüfungspunkt Rechtswegzuständigkeit relevant (vgl. Fall 1).

Da die Streitigkeit nicht unter § 71 II GVG fällt, ist allerdings zu prüfen, ob sie nicht den Amtsgerichten zugewiesen ist, vgl. § 71 I 2.Hs. GVG.

## 2. Zuständigkeit des Amtsgerichts, §§ 23 f. GVG

Das Amtsgericht wäre zuständig, wenn ihm die Streitigkeit durch § 23 GVG oder § 23a GVG zugewiesen wäre.

**hemmer-Methode**: § 23b GVG ist keine Vorschrift über die sachliche Zuständigkeit. Die Norm regelt lediglich, dass bei (bestimmten, vgl. § 23c GVG) Amtsgerichten eine spezielle Abteilung für Familiensachen eingerichtet wird und behandelt somit eine Frage der funktionellen Zuständigkeit (gesetzliche Geschäftsverteilung). Entscheidet eine andere Abteilung des Amtsgerichts eine Familiensache, ist die Entscheidung zwar wirksam, aber aus diesem Grunde anfechtbar.

Weder im Katalog des § 23a GVG noch des § 23 Nr. 2 GVG sind Streitigkeiten aus Kaufverträgen ausdrücklich aufgeführt.

Daher beurteilt sich die Zuständigkeit streitwertabhängig nach § 23 Nr. 1 GVG.

**hemmer-Methode**: Der Begriff des Streitwertes kommt im Zivilprozess in mehreren Bedeutungen vor. Man unterscheidet zwischen dem – hier relevanten – Zuständigkeitsstreitwert (maßgebend für die Abgrenzung der sachlichen Zuständigkeit nach §§ 71 I, 23 Nr. 1 GVG), dem Gebührenstreitwert (maßgebend für die Errechnung der Prozesskosten) und dem Rechtsmittelstreitwert (maßgebend für die Zulässigkeit eines Rechtsmittels) vgl. § 511 II Nr.1 ZPO.

Für die Streitigkeit über einen Anspruch, dessen Geldwert 5.000,- € nicht übersteigt, ist danach das Amtsgericht zuständig.

B macht hier einen Zahlungsanspruch von genau 5.000,- € geltend. Demzufolge ist das Amtsgericht sachlich zuständig.

**hemmer-Methode**: Achten Sie hier genau auf den Wortlaut von § 23 Nr. 1 GVG: „...Summe von fünftausend Euro nicht übersteigt...“. Bei genau 5.000,00,- € ist dies noch der Fall, was gern übersehen wird. Erst ab einem Streitwert von 5.000,01,- € ist dann das Landgericht zuständig.

# IV. Lösung Frage 2

## Sachliche Zuständigkeit

Die sachliche Zuständigkeit richtet sich hier ebenfalls nach §§ 71 I, 23 Nr. 1 GVG. Es kommt also wiederum auf die Höhe des Streitwertes an.

### 1. Bestimmung des Streitwertes

Auf den ersten Blick scheint das Landgericht zuständig zu sein, da K 5.453,67,- € verlangt und damit mehr als 5.000,- €.

Gem. § 2 ZPO, der direkt und primär für den Zuständigkeitsstreitwert gilt, ermittelt sich der Streitwert nach den §§ 3 ff. ZPO. In § 4 I a.E. ZPO ist geregelt, dass Zinsen als Nebenforderungen bei der Berechnung des Wertes unberücksichtigt bleiben.

Nebenforderungen sind die neben dem Hauptanspruch, aus dem sie in Abhängigkeit entstanden sind, von derselben Partei geltend gemachten Forderungen.

Die Hauptforderung des K ist hier die Zahlung des Kaufpreises für den antiken Schreibtisch in Höhe von 5.000,- €.

Die von K geltend gemachten Zinsen resultieren daraus, dass B auf die Hauptforderung nicht gezahlt hat und sind somit als Nebenforderung anzusehen.

Der Streitwert richtet sich daher nur nach der Hauptforderung und beträgt unverändert 5.000,- €.

**2. Bezifferung der Zinsen und Zuschlag zum Hauptanspruch**

Eine Besonderheit besteht hier aber in der Geltendmachung der Nebenforderung.

Gewöhnlicherweise stellt der Kläger folgenden Antrag:

„Der Beklagte wird verurteilt, an den Kläger 5.000,- € nebst 5 % Zinsen über dem Basiszinssatz hieraus seit ... zu zahlen."

Hier lautet der gestellte Antrag aber:

„Der Beklagte wird verurteilt, an den Kläger 5.453,67,- € zu zahlen."

Aus der Begründung der Klage ergibt sich dann erst, dass sich dieser Betrag aus Hauptforderung und Nebenforderung zusammensetzt.

Möglicherweise ist daher von einem Streitwert in Höhe von 5.453,67,- € auszugehen, was die Zuständigkeit des Landgerichts zur Folge hätte.

Nach der Rechtsprechung des BGH bleiben die Zinsen aber auch in diesem Fall außer Betracht. Es macht keinen Unterschied, ob sie als Prozentsatz neben der Hauptforderung geltend gemacht werden oder ob der Kläger sie vorher ausgerechnet hat und dem Hauptantrag ziffernmäßig zugeschlagen hat.

**hemmer-Methode:** Anderenfalls könnte sich ein geschickter Kläger bei einem Streitwert von etwas unter 5.000,- € heraussuchen, ob er den gesamten Betrag vor dem Landgericht oder dem Amtsgericht einklagt.

Der Streitwert beträgt daher 5.000,- €, gem. §§ 71 I, 23 Nr. 1 GVG ist das Amtsgericht zuständig.

## V. Lösung Frage 3

**Sachliche Zuständigkeit**

Nach den §§ 71 I, 23 Nr. 1 GVG ist für die sachliche Zuständigkeit der Streitwert entscheidend.

K klagt 5.890,- € ein, davon 5.000,- € Kaufpreis und 890,- € Zinsen.

Nach § 4 I a.E. ZPO bleiben Zinsen bei der Wertermittlung zwar außer Betracht, aber nur wenn sie als Nebenforderung geltend gemacht werden.

Der Anspruch auf Kaufpreiszahlung in Höhe von 5.000,- € resultiert aus einem Kaufvertrag, der Anspruch auf Zinszahlung in Höhe von 890,- € aber aus einem Darlehensvertrag. Beide Verträge stehen in keinerlei Verbindung miteinander. Daher handelt es sich bei den geltend gemachten Zinsen auch nicht um eine Nebenforderung zur Kaufpreiszahlung, sondern um eine selbständige Hauptforderung.

Liegen mehrere Ansprüche vor, so werden diese nach § 5 I 1. Hs. ZPO zusammengerechnet. Der Streitwert beläuft sich somit auf 5.890,- €.

Das Landgericht ist gem. §§ 71 I, 23 Nr. 1 GVG sachlich zuständig.

## VI. Lösung Frage 4

### Sachliche Zuständigkeit

K macht hier einen Unterlassungsanspruch wegen Ehrverletzung geltend.

#### 1. Zuständigkeit bei Unterlassungsanspruch

Eine spezielle sachliche Zuständigkeit für einen solchen Anspruch ergibt sich weder aus § 71 II GVG noch aus den §§ 23a, 23 Nr. 2 GVG.

Es sind auch in diesem Fall die §§ 71 I, 23 Nr. 1 GVG einschlägig. Relevant für die Zuständigkeitsabgrenzung ist damit der Streitwert.

#### 2. Bestimmung des Streitwertes bei nichtvermögensrechtlichen Streitigkeiten

Der Anspruch geht nicht auf Geld oder einen geldwerten Gegenstand, sondern auf Unterlassung der Verletzung eines immateriellen Rechts. Es liegt damit eine sog. nichtvermögensrechtliche Streitigkeit vor. Die Bewertung einer solchen kann aber naturgemäß nicht so einfach und eindeutig vorgenommen werden wie bei einer vermögensrechtlichen Streitigkeit.

Gem. § 3 ZPO kann das Gericht den Streitwert nach freiem Ermessen festsetzen. Nach § 48 II S. 1 GKG sind dabei alle Umstände des Einzelfalls zu berücksichtigen.

**hemmer-Methode:** § 48 II S. 1 GKG ist eine Vorschrift, die primär der Bestimmung des Gebührenstreitwerts dient. Da dieser sich aber nach Möglichkeit nicht vom Zuständigkeitsstreitwert unterscheiden soll, kann man ihn auch hier heranziehen.

Vor Klageerhebung muss der Kläger also den ungefähren Wert des Unterlassungsanspruchs abschätzen und dann unter unverbindlicher Wertangabe beim Amts- oder Landgericht einreichen.

Es kommt also darauf an, wie man die Unterlassung des Ausdrucks „kapitalistischer Halsabschneider“ durch B in seiner Stammkneipe bewertet.

Nach den Gesamtumständen ist aber wohl nicht von einem Wert von über 5.000,- € auszugehen.

Damit ist das Amtsgericht gem. §§ 71 I, 23 Nr. 1 GVG zuständig.

## VII. Lösung Frage 5

### Sachliche Zuständigkeit

K klagt hier ursprünglich 5.890,- € ein. Bei diesem Streitwert ist gem. §§ 71 I, 23 Nr. 1 GVG das Landgericht zuständig.

#### 1. Änderung des Streitwerts

Im Laufe des Verfahrens reduziert K aber seinen Antrag und möchte nunmehr nur noch Zahlung von 5.000,- €.

Es ist zu prüfen, ob sich dies auf die sachliche Zuständigkeit auswirkt. Hätte K nämlich von Anfang an nur 5.000,- € verlangt, dann wäre nach §§ 71 I, 23 Nr. 1 GVG das Amtsgericht zuständig gewesen.

Für die Wertberechnung ist gem. § 4 I ZPO auf den Zeitpunkt der Einreichung der Klage abzustellen. Der Zuständigkeitsstreitwert, also der Streitwert, nachdem sich die gerichtliche Zuständigkeit bestimmt, beträgt demnach 5.890,- €.

Die spätere Reduzierung des Klageantrags, die eigentlich zu einer Zuständigkeit des Amtsgerichts führen würde, ist gem. § 261 III Nr. 2 ZPO unbeachtlich. Das anfänglich zuständige Landgericht bleibt auch weiterhin zuständig.

### 2. Kein Fall des § 506 I ZPO

Nach der Reduzierung des Klageantrags beantragt der Rechtsanwalt des B allerdings eine Verweisung wegen Unzuständigkeit des Landgerichts.

Fraglich ist, ob sich deswegen mit Hinblick auf § 506 I ZPO etwas anderes ergibt.

**hemmer-Methode:** Kommentieren Sie sich den § 506 I ZPO unbedingt als Ausnahme an den § 261 III Nr. 2 ZPO, sofern Ihre Prüfungsordnung dies zulässt!

Jedoch betrifft diese Vorschrift nur den „umgekehrten" Fall. Hätte K ursprünglich vor dem Amtsgericht nur 5.000,- € verlangt, im Laufe des Verfahrens dann aber 5.890,- €, so müsste das Amtsgericht gem. § 506 I ZPO nach Rüge durch B den Fall an das Landgericht verweisen. Insoweit gilt § 261 III Nr. 2 ZPO nicht.

Da K aber seinen Antrag nicht erweitert, sondern reduziert, greift § 506 I ZPO nach dem eindeutigen Wortlaut hier nicht ein.

**hemmer-Methode:** Liegt ein Fall des § 506 I ZPO vor und wird kein Verweisungsantrag gestellt, dann wird gem. § 39 S. 1 ZPO das Amtsgericht durch rügelose Einlassung des Beklagten zuständig. Dies gilt allerdings nach h.M. analog § 39 S. 2 ZPO nicht, wenn das Amtsgericht den Beklagten nicht über diese Folge belehrt hat.

Im vorliegenden Fall ist daher trotz des Umstands, dass die Parteien nun nur noch über 5.000,- € streiten, gem. §§ 71 I, 23 Nr. 1 GVG, 4 I, 261 III Nr. 2 ZPO das Landgericht zuständig.

## VIII. Zusammenfassung

- Die sachliche Zuständigkeit bestimmt sich streitwertabhängig nach §§ 1 ZPO, 71 I, 23 Nr. 1 GVG, sofern keine in §§ 71 II, 23a, 23 Nr. 2 GVG aufgeführte Streitigkeit vorliegt.
- Bis zu einem Streitwert von exakt 5.000,- € sind die Amtsgerichte zuständig, für höhere Streitwerte die Landgerichte.
- Für die Berechnung des Zuständigkeitsstreitwertes kommt es gem. § 4 I a.E. ZPO nur auf die Hauptforderung an, Nebenforderungen wie Zinsen bleiben außer Betracht.
- In nichtvermögensrechtlichen Streitigkeiten setzt das Gericht den Streitwert nach freiem Ermessen unter Berücksichtigung der Umstände des Einzelfalls fest, §§ 3 ZPO, 48 II GKG.
- Eine spätere Änderung des Streitwertes wirkt sich wegen §§ 4 I, 261 III Nr. 2 ZPO grundsätzlich nicht auf die sachliche Zuständigkeit des Gerichts aus.

# Fall 3: Örtliche Zuständigkeit des Gerichts

***Sachverhalt:***

*K aus Würzburg lässt in der Kfz-Werkstatt des B in Bayreuth seinen Golf GTI reparieren. Da der geschäftstüchtige B immer sehr in Eile ist, vergisst er die richtige Befestigung zweier Schrauben im Motorraum. Auf der Rückfahrt kommt K daher nur bis Bamberg. Als er dort auf der A70 gerade einen Porsche überholen will, gibt es einen lauten Knall und K bleibt mit Motorschaden liegen. K möchte von B Schadensersatz in Höhe von 4.500,- €.*

***Frage:*** *Wo kann er klagen?*

## I. Einordnung

Die örtliche Zuständigkeit behandelt die Frage, welches sachlich zuständige Gericht sich wegen seiner räumlichen Beziehung zum Rechtsstreit mit diesem zu befassen hat.

Während im Rahmen der sachlichen Zuständigkeit also geklärt wird, dass der Fall erstinstanzlich vor einem Amtsgericht oder einem Landgericht zu verhandeln ist, geht es hier nun darum, an welchem Ort die Klage konkret bei einem Amts- oder Landgericht einzureichen ist.

In der ZPO wird die örtliche Zuständigkeit als Gerichtsstand bezeichnet und ist grundsätzlich in den §§ 12-40 ZPO geregelt.

**hemmer-Methode:** Allerdings ist der Sprachgebrauch der ZPO uneinheitlich. So wird in § 40 II S. 1 ZPO und § 802 ZPO vom Gerichtsstand auch die sachliche Zuständigkeit umfasst.

## II. Gliederung

**1. Sachliche Zuständigkeit**

Gem. §§ 1 ZPO, 71 I, 23 Nr. 1 GVG bei Streitwert von 4.500,- € das Amtsgericht

**2. Örtliche Zuständigkeit**

- **Mehrere mögliche Gerichtsstände** (§§ 12,13 ZPO; § 29 ZPO, § 32 ZPO)
- **Wahlmöglichkeit des Klägers**, § 35 ZPO
- **(P):** Können im Gerichtsstand der unerlaubten Handlung, § 32 ZPO, **auch vertragliche Ansprüche** geltend gemacht werden?
- Nach der neueren Rspr. des BGH wird durch § 32 ZPO ein gemeinsamer Gerichtsstand für alle geltend zu machenden Anspruchsgrundlagen bestimmt (**sog. Gerichtsstand des Sachzusammenhangs**).

## III. Lösung

### 1. Sachliche Zuständigkeit

K macht Schadensersatz in Höhe von 4.500,- € geltend. Bei diesem Streitwert ist gem. §§ 1 ZPO, 71 I, 23 Nr. 1 GVG das Amtsgericht sachlich zuständig.

### 2. Örtliche Zuständigkeit

Ein Amtsgericht existiert sowohl in Bayreuth als auch in Bamberg und Würzburg. Fraglich ist daher, wo K seine Klage einreichen muss.

### a) Mögliche Gerichtsstände

#### aa) Allgemeiner Gerichtsstand

Gem. § 12 ZPO kann eine natürliche Person grundsätzlich an ihrem allgemeinen Gerichtsstand verklagt werden.

Dies ist nach § 13 ZPO bei natürlichen Personen ihr Wohnsitz, vgl. § 7 BGB.

**hemmer-Methode:** Achtung, wenn eine juristische Person im Spiel ist! Diese hat keinen Wohnsitz, sondern einen (Verwaltungs-)Sitz, § 17 ZPO.

K hat also die Möglichkeit, den B gem. §§ 12, 13 ZPO in Bayreuth zu verklagen.

**hemmer-Methode:** Hintergrund der Regelung in §§ 12, 13 ZPO ist, dass sich niemand an einem fernen und unter Umständen nur schwer erreichbaren Ort verklagen lassen muss. Wenn der Kläger vom Beklagten etwas möchte, so muss er zu dessen Wohnsitz kommen.

Da Bayreuth von Würzburg allerdings am weitesten entfernt ist, wäre es für den K günstiger, wenn er den B in Bamberg oder gar in Würzburg verklagen könnte.

#### bb) Besonderer Gerichtsstand des Erfüllungsortes

Nach § 29 I ZPO kann bei Streitigkeiten aus einem Vertragsverhältnis an dem Ort geklagt werden, an dem die streitige Verpflichtung zu erfüllen ist.

**hemmer-Methode:** Dabei ist der Erfüllungsort für jede einzelne in Streit stehende Verbindlichkeit gesondert zu bestimmen nach § 269 BGB. Die sich daraus ergebenden Probleme werden in Fall 4 behandelt.

K kann hier seinen Anspruch auf § 280 I BGB i.V.m. §§ 634 Nr. 4, 633 BGB stützen. Die Pflicht des B aus dem Werkvertrag, eine mangelfreie Reparatur auszuführen, war in Bayreuth zu erfüllen.

Auch aus § 29 I ZPO ergibt sich daher nicht die örtliche Zuständigkeit eines anderen Gerichts.

#### cc) Besonderer Gerichtsstand der unerlaubten Handlung

Neben § 280 I BGB i.V.m. §§ 634 Nr. 4, 633 BGB kann K seinen Anspruch auch noch auf § 823 I BGB stützen, da B durch die mangelhafte Reparatur auch fahrlässig eine Eigentumsverletzung beging.

Gem. § 32 I ZPO ist daher auch das Gericht zuständig, in dessen Bezirk die Handlung begangen wurde. Dabei ist der Tatort jeder Ort, an dem eines der wesentlichen Tatbestandsmerkmale verwirklicht wurde.

Insbesondere ist das der Ort, an dem eine adäquate Ursache für die Rechtsgutsverletzung gesetzt wurde. Dies ist hier wiederum Bayreuth, da B hier mangelhaft reparierte, was später zum Motorschaden führte.

Tatort ist aber auch der Ort, wo der Erfolg eingetreten ist. Die Eigentumsverletzung bei B fand hier in Bamberg statt, erst dort ereignete sich der Motorschaden.

**hemmer-Methode:** Die örtliche Zuständigkeit nach § 32 ZPO ist nur gegeben, wenn eine unerlaubte Handlung begangen wurde. Dies ist aber auch eine Frage der Begründetheit und damit doppeltrelevant (vgl. Fall 1). Es ist daher ausreichend für die Zuständigkeitsbegründung, wenn K die Tatsachen schlüssig darlegt, aus denen sich das Vorliegen einer unerlaubten Handlung ergibt.

Gem. § 32 ZPO ist sowohl das Amtsgericht Bayreuth als auch das Amtsgericht Bamberg zuständig.

**b) Wahl unter mehreren Gerichtsständen**

K kann den B sowohl in Bayreuth, §§ 12,13, 29, 32 ZPO als auch in Bamberg, § 32 ZPO, verklagen.

Unter mehreren zuständigen Gerichten hat der Kläger gem. § 35 ZPO ein Wahlrecht, welches durch Klageerhebung ausgeübt wird.

**hemmer-Methode:** Das Wahlrecht besteht allerdings dann nicht, wenn auch ein ausschließlicher Gerichtsstand begründet ist. Besteht ein solcher, etwa § 24 ZPO, so muss an diesem geklagt werden.

Für K wird es günstiger sein, näher an seinem Wohnort zu prozessieren und daher den B in Bamberg zu verklagen.

**c) Gemeinsamer besonderer Gerichtsstand, § 32 ZPO**

K kann gegen B vor dem Amtsgericht Bamberg auf jeden Fall den Anspruch aus § 823 I BGB geltend machen.

Fraglich ist allerdings, ob dort auch gleichzeitig über den konkurrierenden Anspruch aus § 280 I BGB i.V.m. §§ 634 Nr. 4, 633 BGB entschieden werden kann. Dies wäre für B im Hinblick auf die Beweislage wegen § 280 I S. 2 BGB sehr wichtig.

**hemmer-Methode:** Bei § 823 I BGB muss K dem B auch ein Verschulden nachweisen. Dies ist bei § 280 I BGB entbehrlich. Vielmehr muss B dort nachweisen, dass er seine Pflichtverletzung nicht zu vertreten hat.

Würde das Amtsgericht Bamberg nämlich zu dem Ergebnis kommen, dass der Anspruch aus § 823 I BGB nicht besteht, sondern nur der aus § 280 I BGB, so müsste es die Klage des K abweisen, wenn es nicht gleichzeitig auch über den Anspruch aus Vertragsverletzung entscheiden könnte.

**aa) Früher h.M.**

Wegen des Wortlauts des § 32 ZPO („Für Klagen aus unerlaubter Handlung...") wurde früher durch BGH und zahlreiche Oberlandesgerichte die Auffassung vertreten, dass im Gerichtsstand der unerlaubten Handlung nicht gleichzeitig über konkurrierende materiell-rechtliche Ansprüche entschieden werden dürfte.

Dies hätte hier zur Folge, dass das Amtsgericht Bamberg nur für die Anspruchsgrundlage § 823 I BGB zuständig wäre. Würde es diese verneinen, so wäre eine Klage des K „bezüglich des Anspruchs aus § 823 I BGB" als unbegründet, im Übrigen als unzulässig abzulehnen.

Begründet wurde dieses wenig befriedigende Ergebnis mit dem Hinweis, dass es eben am besten sei, im allgemeinen Gerichtsstand zu klagen.

### bb) Neuere Rspr. des BGH

Gegen eine solche Auslegung des § 32 ZPO sprechen allerdings gewichtige Argumente.

So kann man dem Wortlaut auch entnehmen, dass sich die Zuständigkeit auf die gesamte „Klage“ erstreckt, nicht nur auf einen materiell-rechtlichen Anspruch.

Bei der Geltendmachung des Schadensersatzes i.H.v. 4.500,- €, sowohl aus § 280 I BGB als auch aus § 823 I BGB, handelt es sich nach dem zweigliedrigen Streitgegenstandsbegriff (Antrag + Lebenssachverhalt) um einen einheitlichen prozessualen Anspruch und damit nur um eine Klage.

**Hinweis:** Auf die Problematik des Streitgegenstandsbegriffs wird in Fall 14 näher eingegangen.

Gegen die früher h.M. spricht weiterhin der Rechtsgedanke des § 17 II GVG. Nach dieser Vorschrift muss ein Gericht, zu dem für ein bestimmtes Begehren der Rechtsweg eröffnet ist, den Rechtsstreit unter allen in Betracht kommenden rechtlichen Gesichtspunkten entscheiden, also auch unter solchen, die an sich nicht zur Zuständigkeit des Rechtswegs gehören. Hierdurch wird vermieden, dass es zu mehreren Verfahren in verschiedenen Gerichtszweigen kommt.

Wenn nach der Entscheidung des Gesetzgebers aber ein Gericht sogar befugt ist, wegen des Sachzusammenhangs über „rechtswegfremde“ Anspruchsgrundlagen zu entscheiden, dann muss es erst recht befugt sein, über in seine Rechtswegzuständigkeit fallende Anspruchsgrundlagen mit zu entscheiden, die isoliert betrachtet seine örtliche Zuständigkeit nicht begründen würden.

**hemmer-Methode:** Vergegenwärtigen Sie sich die Argumentationsweise. Dies ist ein klassisches argumentum a maiori ad minus.

Maßgeblicher Gesichtspunkt, den der Gesetzgeber in § 17 II GVG zum Ausdruck gebracht hat, ist, dass das Interesse an einer möglichst schnellen und einfachen Beilegung des Rechtsstreites höher zu bewerten ist als das Anliegen, das Bestehen von Rechten stets von demjenigen Gericht beantworten zu lassen, das zu der jeweiligen Rechtsmaterie die engsten Beziehungen hat. Es soll verhindert werden, dass sich verschiedene Gerichte mit demselben Streitgegenstand befassen.

Dies darf bei der Auslegung von § 32 ZPO nicht unberücksichtigt bleiben, die Interessenlage muss hier ebenfalls zugunsten der Prozessökonomie entschieden werden. Wenn sich das Gericht sowieso mit dem Fall beschäftigen muss, dann darf es über alle in Betracht kommenden Anspruchsgrundlagen entscheiden (sog. Gerichtsstand des Sachzusammenhangs).

Im Jahre 2002 hat der BGH seine bisherige Ansicht geändert und folgt nun auch dieser Auffassung.

### cc) Ergebnis

Für das Amtsgericht Bamberg wird daher durch § 32 ZPO ein gemeinsamer besonderer Gerichtsstand begründet, indem K sowohl deliktische Ansprüche als auch konkurrierende vertragliche Ansprüche einklagen kann.

## 3. Gesamtergebnis

K kann den B wahlweise, § 35 ZPO, vor dem Amtsgericht Bayreuth, §§ 12, 13, 29, 32 ZPO oder dem Amtsgericht Bamberg, § 32 ZPO verklagen.

Er kann dabei jeweils sowohl deliktische als auch vertragliche Schadensersatzansprüche geltend machen.

## IV. Zusammenfassung

- Eine natürliche Person kann grundsätzlich hinsichtlich aller Ansprüche gegen sie an ihrem Wohnsitz verklagt werden, §§ 12, 13 ZPO.
- Existieren mehrere Gerichtsstände allgemeiner oder besonderer Art, so hat der Kläger ein Wahlrecht, § 35 ZPO.
- Durch eine unerlaubte Handlung wird über § 32 ZPO ein sog. Gerichtsstand des Sachzusammenhangs begründet, an dem auch andere konkurrierende Ansprüche hinsichtlich des gleichen Streitgegenstandes geltend gemacht werden.
- Um die Zuständigkeit nach § 32 ZPO zu begründen, muss der Kläger die unerlaubte Handlung lediglich schlüssig behaupten, da das Vorliegen einer solchen „doppeltrelevant“ ist.

## V. Zur Vertiefung

- Hemmer/Wüst, ZPO I, Rn. 156 ff.
- BGH, Life&Law 2003, 329 ff.

# Fall 4: Örtliche Zuständigkeit des Gerichts

***Sachverhalt:***

*Rechtsanwalt K aus München vertritt die notorischen Zechpreller B1 aus Bayreuth und B2 aus Würzburg in einem Strafprozess. Beide waren angeklagt, weil sie auf dem Oktoberfest einen Kellner verprügelt hatten. Dieser hatte versucht, sie aufzuhalten, als sie nach dem gemeinsamen Trinkgelage ohne Begleichung der Rechnung das Festzelt verlassen wollten. Obwohl sich K für seine Mandanten auf Notwehr beruft, kann er nicht verhindern, dass B1 und B2 zu einer Bewährungsstrafe verurteilt werden. Als Vorschuss für seine Tätigkeit hatte sich K zwar Schecks in Höhe von je 500,- € ausstellen lassen, allerdings waren diese nicht gedeckt, was er alsbald feststellen musste. Auf seine daraufhin folgenden Rechnungsschreiben und Mahnungen reagierten B1 und B2 überhaupt nicht.*

*K möchte sowohl B1 als auch B2 vor dem Amtsgericht München auf Zahlung seiner Gebühren und Auslagen verklagen.*

***Frage:*** *Ist das Gericht örtlich zuständig?*

## I. Einordnung

Der anwaltliche Mandatsvertrag ist ein Geschäftsbesorgungsvertrag gem. § 675 BGB mit dienstvertraglichem Charakter. Die geschuldete Vergütung – ob sie sich nun gesetzlich aus dem RVG ergibt oder individualvertraglich vereinbart wurde – muss der Anwalt notfalls vor den Zivilgerichten einklagen.

Für K wäre es eine erhebliche Zeit- und Kostenersparnis, wenn er sowohl B1 als auch B2 direkt an seinem Kanzleisitz in München verklagen könnte. Bestünde diese Möglichkeit nicht, so müsste er nämlich am jeweiligen Wohnort, §§ 12, 13 ZPO, des Schuldners prozessieren, also in Bayreuth und in Würzburg.

## II. Gliederung

**Örtliche Zuständigkeit, § 29 I ZPO**

- **Erfüllungsort** i.S.d. § 29 ZPO bestimmt sich nach § 269 BGB
- Nach §§ 269 I 3. Var., 270 IV BGB Leistungsort für Geldschulden grundsätzlich der **Sitz des Schuldners**
- **(P): Besonderer Gerichtsstand am Kanzleisitz?**

⇨ Früher h.M.
**Theorie vom einheitlichen Erfüllungsort**

⇨ (bei gegenseitigen Verträgen einheitlicher Erfüllungsort für alle vertraglichen Ansprüche)

⇨ Neue Rspr. des BGH:
Einheitlicher Erfüllungsort kann nur noch angenommen werden, wenn dafür besondere Umstände sprechen (z.B. bei Ladengeschäft des täglichen Lebens, Bauwerksvertrag)

⇨ Für Anwaltsvertrag kein besonderer Gerichtsstand nach § 29 I ZPO

## III. Lösung

Die örtliche Zuständigkeit des Amtsgerichts München für die Klage des K beurteilt sich nach den §§ 12 – 40 ZPO, vgl. Fall 3.

### 1. Kein allgemeiner Gerichtsstand am Sitz des Klägers

Aus diesen Normen ergibt sich, dass nur am Wohnsitz des Beklagten, §§ 12, 13 ZPO, aber nicht an dem des Klägers ein allgemeiner Gerichtsstand für grundsätzlich alle Klagen gegeben ist.

Sinn und Zweck dieser Regelung ist es, dass der Beklagte davor geschützt ist, an einem weit entfernten Ort verklagt zu werden und dadurch in seiner Verteidigung eingeschränkt zu sein.

Dem Kläger hingegen, der den Rechtsstreit anstrengt und etwas von der anderen Partei will, ist es zuzumuten, zum Wohnsitz des Beklagten zu kommen.

K könnte den B1 also in Bayreuth und den B2 in Würzburg verklagen.

Existiert daneben aber noch ein besonderer Gerichtsstand, so kann der K wahlweise, § 35 ZPO, auch an diesem prozessieren.

Es ist daher zu prüfen, ob für seine Ansprüche aus dem Anwaltsvertrag nicht noch ein solcher in München gegeben ist.

### 2. Besonderer Gerichtsstand des Erfüllungsorts, § 29 ZPO

In Betracht kommt hier, da es um eine Klage aus einem Vertragsverhältnis geht, der besondere Gerichtsstand des Erfüllungsorts gem. § 29 ZPO.

**hemmer-Methode:** Ob ein Vertragsverhältnis wirklich vorliegt, ist wieder eine doppeltrelevante Tatsache. Der Kläger muss dies also im Rahmen der Zulässigkeit nur schlüssig behaupten.

Der Erfüllungsort i.S.d. § 29 I ZPO bestimmt sich nach dem materiellen Recht, er ist grundsätzlich identisch mit dem Leistungsort i.S.d. § 269 I BGB.

**hemmer-Methode:** Die Gleichsetzung von Leistungs- und Erfüllungsort ist problematisch, weil unter Erfüllung nicht die Vornahme der Leistungshandlung, sondern des Leistungserfolgs zu verstehen ist. Allerdings differenziert das Gesetz selbst nicht so genau zwischen diesen beiden Begriffen (vgl. §§ 447 I, 644 II BGB). Man sollte sich daher in der Klausur hüten, hier einen Streit „vom Zaun zu brechen“.

Für jede einzelne vertragliche Verpflichtung ist der Erfüllungsort gesondert zu bestimmen.

**hemmer-Methode:** § 29 ZPO gilt trotz seines Wortlauts nicht nur für Streitigkeiten aus einem Vertragsverhältnis, sondern auch für Ansprüche aus §§ 280 I, 241 II, 311 II BGB (c.i.c.) und § 122 I BGB sowie § 179 I BGB, obwohl dort gerade kein Vertrag vorliegen muss. Kommentieren Sie sich das im Gesetz in zulässiger Form!

Streitige Verpflichtung ist vorliegend die Zahlungspflicht von B1 und B2 und damit eine Geldschuld. Eine solche wird als qualifizierte Schickschuld bezeichnet, da der Schuldner verpflichtet ist, das Geld auf seine Gefahr und Kosten an den Wohnort des Gläubigers zu übermitteln. § 270 IV BGB stellt aber klar, dass sich auch hier der Leistungsort nach § 269 I BGB richtet.

Grundsätzlich gilt dabei gem. § 269 I 3. Var. BGB, dass der Wohnsitz des Schuldners der Leistungsort für dessen Verpflichtung ist. Bei gegenseitigen Verträgen führt dies zu unterschiedlichen Leistungsorten.

Erfüllungsort für die Zahlungsverpflichtung des B1 wäre demnach Bayreuth, für die des B2 Würzburg.

Nach § 269 I 1. Var. BGB gilt aber dann etwas anderes, wenn der Erfüllungsort vertraglich vereinbart wurde. Für eine solche Vereinbarung zwischen K und B1/B2 ist jedoch nichts ersichtlich. Selbst wenn K und B1/B2 eine solche Abrede getroffen hätten, dann würde dies wegen § 29 II ZPO nicht die Zuständigkeit des Amtsgerichts München begründen. K als Anwalt ist nämlich kein Kaufmann und damit nicht prorogationsbefugt.

**hemmer-Methode:** § 29 II ZPO betrifft nur die Wirksamkeit der Abrede hinsichtlich ihrer Auswirkungen auf die gerichtliche Zuständigkeit. Die bürgerlichrechtliche Leistungsortvereinbarung gem. § 269 I 1. Var. BGB wird dadurch nicht berührt.

Möglicherweise ergibt sich aber „aus der Natur des Schuldverhältnisses", § 269 I 2. Var. BGB, dass München hier als Erfüllungsort anzusehen ist.

### a) Theorie vom einheitlichen Erfüllungsort

Es wird vertreten, dass am Ort der vertragscharakteristischen Leistung regelmäßig der Schwerpunkt des Vertrages liege und davon werde die Natur des Schuldverhältnisses i.S.v. § 269 I BGB geprägt. Leistungsort sei also der Ort, an dem der Schwerpunkt des Vertrages liege.

So wird nach dieser Auffassung z.B. beim Arzt- und Krankenhausvertrag ein einheitlicher Erfüllungsort am Sitz der Arztpraxis bzw. des Krankenhauses angenommen, weil dort die vertragstypische Leistung erbracht werde.

Der Schwerpunkt der anwaltlichen Tätigkeit liegt regelmäßig in seiner Kanzlei, folglich ergibt sich daher ein einheitlicher Erfüllungsort am Kanzleisitz. Zur Begründung dieses Ergebnisses wurde von der bisherigen Rspr. angeführt, dass es eine dahingehende Verkehrssitte gäbe bzw. dem Mandant, der einen auswärtigen Anwalt beauftragt, wird ein Verzicht auf die §§ 12, 13 ZPO unterstellt.

Die Theorie vom einheitlichen Erfüllungsort gestattet es damit den Anwälten, ihre Honorare stets am Kanzleisitz einzuklagen.

Im vorliegenden Fall wäre damit das Amtsgericht München örtlich zuständig, K könnte dort sowohl B1 als auch B2 verklagen.

### b) Neue Rspr. des BGH

Die Theorie vom einheitlichen Erfüllungsort begegnet jedoch durchgreifenden Bedenken.

#### aa) Einheitlicher Erfüllungsort als Ausnahme

Allein schon ihre Prämisse, dass die vertragscharakteristische Leistung einen einheitlichen Erfüllungsort begründet, führt zu dem Ergebnis, dass praktisch bei jedem Vertragstyp ein einheitlicher Leistungsort für beide Vertragsparteien bestünde. Dies ist aber mit der Regelung des § 269 I BGB unvereinbar.

Ein einheitlicher Erfüllungsort kann daher nur dann angenommen werden, wenn besondere Umstände vorliegen.

**hemmer-Methode:** Dies ist nach dem BGH nur bei 2 Ausnahmen der Fall: (1) Bei Ladengeschäften des täglichen Lebens, wo die beiderseitigen Leistungspflichten sogleich an Ort und Stelle erledigt werden; (2) bei Bauwerksverträgen, weil der Besteller mit der Abnahme am Ort des Bauwerks eine seiner Hauptpflichten erfüllen muss und es interessengerecht ist, dass eine gerichtliche Auseinandersetzung dort durchgeführt wird, wo aufgrund der räumlichen Nähe zum Bauwerk die Beweisaufnahme einfach und kostengünstig geschehen kann.
Bei Arbeitsverträgen, hat die Rechtsprechung ebenfalls angenommen, dass es den einheitlichen Erfüllungsort der Arbeitsleistung gibt. Diese Rechtsprechung ist seit Einführung des § 48 Ia ArbGG wohl nicht mehr relevant.[1]

Bei dem hier geschlossenen Anwaltsvertrag sind aber solche besonderen Umstände nicht ersichtlich.

B1 und B2 schulden lediglich Geld. Insoweit besteht keine örtliche Präferenz für die Erfüllung dieser Verbindlichkeit. Dem K kann es egal sein, ob ihm das Geld von München, von Bayreuth oder von Würzburg aus geschickt wird.

Würde man einen einheitlichen Erfüllungsort speziell für den Anwaltsvertrag annehmen, so wäre dass in der heutigen Zeit eine nicht vom Gesetz gedeckte Privilegierung des Rechtsanwaltes gegenüber anderen Gläubigern von Geldleistungen.

[1] Zu den Unterschieden, die im Verhältnis zur alten Rechtsprechung durch die Einfügung des Gerichtsstands gem. § 48 Ia ArbGG bedingt sind, vgl. Tyroller, Life&Law 2008, 410 ff.

#### bb) Gedanke des Verbraucher- und Schuldnerschutzes

Den Mandanten einen Verzicht auf die §§ 12, 13 ZPO zu unterstellen bei Mandatierung eines auswärtigen Anwalts hätte zum einen schon wegen § 29 II ZPO keine Auswirkung auf die örtliche Zuständigkeit, ist aber auch als bloße Fiktion abzulehnen.

B1 und B2 waren hier zudem bei Vertragsschluss Verbraucher gem. § 13 BGB (Verteidigung wegen Bierzeltschlägerei).

Ein solcher wird aber regelmäßig nicht einmal wissen, was unter Erfüllungsort zu verstehen ist; erst recht nicht wird er seine Rechtsposition durch dessen Verlegung verschlechtern wollen.

Die Theorie vom einheitlichen Erfüllungsort ist daher für den Anwaltsvertrag mit der neuen Rspr. des BGH abzulehnen.

### c) Ergebnis

Mangels einheitlichen Erfüllungsorts verbleibt es damit bei der Regelung der §§ 269 I 3. Var., 270 IV BGB.

Erfüllungsort gem. § 29 I ZPO für die streitige Verbindlichkeit ist damit der Wohnsitz der Schuldner und nicht der Kanzleisitz des Anwalts.

## 3. Gesamtergebnis

Auch durch § 29 I ZPO ergibt sich gegenüber §§ 12, 13 ZPO nichts anderes. Das Amtsgericht München ist örtlich nicht zuständig.

K muss den B1 vor dem Amtsgericht Bayreuth und den B2 vor dem Amtsgericht Würzburg verklagen.

**hemmer-Methode:** Erhebt K allerdings dennoch Klage zum Amtsgericht München, folgt dieses der Theorie vom einheitlichen Erfüllungsort und nimmt seine Zuständigkeit damit fälschlicherweise an, so könnten B1 und B2 dennoch keine Korrektur der Entscheidung im Rechtsmittelverfahren erreichen (vgl. §§ 513 II, 545 II ZPO). Das ein Gericht seine Zuständigkeit entgegen der BGH-Rechtsprechung annimmt, ist jedoch kaum zu erwarten. In der diesem Fall zugrunde liegenden BGH-Entscheidung ging es gerade darum, dass das angegangene Gericht am Kanzleisitz nicht entscheiden mochte.

## IV. Zusammenfassung

- Am besonderen Gerichtsstand des Erfüllungsorts, § 29 I ZPO, können neben vertraglichen Ansprüchen auch solche aus §§ 280 I, 241 II, 311 II BGB (c.i.c.), § 122 BGB und § 179 BGB eingeklagt werden.
- Das Vorliegen eines Vertragsschlusses ist als doppeltrelevante Tatsache bei § 29 I ZPO vom Kläger nur schlüssig zu behaupten im Rahmen der Zulässigkeit.
- Erfüllungsort i.S.d. § 29 I ZPO ist der Leistungsort i.S.d. § 269 I BGB. Er ist grundsätzlich für die jeweils in Streit stehende Verbindlichkeit gesondert zu bestimmen.
- Ein einheitlicher Erfüllungsort ist nur in Ausnahmefällen (Bargeschäft des täglichen Lebens, Bauwerkvertrag) anzunehmen.

## V. Zur Vertiefung

- Palandt, § 269, Rn. 11 ff.
- BGH, NJW 2004, 54 f.

# Fall 5: Zuständigkeit des Gerichts

***Sachverhalt:***

*Die K-AG mit Sitz in München handelt mit Spielwaren und steht schon längere Zeit mit der B-GmbH aus Frankfurt a.M. in Geschäftsbeziehungen. Für das Weihnachtsgeschäft bestellt die B bei der K telefonisch hochwertiges Holzspielzeug im Wert von 3.500,- €. Die K schickt daraufhin der B wie immer ein Bestätigungsschreiben. Dieses hatte u.a. folgenden Inhalt: „Unter Bezugnahme auf unsere umseitig abgedruckten AGB bedanken wir uns für Ihren Auftrag. Wir liefern in der 43. Kalenderwoche aus." Die K erfüllt ordnungsgemäß, aufgrund der schlechten Konjunkturlage kann B die Waren aber nicht wie erwartet absetzen und ist nicht in der Lage, zu zahlen. Daraufhin verklagt K die B vor dem Landgericht München, da dieses nach Ziffer 24 Unterabschnitt 8 ihrer AGB für alle Streitigkeiten zuständig sei.*

***Frage:*** *Ist das Landgericht München zuständig?*

## I. Einordnung

Es geht hier um das Problem der sog. gewillkürten Zuständigkeit.

Für einen Unternehmer bringt es enorme Vorteile mit sich, wenn er einen Geschäftspartner an seinem eigenen Sitz verklagen kann. Er spart dadurch sowohl Zeit als auch Kosten.

Regelmäßig liegt aber gem. §§ 12, 13, 17 ZPO der Gerichtsstand der Gegenpartei an deren Sitz. Es stellt sich also das Problem, ob ein Gerichtsstand wirksam vereinbart werden kann.

Das grundsätzliche Verbot einer solchen Gerichtsstandsvereinbarung (sog. **Prorogation**) lässt sich § 38 ZPO entnehmen. Nur unter den dort und in § 40 ZPO aufgestellten engen Voraussetzungen ist sie ausnahmsweise möglich.

## II. Gliederung

**1. Sachliche Zuständigkeit**

- Gem. §§ 1 ZPO, 71 I, 23 Nr. 1 GVG bei Streitwert von 3.500,- € eigentlich das Amtsgericht
- **§ 38 ZPO** gilt sowohl für **sachliche als auch örtliche Zuständigkeit**
- Voraussetzungen einer **wirksamen Gerichtsstandsvereinbarung**, §§ 38, 40 ZPO (+)

⇨ **(P): Wirksame Prorogation durch AGB?** Im kaufmännischen Verkehr grundsätzlich zulässig

⇨ Hier wirksame Einbeziehung der AGB der K durch Schweigen der B auf das kaufmännische Bestätigungsschreiben

**2. Örtliche Zuständigkeit**

- Nach Gesetz gem. §§ 12, 17, 29 I ZPO Gerichtsstand Frankfurt a.M.
- aber wirksame Prorogation bezüglich München

## III. Lösung

### 1. Sachliche Zuständigkeit

Für einen Streitwert bis 5.000,- € ist nach der gesetzlichen Regelung in §§ 1 ZPO, 71 I, 23 Nr. 1 GVG das Amtsgericht zuständig.

Hier wurde jedoch trotz eines Streitwerts von nur 3.500,- € Klage zum Landgericht erhoben. Dessen Zuständigkeit könnte allein aufgrund der AGB des Klägers zwischen den Parteien begründet sein.

Es ist daher zu prüfen, ob hier eine an sich wirksame Gerichtsstandsvereinbarung vorliegt und ob diese auch durch AGB erfolgen konnte.

**a) Allgemeine Zulässigkeit von Gerichtsstandsvereinbarungen**

Zunächst muss geklärt werden, ob Prorogationen hinsichtlich der sachlichen Zuständigkeit an sich zulässig sind. Aus § 38 ZPO ergibt sich, dass Gerichtsstandsvereinbarungen nur unter engen Voraussetzungen möglich sind. Liegen diese vor, kann „ein an sich unzuständiges Gericht des ersten Rechtszugs" als zuständig von den Parteien bestimmt werden. Nach dem Wortlaut kann eine Prorogation damit nicht nur bezüglich der örtlichen Zuständigkeit, sondern auch der sachlichen Zuständigkeit erfolgen.

**hemmer-Methode:** Allerdings muss beachtet werden, dass das Gericht im ersten Rechtszug an sich zuständig sein könnte. Nach den §§ 71, 23 GVG kann erstinstanzlich entweder das Amtsgericht oder das Landgericht zuständig sein. Daher kann nicht über § 38 ZPO die Zuständigkeit des Oberlandesgerichts begründet werden.

**b) Zulässigkeit der konkreten Gerichtsstandsvereinbarung**

**Nach** § 38 ZPO **ist eine Gerichtsstandsvereinbarung in** 4 Fallgruppen **möglich:**

- die Parteien sind als **Kaufleute** prorogationsbefugt (Abs. 1),
- eine Partei hat **keinen Gerichtsstand im Inland** (Abs. 2),
- die Vereinbarung wurde erst **nach Entstehung der Streitigkeit** getroffen (Abs. 3 Nr. 1),
- wenn die **Rechtsverfolgung sonst unnötig erschwert** wäre (Abs. 3 Nr. 2).

Vorliegend handelt es sich sowohl bei der K-AG, §§ 3 I AktG, 6 I HGB, als auch bei der B-GmbH, §§ 13 III GmbHG, 6 I HGB, um Kaufleute kraft Rechtsform. Sie sind daher nach § 38 I ZPO prorogationsbefugt.

Für die Wirksamkeit der Gerichtsstandsvereinbarung müssen weiterhin die Voraussetzungen des § 40 ZPO vorliegen.

Gem. § 40 I ZPO müsste sich die Gerichtsstandsvereinbarung auf ein bestimmtes Rechtsverhältnis und die aus ihm entspringenden Streitigkeiten beziehen. Bestimmt ist ein Rechtsverhältnis, wenn es von anderen hinreichend abgegrenzt werden kann. Dies ist nicht der Fall, soweit es sich um den ganzen Geschäftsverkehr zweier Parteien handelt. Im vorliegenden Fall standen K und B fortdauernd in Geschäftsbeziehungen. Der Hinweis auf die AGB, in denen die Gerichtsstandsvereinbarung niedergelegt war, erfolgte aber anlässlich der konkreten Bestellung des Holzspielzeugs. Sie bezog sich damit auf dieses abgrenzbare Rechtsverhältnis, aus dem auch die Streitigkeit bezüglich der Kaufpreiszahlung entspringt.

**hemmer-Methode:** Der Umfang der Gerichtsvereinbarung ist durch Auslegung zu ermitteln. Ob er sich bei einem pauschalen Verweis auf die Zuständigkeit für alle Streitigkeiten – wie hier – neben vertraglichen auch auf deliktische erstreckt, ist umstritten.

Für individualvertragliche Vereinbarungen wird dies überwiegend bejaht, für in Formularverträgen getroffene dagegen verneint.

Die Gerichtsstandsvereinbarung dürfte auch nicht nach § 40 II S. 1 ZPO unzulässig sein.

Es handelt sich um eine vermögensrechtliche Streitigkeit. Auch existiert kein ausschließlicher Gerichtsstand, der eine Prorogation nach § 40 II S. 1 Nr.2 ZPO ebenfalls ausschließen würde.

Wäre die Gerichtsstandsvereinbarung zwischen K und B individualvertraglich erfolgt, dann wäre sie folglich wirksam. Zu klären ist noch, ob sich etwas anderes daraus ergibt, dass hier von K AGB verwendet wurden.

### c) Zulässigkeit von Gerichtsstandsvereinbarungen in AGB

Die AGB des K wurden hier wirksam einbezogen, § 310 I S. 1 BGB, da die B auf das kaufmännische Bestätigungsschreiben der K nicht antwortete, § 346 HGB.

**hemmer-Methode:** In einer Examensklausur wären an dieser Stelle sicherlich noch weitere Probleme eingebaut, wie etwa sich kreuzende KBS. Es wären dann unbedingt nähere Ausführungen zu diesem Klassiker erforderlich. Zum Nacharbeiten dieses Problems vgl. die Vertiefungshinweise.

Die Gerichtsstandsvereinbarung in Ziffer 24 Unterabschnitt 8 der AGB des K könnte aber gegen § 307 BGB verstoßen.

**hemmer-Methode:** Gerichtsstandsklauseln im nichtkaufmännischen Verkehr verstoßen schon gegen § 38 I ZPO. Auf eine AGB-Kontrolle kommt es dann gar nicht mehr an.

Im kaufmännischen Verkehr sind Prorogationen üblich und grundsätzlich auch in AGB zulässig.

Einige Einschränkungen sind jedoch zu beachten:

**(1)** Es darf kein Gerichtsstand vereinbart werden, der weder mit dem Vertragsinhalt noch mit dem Geschäftssitz des Verwenders in irgendeiner Beziehung steht. Hier wurde als Gerichtsstand München vereinbart, wo die K auch ihren Sitz hat.

**(2)** Für den Verwender der AGB und die gegnerische Partei darf kein gemeinsamer Gerichtsstand bestehen. Der allgemeine Gerichtsstand des K liegt in München, der der B in Frankfurt a.M., besondere gemeinsame Gerichtsstände sind nicht ersichtlich.

**Anmerkung:** Die Punkte (1) und (2) betrafen zwar Fragen der örtlichen Zuständigkeit, wurden aber wegen des Sachzusammenhangs schon hier mit erläutert.

**(3)** Weiterhin wird bezweifelt, ob es mit § 307 BGB vereinbar ist, wenn nach den AGB das Amtsgericht am Sitz des Klauselverwenders auch für landgerichtliche Streitwerte zuständig sein soll.

Zwischen K und B wurde aber gerade der „umgekehrte“ Fall vereinbart, dass das Landgericht auch für amtsgerichtliche Streitwerte zuständig sein soll. Dies ist unbestritten zulässig.

Im Ergebnis ist damit festzuhalten, dass die Klausel des K nicht gegen § 307 BGB verstößt und damit wirksam ist.

Die sachliche Zuständigkeit des Landgerichts für Streitwerte bis 5.000,- € wurde zwischen K und B durch AGB wirksam vereinbart.

### 2. Örtliche Zuständigkeit

Der allgemeine Gerichtsstand der B liegt nach §§ 12, 17 ZPO in Frankfurt a.M., so dass nach der gesetzlichen Regelung ein dortiges Gericht für Klagen gegen sie zuständig wäre.

Ein besonderer Gerichtsstand ist hier nicht ersichtlich.

**hemmer-Methode:** Insbesondere kann hier nach der neuen BGH-Rechtsprechung kein gemeinsamer Gerichtsstand des Erfüllungsorts nach § 29 I ZPO angenommen werden (vgl. Fall 4).

Die örtliche Zuständigkeit des Landgerichts München könnte daher nur durch eine Gerichtsstandsvereinbarung begründet worden sein. Eine solche wurde, wie bereits geprüft, wirksam, §§ 38 I, 40 ZPO, durch die AGB der K in dem kaufmännischen Bestätigungsschreiben begründet.

Damit ist das Landgericht München auch örtlich zuständig.

**hemmer-Methode:** Die Parteien hätten ebenso wirksam einen Erfüllungsort vereinbaren können, § 269 I BGB, und dadurch auch die örtliche Zuständigkeit, § 29 II ZPO, bestimmen können.

### 3. Ergebnis

Das Landgericht München ist aufgrund wirksamer Prorogation sowohl sachlich als auch örtlich für die Klage der K gegen die B zuständig.

## IV. Zusammenfassung

- § 38 ZPO gilt sowohl für die örtliche als auch die sachliche Zuständigkeit.
- Für eine wirksame Prorogation sind die Voraussetzungen der §§ 38, 40 ZPO zu beachten.
- Im kaufmännischen Geschäftsverkehr kann eine Gerichtsstandsvereinbarung durch AGB einbezogen werden, auch wenn der Empfänger auf ein KBS schweigt.
- Eine Prorogationsklausel verstößt grundsätzlich nicht gegen § 307 BGB.

## V. Zur Vertiefung

- Hemmer/Wüst, ZPO I, Rn. 172 ff.
- Hemmer/Wüst, HandelsR, Rn. 238 ff.

# Fall 6: Zuständigkeit des Gerichts

***Sachverhalt:***

*Privatmann B aus Hamburg schuldet dem Kaufmann K aus Stuttgart noch 8.500,- € aus einem Kaufvertrag. Da er momentan nicht gut bei Kasse ist, zahlt er trotz zahlreicher Aufforderungen durch K nicht. Er lasse es lieber auf einen Prozess ankommen, teilt er dem K mit. K erhebt daraufhin Klage vor dem Amtsgericht Stuttgart, wo er bisher jeden Rechtsstreit gewann und somit von den juristischen Fähigkeiten der dort tätigen Richter fest überzeugt ist. Im Termin stellt der Anwalt des K den Antrag aus der Klageschrift. Der persönlich und ohne Rechtsbeistand erschiene B entgegnet, die gelieferte Sache wäre mangelhaft gewesen und nun „sowieso hinüber". Nachdem ohne weitere Anmerkungen des Gerichts streitig zur Sache verhandelt wurde, bekommt B das Gefühl, dass es gar nicht gut für ihn ausschaut. Er wendet sich daher an den Richter und meint, dass es doch eine Zumutung wäre, überhaupt hier in Stuttgart zu verhandeln und dass das Gericht doch bestimmt gar nicht zuständig sei.*

***Frage:*** *Wie stellt sich die Rechtslage hinsichtlich der Zuständigkeit des Amtsgerichts Stuttgart dar?*

## I. Einordnung

Es geht um die Frage, was geschieht, wenn an einem an sich unzuständigen Gericht zur Sache verhandelt wird.

Das Amtsgericht Stuttgart ist hier offensichtlich unzuständig, sowohl in sachlicher, §§ 71 I, 23 Nr. 1 GVG, als auch örtlicher Hinsicht, §§ 12, 13, 29 I ZPO. Dennoch hat es einen Haupttermin anberaumt und eine mündliche Verhandlung fand mit den Parteien statt. Da sich die Zuständigkeit auch im weiteren Verfahrensverlauf ergeben kann, ist diese Vorgehensweise des Gerichts nur konsequent. Denn für die Erfolgsaussichten einer Klage kommt es auf den Zeitpunkt der letzten mündlichen Verhandlung an.

## II. Gliederung

**1. Unzuständigkeit des AG Stuttgart**

- **Sachliche** Zuständigkeit: §§ 71 I, 23 Nr. 1 GVG: Landgericht
- **Örtliche** Zuständigkeit: §§ 12, 13, 29 I ZPO: Hamburg

**2. Auswirkungen der mündlichen Verhandlung**

- § 39 ZPO gilt sowohl für die örtliche wie für die sachliche Zuständigkeit
- Hier **rügeloses Verhandeln des B zur Hauptsache (-);** Rüge vor Antragstellung, vgl. § 137 I ZPO
- Wirkung des § 39 S. 1 ZPO tritt überdies wegen der unterbliebenen Belehrung des B nach §§ 39 S. 2, 504 ZPO nicht ein

**3. Reaktion des Gerichts**

- Auf Antrag des Klägers wird sich das AG Stuttgart durch **Beschluss für unzuständig erklären** und den Rechtsstreit an das LG Hamburg **verweisen**, § 281 I ZPO
- Ohne Antrag des Klägers wird die Klage **als unzulässig abgewiesen**
- Reagiert das AG Stuttgart nicht auf die Rüge und fällt ein Endurteil, so kann die Berufung jedoch nicht auf die fehlende Zuständigkeit gestützt werden, § 513 II ZPO

## III. Lösung

Der Einwand des B, dass das AG Stuttgart „doch bestimmt gar nicht zuständig sei", stellt eine Zulässigkeitsrüge dar.

Es ist zunächst zu prüfen, ob das AG Stuttgart tatsächlich unzuständig ist und welche Auswirkungen es hat, dass die Rüge erst im Laufe der mündlichen Verhandlung erhoben wurde. Sollte die Rüge danach beachtlich sein, ist der weitere Verfahrensablauf zu klären.

### 1. Unzuständigkeit des AG Stuttgart

K hat seine Klage wegen Kaufpreiszahlung in Höhe von 8.500,- € vor dem Amtsgericht Stuttgart erhoben.

#### a) Sachliche Zuständigkeit

Bei einem Streitwert von über 5.000,- € ist jedoch gem. §§ 71 I, 23 Nr.1 GVG das Landgericht zuständig.

#### b) Örtliche Zuständigkeit

Da der Wohnsitz des B in Hamburg ist, liegt dort sein allgemeiner Gerichtsstand, §§ 12, 13 ZPO.

Auch über § 29 I ZPO ist hier kein besonderer Gerichtsstand in Stuttgart begründet. Erfüllungsort für die streitige Kaufpreiszahlung ist gem. §§ 270 IV, 269 I BGB nämlich Hamburg.

Das AG Stuttgart ist damit sowohl sachlich als auch örtlich unzuständig.

### 2. Auswirkungen der mündlichen Verhandlung

Möglicherweise wurde die Zuständigkeit des AG Stuttgart aber dadurch begründet, dass B hier rügelos zur Sache verhandelt hat.

#### a) Wirkung des § 39 S. 1 ZPO

Ein an sich unzuständiges Gericht des ersten Rechtszuges, also ein Amtsgericht oder ein Landgericht, wird gem. § 39 S. 1 ZPO dann zuständig, wenn vor ihm zur Hauptsache verhandelt wird, ohne dass der Beklagte die Unzuständigkeit geltend macht.

**hemmer-Methode:** Diese Regelung dient der Prozessökonomie. Wurde bereits vor einem Gericht zur Sache verhandelt, hat sich dieses auch mit dem Streitstoff befasst. Es ist dann zweckmäßig, wenn es selbst gleich eine Entscheidung treffen kann.

Durch § 39 ZPO wird sowohl die örtliche als auch die sachliche Zuständigkeit des Gerichts bewirkt.

Damit die Wirkung des § 39 ZPO eintritt, muss allerdings ein Verhandeln zur Hauptsache vorliegen. Gem. § 137 I ZPO wird die mündliche Verhandlung dadurch eingeleitet, dass die Parteien ihre Anträge stellen.

Ob die Antragstellung selbst schon ein Verhandeln darstellt, ist umstritten. Jedenfalls reicht die Antragstellung dann, wenn – wie meistens – darin zugleich eine tatsächliche oder rechtliche Stellungnahme liegt (Th/P, § 333, Rn.2).

Ausreichend ist daher bereits, dass der Beklagte die Abweisung der Klage als unbegründet und nicht nur als unzulässig beantragt.

Es kommt dabei auch nicht darauf an, ob dem Beklagten bewusst ist, was er tut und welche rechtlichen Konsequenzen sich aus seinem Handeln ergeben.

Die Wirkung des § 39 ZPO tritt ohne Rücksicht auf den Willen und die Kenntnis der Parteien ein.

Hier trug B vor, dass die gelieferte Sache, wegen deren Lieferung Kaufpreiszahlung von ihm begehrt wird, mangelhaft ist. Dies stellt zwar eine Äußerung in der Sache dar, laut Sachverhalt hatte B aber noch keinen Antrag gestellt. Dies ist aber gem. § 137 I ZPO der früheste mögliche Zeitpunkt eines Verhandelns i.S.d. § 39 S.1 ZPO.

**hemmer-Methode:** Nicht jede Äußerung in der Sache stellt daher ein mündliches Verhandeln i.S.d. § 39 ZPO dar. Äußerungen vor Antragstellung lösen daher den § 39 S.1 ZPO nicht aus! Machen Sie sich auch klar, dass in der Chronologie des Termins vor der Antragstellung die Sach- und Rechtslage im Hinblick auf einen eventuellen Vergleichsschluss erörtert wird. Auch dies stellt kein rügeloses Einlassen dar! (Th/P, § 39, Rn. 7).

Nach dem eben Dargelegten ist somit die Zuständigkeit des AG Stuttgart über § 39 S. 1 ZPO nicht begründet worden. Überdies ist zu beachten, dass vor einem Amtsgericht verhandelt wurde.

#### b) Hinweispflicht nach §§ 39 S. 2, 504 ZPO

Vor dem Amtsgericht besteht kein Anwaltszwang wie vor den Landgerichten, § 78 I ZPO. Demzufolge können die Parteien hier persönlich verhandeln.

Sind sie nicht durch einen Rechtsanwalt vertreten, müssen sie notwendige Prozesshandlungen selbst vornehmen, insbesondere auch Anträge selbst stellen oder Rügen vorbringen. Eine nicht in Rechtsfragen geschulte Partei verfügt nun aber selbstverständlich nicht über die Kenntnisse eines Rechtsanwalts. Daher trifft das Gericht hier eine erweiterte Hinweispflicht.

So muss es gem. § 504 ZPO den Beklagten vor der Verhandlung zur Hauptsache auf die Folgen einer rügelosen Einlassung aufmerksam machen.

Eine solche Belehrung des B wurde hier durch das Gericht unterlassen. Gem. § 39 S. 2 ZPO tritt damit die Wirkung von § 39 S. 1 ZPO nicht ein.

Das AG Stuttgart wurde daher auch aus diesem Grund nicht zuständig.

### 3. Reaktion des Gerichts

Die Rüge des B hat an sich auf die Zulässigkeit der Klage des K keine Auswirkung. Das AG Stuttgart ist nicht erst aufgrund der Rüge unzuständig, sondern bereits deswegen, weil es nicht nach § 504 ZPO belehrt hat und daher gem. § 39 S. 2 ZPO seine Zuständigkeit auch durch rügelose Sacheinlassung nicht begründet werden konnte.

Das Gericht wird die Rüge jedoch zum Anlass nehmen, dem K einen entsprechenden Hinweis zu erteilen, § 139 ZPO. Um die Abweisung der Klage durch Prozessurteil zu vermeiden, wird der K einen Verweisungsantrag nach § 281 I S. 1 ZPO stellen. Daraufhin wird sich das AG Stuttgart durch Beschluss für unzuständig erklären und den Rechtsstreit an das LG Hamburg verweisen. Für dieses Gericht ist der Beschluss bindend, § 281 II S. 4 ZPO.

Sollte allerdings der unwahrscheinliche Fall eintreten, dass das AG Stuttgart die Rüge des B einfach übersieht und sich weiter für zuständig hält, so wird es durch Endurteil entscheiden. Eine Berufung gegen dieses Urteil kann der B dann nicht einmal darauf stützen, dass das AG Stuttgart seine Zuständigkeit zu Unrecht angenommen hat vgl. § 513 II ZPO.

**hemmer-Methode:** Der Beklagte hat dann, umgangssprachlich gesprochen, „Pech gehabt“. In krassen Fällen ist allerdings eine Verfassungsbeschwerde wegen Entzug des gesetzlichen Richters, Art. 101 I S. 2 GG, in Betracht zu ziehen.

## IV. Zusammenfassung

- § 39 ZPO gilt sowohl für die örtliche als auch die sachliche Zuständigkeit.
- Die Wirkung des § 39 S. 1 ZPO – das angegangene Gericht wird zuständig – tritt ein, wenn der Beklagte rügelos zur Hauptsache verhandelt. Auf seine Kenntnis, seinen Willen oder gar ein Verschulden kommt es nicht an. Eine Nachholung der Zuständigkeitsrüge ist grundsätzlich nicht möglich.
- Im Verfahren vor den Amtsgerichten ist der Beklagte über die Folge des § 39 S. 1 ZPO zu belehren, § 504 ZPO. Unterbleibt die Belehrung, so wird das Gericht auch nicht durch rügelose Einlassung zuständig, § 39 S. 2 ZPO.

## V. Zur Vertiefung

- Hemmer/Wüst, ZPO I, Rn. 175

# 2. Abschnitt: Parteibezogene Prozessvoraussetzungen

## Fall 7: Parteifähigkeit

***Sachverhalt:***

*Zu Trockenlegungsarbeiten an einer riesigen, am Stadtrand von Frankfurt a.M. gelegenen Villa bündelten die auf Mauerwerkssanierung spezialisierten Baufirmen K1 und K2 ihre gesamten Ressourcen unter der Bezeichnung ARGE Villa. Dadurch gelang es ihnen, den großen Auftrag gemeinsam in nur 4 Monaten durchzuführen. In der Villa befinden sich drei Eigentumswohnungen, die den Investmentbankern B1, B2 und B3 gehören. Da deren Bonuszahlungen in Anbetracht der schlechten Konjunkturlage und der daraus resultierenden noch schlechteren Ertragslage der Banken aber unerwartet niedrig ausfielen, sahen sie sich nicht in der Lage, die Werklohnforderungen von K1 und K2 zu begleichen.*

*K1 und K2 erheben daraufhin Klage unter der Bezeichnung ARGE Villa. Sie benennen als Beklagten die WEG-Gemeinschaft Villa.*

***Frage:*** *Ist die Klage zulässig?*

### I. Einordnung

Parteien sind diejenigen Personen, von welchen und gegen welche das Urteil (oder eine andere staatliche Rechtsschutzhandlung) begehrt wird. Im Zivilprozess gilt dabei ein rein formeller Parteibegriff. Es kommt nur darauf an, wer in der Klageschrift, § 253 ZPO (oder einer anderen den Rechtsstreit einleitenden Prozesshandlung, z.B. Mahnantrag, § 690 ZPO), als Kläger und Beklagter bezeichnet wird.

Handelt es sich dabei um Personenvereinigungen, so stellt sich oftmals das Problem, ob diese überhaupt parteifähig sind.

### II. Gliederung

**1. Aktive Parteifähigkeit der ARGE Villa**

**(P): Partei- und Rechtsfähigkeit der Gesellschaft bürgerlichen Rechts**

⇨ Heute h.M.
**Lehre von der Teilrechtsfähigkeit**

⇨ Konsequente Folge nach § 50 I ZPO: Parteifähigkeit; auch § 736 ZPO steht dem nicht entgegen

**2. Passive Parteifähigkeit der WEG-Gemeinschaft Villa**

Wohnungseigentümergemeinschaft war nach früher h.M. weder rechts- noch parteifähig, nun aber gesetzlich geregelt, vgl. § 10 VI WEG

Klage ist daher zulässig

## III. Lösung

Bei der Parteifähigkeit handelt es sich um eine Prozessvoraussetzung. Fehlt sie, so ist die Klage als unzulässig abzuweisen.

**hemmer-Methode:** Ist schon bei Einreichung der Klageschrift offensichtlich, dass es an der Parteifähigkeit des Klägers fehlt, so wird die Klageschrift schon gar nicht erst zugestellt. Zu einem Prozess im eigentlichen Sinne kommt es dann gar nicht, es erfolgt eine sog. a limine - Abweisung der Klage.

Im vorliegenden Fall wäre die Klage daher zulässig, wenn die ARGE (Arbeitsgemeinschaft) Villa aktiv parteifähig und die WEG-Gemeinschaft Villa passiv parteifähig ist.

Gem. § 50 I ZPO ist parteifähig, wer rechtsfähig ist. Es gilt der Grundsatz der Identität von prozessualer Parteifähigkeit und materieller Rechtsfähigkeit.

**hemmer-Methode:** Streiten daher natürliche Personen miteinander, dann verlieren sie zur Parteifähigkeit auf keinen Fall auch nur ein Wort. Handelt es sich um eine GmbH (§ 13 I GmbHG), AG (§ 1 I AktG), OHG (§ 124 I HGB) oder KG (§§ 161 II, 124 I HGB), schreiben sie einen Satz unter Zitierung von § 50 I ZPO i.V.m. der einschlägigen Norm.

### 1. Aktive Parteifähigkeit der ARGE Villa

Um die Parteifähigkeit der ARGE Villa beurteilen zu können, ist zunächst die Klärung der Rechtsform dieser Personenvereinigung erforderlich.

Schließen sich wie hier mehrere rechtlich selbständige Unternehmen zur Erbringung einer bestimmten Werkleistung zusammen, so liegt bei einer solchen Arbeitsgemeinschaft herkömmlicher Prägung in der Bauwirtschaft nach ständiger Rechtsprechung eine BGB-Gesellschaft vor.

**hemmer-Methode:** In einer (Gesellschaftsrechts-) Klausur kann anhand des Sachverhalts eine genaue Abgrenzung zur OHG nötig sein. Insbesondere ist es bei Großprojekten fraglich, ob die ARGE nicht ein Handelsgewerbe i.S.d. § 1 II HGB betreibt (so zumindest das OLG Dresden, Life&Law 2003, S. 381 ff.). Liegt eine OHG vor, so ergeben sich wegen der Regelung in § 124 I HGB keine Probleme bezüglich der Parteifähigkeit.

Die Parteifähigkeit der BGB-Gesellschaft war lange stark umstritten.

Wegen § 50 I ZPO setzt sie voraus, dass die GbR rechtsfähig ist.

#### a) Rechtsfähigkeit der GbR

Im Gesetz selbst finden sich über die Rechtsnatur der Gesellschaft bürgerlichen Rechts keine umfassenden und abschließenden Regelungen.

In der Wissenschaft bildeten sich zwei Grundpositionen aus: die sog. individualistische Theorie (Träger der Rechte und Pflichten sind nur die Gesellschafter) und die Lehre von der Teilrechtsfähigkeit (nach außen bestehende beschränkte Rechtsfähigkeit der Gesellschaft).

In neueren Gesetzesbestimmungen hat der Gesetzgeber heute die Teilrechtsfähigkeit der GbR anerkannt (vgl. § 191 II Nr.1 UmwG, § 11 II Nr. 1 InsO), ebenso der BGH in seinem Urteil vom 29.01.2001.

Sie ist in sich widerspruchsfreier und bietet dogmatische Klarheit hinsichtlich allgemein anerkannter Ergebnisse.

**hemmer-Methode**: Das Problem der Rechtsfähigkeit der GbR ist mittlerweile schon fast ein „alter Hut“. Auch in der Klausur sollte darauf nur ausführlich eingegangen werden, wenn im Sachverhalt eindeutige Hinweise vorhanden sind. Zur detaillierten Aufbereitung dieses „Klassikers“ vgl. die Vertiefungshinweise.

#### b) Parteifähigkeit der GbR

Fraglich ist aber noch, ob sich aus der Teilrechtsfähigkeit der Gesellschaft bürgerlichen Rechts als notwendige prozessrechtliche Konsequenz auch die Parteifähigkeit der GbR ergibt.

Als Hauptargument gegen die Parteifähigkeit der GbR wurde der § 736 ZPO angeführt. Danach ist zur Zwangsvollstreckung in das Vermögen der Gesellschaft ein Urteil gegen alle Gesellschafter erforderlich. Es wurde geschlussfolgert, dass daher die Gesellschafter Parteien des Prozesses sind.

Der Zweck des § 736 ZPO besteht darin, die Vollstreckung von Privatgläubigern einzelner Gesellschafter in das Gesellschaftsvermögen zu verhindern.

**hemmer-Methode:** § 736 ZPO ist damit das vollstreckungsrechtliche Pendant zu § 719 I BGB.

Ein Ausschluss der Parteifähigkeit der GbR wird von dieser Norm aber keineswegs vorausgesetzt. Das Ziel, die Vollstreckung in das Gesellschaftsvermögen zu verhindern, wird bei Anerkennung der Parteifähigkeit der Gesellschaft mindestens ebenso gut erreicht wie bei Zulassung von Klagen nur gegen die einzelnen Gesellschafter. Letztlich handelt es sich bei einem Urteil gegen die Gesamtheit der gesamthänderisch verbundenen Gesellschafter (also die GbR) um ein Urteil gegen „alle Gesellschafter“. Die Vorschrift verlangt weder vom Wortlaut noch vom Zweck her ein Urteil gegen jeden einzelnen Gesellschafter.

**hemmer-Methode:** Der Gläubiger kann also sowohl mit einem Titel gegen die GbR als auch mit einem Titel gegen alle Gesellschafter in das Gesellschaftsvermögen vollstrecken. § 736 ZPO ist berichtigend so zu lesen: „... ist ein gegen alle Gesellschafter ergangenes Urteil ausreichend.“ Darin liegt ein wesentlicher Unterschied zur Rechtslage bei der OHG. Dort bedarf es nach § 124 II HGB immer eines Titels gegen die Gesellschaft.

Die Parteifähigkeit der GbR ist als konsequente Folge ihrer Rechtsfähigkeit anzuerkennen, § 50 I ZPO. Die Regelung des § 736 ZPO steht dem nicht entgegen.

Die ARGE Villa ist damit aktiv parteifähig.

### 2. Passive Parteifähigkeit der WEG-Gemeinschaft Villa

B1, B2 und B3 sind Wohnungseigentümer nach dem WEG.

Fraglich ist, ob sie zusammen als Wohnungseigentümergemeinschaft passiv parteifähig sind, also verklagt werden können.

### a) Rechtsnatur der WEG-Gemeinschaft

Das Verhältnis der verschiedenen Wohnungseigentümer in einem Komplex bestimmt sich nach den Vorschriften des WEG, vgl. § 10 WEG.

**hemmer-Methode:** Das BGB lässt selbständiges Eigentum an realen Gebäudeteilen nicht zu. Um dies rechtlich dennoch darstellen zu können, und damit weiten Bevölkerungskreisen die Bildung von Immobilieneigentum zu ermöglichen, wurde das WEG geschaffen. Danach hat jeder Wohnungseigentümer Sondereigentum an seiner Wohnung, Teileigentum an anderen Räumen (Treppenhaus, Keller) und Miteigentum am Grundstück.

Die Wohnungseigentümergemeinschaft stellt keine Gesellschaft bürgerlichen Rechts dar, sondern eine besonders ausgestaltete Bruchteilsgemeinschaft im Sinne der §§ 1008, 741 ff. BGB. Die einzelnen Wohnungseigentümer verfolgen keinen gemeinsamen Zweck, wie es für eine Gesellschaft nötig ist, § 705 I BGB, sondern sind lediglich gemeinschaftlich an einer Sache berechtigt, die sie ohne weitere gemeinsame Zweckbestimmung halten und verwalten, vgl. § 744 BGB.

Die Rechtsfähigkeit einer WEG-Gemeinschaft kann daher nicht über die Grundsätze, die bei der GbR gelten, hergeleitet werden. In dieser Konsequenz wurde die Rechts- und damit Parteifähigkeit von der früher h.M. abgelehnt.

Der BGH hatte bereits im Jahr 2005 entschieden, dass die WEG dem Grunde nach teilrechtsfähig ist; auch wenn das WEG bis dahin keine klaren Vorgaben dafür enthielt, hat der BGH überzeugend argumentiert, dass dies bei der GbR auch nicht der Fall sei und die Teilrechtsfähigkeit anerkannt sei (BGH NJW 2005, 2061; vgl. auch Thomas/Hüßtege, § 50, Rn. 4).

Mittlerweile hat der Gesetzgeber mit § 10 VI WEG eine Regelung geschaffen, nach der die WEG ausdrücklich Träger von Rechten und Pflichten sein kann, so dass eine intensivere Auseinandersetzung mit der Thematik hinfällig geworden ist.

Die WEG-Gemeinschaft Villa ist gem. § 10 VI a.E. WEG auch parteifähig.

### 3. Ergebnis

Die Klage der ARGE Villa ist zulässig.

**hemmer-Methode:** Die Parteifähigkeit war lange Zeit auch beim nicht-rechtsfähigen Verein problematisch. § 50 II ZPO a.F. erkannte dem nicht-rechtsfähigen Verein nur die passive Parteifähigkeit zu. Der BGH ist in Fortsetzung seiner GbR-Rechtsprechung dazu übergegangen, dem nicht-rechtsfähigen Verein auch die aktive Parteifähigkeit zuzusprechen (NJW 2008, 69 ff.) Argument: wenn schon die GbR als Personengesellschaft parteifähig ist, muss dies erst recht für den körperschaftlich strukturierten und damit verselbständigten Zusammenschluss des nicht-rechtsfähigen Vereins gelten. Der Gesetzgeber hat diese Rechtsprechung mittlerweile umgesetzt und billigt dem nicht-rechtsfähigen Verein nun auch die aktive Parteifähigkeit zu, § 50 II ZPO.

## IV. Zusammenfassung

- Voraussetzung für eine zulässige Klage ist die Parteifähigkeit von Kläger und Beklagtem.

- Es gilt der Grundsatz der Identität von materieller Rechtsfähigkeit und prozessualer Parteifähigkeit, § 50 I ZPO.
- Neben der Rechtsfähigkeit der GbR ist nun durch den BGH auch deren Parteifähigkeit anerkannt.
- § 736 ZPO ist berichtigend zu lesen: „...ist ein gegen alle Gesellschafter ergangenes Urteil ausreichend."
- Eine Wohnungseigentümergemeinschaft ist gem. § 10 VI WEG parteifähig.

## V. Zur Vertiefung

- Hemmer/Wüst, ZPO I, Rn. 177 f.
- Hemmer/Wüst, Gesellschaftsrecht, Rn. 46, 67 ff.
- BGH, Life&Law 2001, 216 ff.

# Fall 8: Prozess- und Postulationsfähigkeit

***Sachverhalt:***

*Der 17-jährige K begehrt von dem volljährigen B Schadensersatz wegen unerlaubter Handlung in Höhe von 7.000,- €. Während einer Prügelei nach einem Fußballspiel hatte der B, bekennender Anhänger von Borussia Dortmund, dem K, Fan von Schalke 04, schwere Verletzungen zugefügt. K beauftragt den Rechtsanwalt R mit der Wahrnehmung seiner Interessen und erteilt ihm Prozessvollmacht. Da K um einiges älter aussieht, als er ist, macht sich R dabei keine Gedanken hinsichtlich der Minderjährigkeit. Er erhebt Klage zum zuständigen Gericht, die dem B auch zugestellt wird. Der Beklagtenanwalt A rügt in der mündlichen Verhandlung, dass R überhaupt keine wirksame Prozessvollmacht besitze und K auch gar nicht prozessfähig sei. Die anwesenden Eltern des K erklären, sie hätten sich zwar bisher um nichts gekümmert, seien mit allem Geschehenen aber voll und ganz einverstanden. Nunmehr berichtet A, dass sein Mandant bei einer Schlägerei in München selbst so schwere Verletzungen erlitten habe, dass er ins Koma gefallen ist. Nach den Auskünften der Ärzte sei keine Besserung absehbar, vielmehr wäre von einem baldigen Ableben des B auszugehen.*

***Frage:*** *Wird das Gericht die Klage als zulässig erachten?*

## I. Einordnung

Im vorliegenden Fall ist zum einen fraglich, ob überhaupt wirksam Klage erhoben wurde. Aufgrund der Minderjährigkeit des K erscheinen die Prozess- und Postulationsfähigkeit auf der Klägerseite zweifelhaft.

Zum anderen geht es darum, welche Auswirkungen sich aus dem eventuellen Wegfall der Prozessfähigkeit einer Partei während des Verfahrens auf die Zulässigkeit ergeben.

## II. Gliederung

**1. Prozessfähigkeit auf Klägerseite**

K als **Minderjähriger**, § 106 BGB, selbst **nicht prozessfähig**, § 52 ZPO

Durch die Eltern des K als gesetzliche Vertreter, §§ 1629 I, 1626 I BGB, 51 I ZPO aber **wirksame Genehmigung** bisheriger Prozessführung.

**2. Postulationsfähigkeit auf Klägerseite**

- **Anwaltszwang**, § 78 I ZPO, vor dem hier sachlich zuständigen Landgericht, §§ 71 I, 23 Nr. 1 GVG
- Weder K noch seine Eltern sind postulationsfähig, nur Anwalt R
- Erteilung der Prozessvollmacht an R ist Prozesshandlung, daher konnte K sie mangels Prozessfähigkeit nicht wirksam vornehmen
- Allerdings auch insoweit Wirksamkeit durch Genehmigung der Eltern des K

**3. Prozessfähigkeit auf Beklagtenseite**

- Prozessfähigkeit muss als Zulässigkeitsvoraussetzung der Klage zum **Zeitpunkt der letzten mündlichen Verhandlung** vorliegen

- Bei Wegfall der Prozessfähigkeit während des Verfahrens **Unterbrechung**, § 241 ZPO
- Aber wenn Vertretung durch Prozessbevollmächtigten, Aussetzung des Verfahrens **nur auf Antrag**, §§ 246 I, 86 ZPO

## III. Lösung

Die Klage ist zulässig, wenn sowohl auf Kläger- als auch auf Beklagtenseite sämtliche Prozessvoraussetzungen erfüllt sind.

Es ist hier zu prüfen, ob auf Klägerseite Prozess- und Postulationsfähigkeit und auf Beklagtenseite die Prozessfähigkeit vorliegen.

**hemmer-Methode:** In der Klausur ist ein näheres Eingehen auf diese Punkte immer nur dann angebracht, wenn sich aus dem Sachverhalt –wie hier– Probleme ergeben. Ansonsten genügt meist ein Satz, z.B.: „Die GmbH wird durch ihren Geschäftsführer ordnungsgemäß vertreten, §§ 35 I GmbHG, 51 I ZPO. Der Anwaltszwang wurde beachtet, § 78 I ZPO."

### 1. Prozessfähigkeit auf Klägerseite

Unter Prozessfähigkeit versteht man die Fähigkeit, selbst oder durch selbstbestellte Vertreter wirksam Prozesshandlungen vornehmen zu können, vgl. § 51 I ZPO.

**hemmer-Methode:** Nach § 51 I ZPO richtet sich die Prozessfähigkeit nach den Vorschriften des bürgerlichen Rechts. Dies ist jedoch missverständlich, da es im BGB gar keine Vorschriften zur Prozessfähigkeit gibt. Vielmehr ist auf die §§ 52, 53 ZPO abzustellen.

Prozesshandlungen sind alle prozessgestaltenden Betätigungen. Schon die Einreichung der Klage stellt eine solche dar.

K müsste daher bei Erhebung der Klage prozessfähig gewesen sein. Gem. § 52 ZPO ist eine Partei insoweit prozessfähig, als sie sich durch Verträge verpflichten kann. Eine nach bürgerlichem Recht voll geschäftsfähige Person ist daher stets prozessfähig.

#### a) „Beschränkte" Prozessfähigkeit

Der 17- und damit noch nicht volljährige K, § 2 BGB, ist in der Geschäftsfähigkeit beschränkt, § 106 BGB. Fraglich ist, ob auch dies für § 52 ZPO ausreicht, also eine „beschränkte" Prozessfähigkeit angenommen werden kann. Dann könnten von K vorgenommene Prozesshandlungen als schwebend unwirksam, § 108 I BGB analog, angesehen werden. Ein Prozess verträgt aber solche Schwebezustände nicht, in ihm geht es um die eindeutige Rechtsfindung. Die Möglichkeit einer beschränkten Prozessfähigkeit ist abzulehnen.

**hemmer-Methode:** Allerdings besitzt der Minderjährige, soweit er nach den §§ 112, 113 BGB partiell geschäftsfähig ist, auch eine „partielle" Prozessfähigkeit.

Im Zeitpunkt der Erhebung der Klage und zu Beginn der mündlichen Verhandlung lag somit keine Prozessfähigkeit auf der Klägerseite vor. Dies hat das Gericht von Amts wegen zu berücksichtigen, § 56 I ZPO, eine Rüge durch den Gegner, § 295 ZPO, ist daher auch nicht notwendig.

**hemmer-Methode:** Ist die Prozessunfähigkeit offensichtlich, so erfolgt schon gar keine Zustellung der Klageschrift. Es ergeht eine sog. „a limine – Abweisung". Dass das Gericht die Prozessfähigkeit von Amts wegen prüft, bedeutet aber nicht, dass es auch Tatsachen selbst ermittelt. Für deren Beibringung sind allein die Parteien verantwortlich. Da im vorliegenden Fall die Klage nach dem Sachverhalt zugestellt wurde (etwa weil in der Klageschrift des R die Minderjährigkeit des K nicht erwähnt wurde), findet das Verfahren seinen normalen Fortgang.

### b) Genehmigung der bisherigen Prozessführung durch gesetzliche Vertreter

Der maßgebliche Zeitpunkt für das Vorliegen der Zulässigkeitsvoraussetzungen ist grundsätzlich der Schluss der letzten mündlichen Verhandlung. Erst wenn dann noch die Prozessunfähigkeit einer Partei vorliegt, wird die Klage durch Prozessurteil abgewiesen.

Zwar änderte sich im Verfahren nichts an der Minderjährigkeit und damit Prozessunfähigkeit des K, aber es könnte nunmehr eine wirksame gesetzliche Vertretung vorgelegen haben.

Minderjährige Kinder werden gem. §§ 1629 I, 1626 I BGB von ihren Eltern gemeinschaftlich vertreten. Die Eltern des K waren in der mündlichen Verhandlung anwesend. Ihre Erklärung, sie seien hinsichtlich des Prozesses mit allem bisher Geschehenen einverstanden, kann nur als Genehmigung der bisherigen Prozessführung durch K ausgelegt werden

**hemmer-Methode:** Die Genehmigung der Prozessführung des prozessunfähigen Vertretenen durch den gesetzlichen Vertreter ist selbst Prozesshandlung. Die §§ 133, 140 BGB gelten daher entsprechend.

Die Möglichkeit einer solchen Genehmigung besteht. Im Hinblick auf die Aufgabe des Prozesses –für Rechtsklarheit zu sorgen– kann sie jedoch nur im Ganzen und nicht unter Ausnahme einzelner Prozesshandlungen erklärt werden. Von den Eltern des K wird sogar explizit erklärt, dass sie „voll und ganz" einverstanden sind. Eine wirksame Genehmigung liegt damit vor.

**hemmer-Methode:** Wird die prozessunfähige Partei während des Verfahrens prozessfähig, so kann sie nach § 108 III BGB analog selbst genehmigen.

Aufgrund der wirksamen Genehmigung der Eltern, § 184 I BGB analog, steht die Prozessunfähigkeit des K der wirksamen Klageerhebung nicht entgegen. Zugleich liegt nun auch im Prozess eine wirksame Vertretung des K vor, § 51 I ZPO.

### 2. Postulationsfähigkeit auf Klägerseite

Die Postulationsfähigkeit ist die Fähigkeit, dem prozessualen Handeln die rechtserhebliche Erscheinungsform zu geben.

Grundsätzlich ist jede prozessfähige Person auch postulationsfähig. Eine bedeutende Ausnahme besteht aber dann, wenn Anwaltszwang herrscht, § 78 I ZPO. Postulationsfähig ist dann nur der Anwalt, nur er kann wirksam Prozesshandlungen vornehmen.

**hemmer-Methode:** Wenn also im Anwaltsprozess nur die Partei persönlich erscheint, dann verhandelt das Gericht gar nicht mit ihr.

Dadurch wird zwar nicht die Klage unzulässig, aber es ergeht unter Umständen ein Versäumnisurteil, § 333 ZPO.

Hier wurde Klage zum zuständigen Landgericht erhoben, §§ 71 I, 23 Nr. 1 GVG.

Vor diesem herrscht gem. § 78 I ZPO Anwaltszwang. Daher muss bereits die Klage von einer postulationsfähigen Person erhoben werden. Da R die Klage einreichte, war dies hier der Fall.

Fraglich ist aber, ob der R auch ordnungsgemäß zur Vornahme dieser Prozesshandlung bevollmächtigt war, § 80 ZPO, da K, der die Vollmacht erteilte, noch minderjährig war.

Mängel der Vollmacht eines Anwalts werden zwar vom Gericht nicht von Amts wegen geprüft, § 88 II ZPO, allerdings rügte der gegnerische Anwalt A ausdrücklich die Wirksamkeit der Vollmacht, § 88 I ZPO.

### a) Wirksame Prozessvollmacht des R

Für die Prozessvollmacht finden sich in den §§ 80 – 89 ZPO Sonderregeln, die den §§ 164 ff. BGB vorgehen. Nicht ausdrücklich geregelt ist die Erteilung an sich. Die h.M. sieht in ihr eine Prozesshandlung, so dass für die Wirksamkeit der Vollmachtserteilung die Prozesshandlungsvoraussetzungen vorliegen müssen.

Bei Erteilung der Prozessvollmacht war K nicht prozessfähig, § 52 ZPO, und auch nicht gesetzlich vertreten, § 51 I ZPO. Somit war die Vollmachtserteilung unwirksam.

**hemmer-Methode:** Nach bürgerlichem Recht ist die Vollmachtserteilung, § 167 I BGB, durch einen Minderjährigen ohne Einwilligung der Eltern, § 1629 I BGB, gleichfalls unwirksam, § 111 S. 1 BGB.

### b) Möglichkeit der Genehmigung

Mangels wirksamer Prozessvollmacht handelte R somit als vollmachtloser Vertreter.

**hemmer-Methode:** § 89 I ZPO ist hier nicht einschlägig, dieser gilt nur bei bewusst vollmachtloser Vertretung und dann, wenn eine erteilte Vollmacht nicht nachgewiesen werden kann. R, der die Minderjährigkeit des K nicht kannte, handelte hingegen als vermeintlich berechtigter Vertreter.

Seine Prozesshandlungen, insbesondere auch die Erhebung der Klage, waren unwirksam.

Allerdings besteht gem. § 89 II ZPO eine Heilungsmöglichkeit, die zurück wirkt.

**hemmer-Methode:** Beachten Sie hier den wichtigen Unterschied zum bürgerlichen Recht. Dort wäre keine Genehmigung, § 184 I BGB, mehr möglich, da die Vollmachterteilung durch einen beschränkt Geschäftsfähigen als einseitiges Rechtsgeschäft nicht nur schwebend unwirksam, sondern von Anfang an „komplett“ unwirksam ist, § 111 S. 1 BGB.

In der Äußerung der Eltern des K, sie seien voll und ganz mit allem einverstanden, liegt zumindest die stillschweigende Genehmigung der Erteilung der Prozessvollmacht sowie der Klageerhebung. Damit ist Heilung eingetreten, § 89 II ZPO.

Es liegt sowohl eine wirksame Klageerhebung als auch Postulationsfähigkeit auf Klägerseite vor.

### 3. Prozessfähigkeit auf Beklagtenseite

Möglicherweise ist die Klage jedoch durch den Wegfall der Prozessfähigkeit des B unzulässig geworden.

Durch den voraussichtlich nicht nur kurzzeitigen Fall ins Koma verlor B seine Geschäftsfähigkeit, § 104 Nr. 2 BGB, und damit auch seine Prozessfähigkeit, § 52 ZPO. Eine gesetzliche Vertretung, § 51 I ZPO, ist bisher nicht gegeben.

Gem. § 241 I ZPO wäre der Prozess damit zu unterbrechen, bis ein gesetzlicher Vertreter bestellt wird. Dies gilt nach § 246 I ZPO aber dann nicht automatisch, wenn eine wirksame Vertretung stattfindet. Da nach § 86 ZPO durch den Wegfall der Prozessfähigkeit des B die Prozessvollmacht des A nicht betroffen wurde, sondern fortbesteht, ist B noch wirksam vertreten.

**hemmer-Methode:** Kommentieren Sie sich diese Paragraphenkette (§ 86 ZPO an § 246 ZPO; § 246 ZPO an § 241 ZPO) –soweit zulässig– unbedingt im Gesetz.

Die Klage des K wurde daher jedenfalls nicht unzulässig, sie kann allenfalls auszusetzen sein. Dazu bedarf es jedoch nach §§ 246 I, 248 I ZPO eines Antrags des Beklagtenanwalts. Allein in der Mitteilung der Umstände, die zum Wegfall der Prozessfähigkeit seines Mandanten führen, kann ein solcher Antrag aber nicht gesehen werden.

### 4. Ergebnis

Die Klage des K wurde wirksam erhoben, da seine Eltern als gesetzliche Vertreter die entsprechenden Prozesshandlungen genehmigten. Im Übrigen liegt damit jetzt auch eine ordnungsgemäße Vertretung vor, § 51 I ZPO. Da auch die eingetretene Prozessunfähigkeit des B nicht zur Unzulässigkeit führte, ist die Klage zulässig.

## IV. Zusammenfassung

- Zulässigkeitsvoraussetzung für die Klage ist die Prozessfähigkeit der Partei oder deren wirksame gesetzliche Vertretung.
- Die Prozessfähigkeit richtet sich grundsätzlich nach der Geschäftsfähigkeit, § 52 ZPO. Eine „beschränkte“ Prozessfähigkeit gibt es allerdings nicht.
- Prozesshandlungen einer prozessunfähigen Partei können durch den gesetzlichen Vertreter rückwirkend genehmigt werden.
- Im Anwaltsprozess, § 78 I ZPO, muss sich die Partei durch einen Rechtsanwalt vertreten lassen, um wirksam verhandeln zu können.
- Die Erteilung einer Prozessvollmacht ist Prozesshandlung.
- Der Wegfall der Prozessfähigkeit während des Verfahrens führt nicht zur Unzulässigkeit der Klage, sondern allenfalls zur Aussetzung des Prozesses, §§ 241 I, 246 I ZPO.

## V. Zur Vertiefung

- Hemmer/Wüst, ZPO I, Rn. 191 ff., 226 ff.
- BGH, NJW 1993, 1654 f.

# Fall 9: Prozessstandschaft

***Sachverhalt:***

*Der kleine Heimelektronikhändler K verkaufte an seinen reichen Kunden B einen hochwertigen Flachbildschirm. Zur Refinanzierung trat K seine Kaufpreisforderung an die D-Bank ab. Da B trotz mehrfacher Mahnungen nicht zahlte, ermächtigte die D-Bank den K, den Kaufpreisanspruch in seinem eigenen Namen gegen B gerichtlich geltend zu machen. K erhob daraufhin Klage vor dem zuständigen Gericht. Der B wendet ein, gegen den vermögenslosen K könne er bei Klageabweisung nicht einmal seine Kostenerstattungsansprüche durchsetzen.*

***Frage:*** *Ist die Klage zulässig?*

## I. Einordnung

Wird eine fremde Forderung in eigenen Namen eingeklagt, so spricht man von Prozessstandschaft.

In bestimmten Fällen räumt bereits das Gesetz Personen, die nicht oder nicht allein Rechtsinhaber sind, ein solches Prozessführungsrecht ein. Man spricht dann von gesetzlicher Prozessstandschaft.

Hier hat die D-Bank den K vertraglich ermächtigt, den ihr materiell-rechtlich zustehenden Anspruch in seinem Namen als Partei einzuklagen. Es handelt sich daher um eine gewillkürte Prozessstandschaft. Ihre Zulässigkeit ist von besonderen Voraussetzungen abhängig.

## II. Gliederung

**1. Voraussetzungen der gewillkürten Prozessstandschaft**

- **Ermächtigung** zur Prozessführung durch den Rechtsträger
- **Abtretbarkeit** des Rechts
- **Eigenes schutzwürdiges Interesse** des Prozessstandschafters

**2. Unbillige Benachteiligung des Beklagten**

Auswirkungen auf die Zeugenstellungen hier hinnehmbar

⇨ Aber **Mittellosigkeit des Ermächtigten** steht der gewillkürten Prozessstandschaft wegen Missbrauchsmöglichkeit entgegen

⇨ Klage unzulässig

## III. Lösung Frage 1

Die Klage ist dann zulässig, wenn der K prozessführungsbefugt ist.

Grundsätzlich ist jede Person insoweit prozessführungsbefugt, als sie ihre eigenen Rechte im eigenen Namen geltend machen.

**hemmer-Methode:** Ob dem Kläger das behauptete Recht dann tatsächlich zusteht, ist eine Frage der Aktivlegitimation und damit der Begründetheit der Klage.

Wird ein fremdes Recht in eigenem Namen geltend gemacht, liegt also eine sog. Prozessstandschaft vor, bedarf die Prozessführungsbefugnis näherer Untersuchung.

**hemmer-Methode:** Gehen Sie auch nur in diesem Fall in der Klausur darauf ein!!!

Sie ist jedenfalls dann gegeben, wenn ein gesetzlich geregelter Fall der Prozessstandschaft vorliegt. Eine Regelung, dass der Zedent die an den Zessionar abgetretene Forderung im eigenen Namen noch geltend machen darf, findet sich jedoch nicht.

Die Prozessführungsbefugnis des K könnte sich allein aus der vertraglichen Vereinbarung mit der D-Bank ergeben.

Eine solche gewillkürte Prozessstandschaft ist, da sie ein nicht unerhebliches Missbrauchsrisiko birgt, nur unter besonderen Voraussetzungen möglich, deren Vorliegen geprüft werden muss.

### 1. Voraussetzungen der gewillkürten Prozessstandschaft

**Folgende drei Voraussetzungen müssen nach der Rechtsprechung des BGH kumulativ vorliegen:**

**(1)** Zustimmung oder Ermächtigung durch den Rechtsträger, § 185 BGB analog,

**(2)** Abtretbarkeit des Rechts oder die Möglichkeit seiner Überlassung zur Ausübung.

**(3)** Eigenes schutzwürdiges Interesse des Prozessstandschafters an der Geltendmachung

#### a) Ermächtigung durch den Rechtsträger

Die Zustimmung bzw. Ermächtigung des Rechtsträgers muss sich gerade auf die Prozessführung des Prozessstandschafters in dessen eigenen Namen beziehen.

Hier hat die D-Bank den K ausdrücklich ermächtigt, die Forderung in seinem Namen geltend zu machen, § 185 BGB analog. Der D-Bank erspart dies die mit der Prozessführung verbundenen Kosten und Mühen.

#### b) Abtretbarkeit des Rechts

Die Kaufpreisforderung, die K hier einziehen will, ist nach § 398 BGB ohne weiteres abtretbar. Etwaige Abtretungsverbote sind nicht ersichtlich.

**hemmer-Methode:** Mit Hinblick auf den dinglichen Herausgabeanspruch, § 985 BGB, der ja selbst gerade nicht abtretbar ist, wird es als ausreichend beachtet, dass die Ausübung des Rechts einem anderen überlassen werden kann.

#### c) Eigenes rechtsschutzwürdiges Interesse des Prozessstandschafters

Ein solches Recht ist nur dann zu bejahen, wenn die Entscheidung die eigene Rechtslage des Ermächtigten beeinflusst.

Die Kaufpreisforderung gegen B wurde von K nicht an die D-Bank verkauft, sondern zur Kreditsicherung abgetreten. Fällt die Forderung aus, muss K dennoch seinen Verpflichtungen aus dem Darlehensvertrag gegenüber der D-Bank nachkommen. Wirtschaftlich gesehen trägt er also das Risiko der Realisierbarkeit der Forderung. Sein eigenes Interesse an der Zahlung des B ist evident.

**hemmer-Methode**: Auch bei Forderungsverkauf besteht ein eigenes Interesse des Verkäufers, da dieser zumindest auf den Bestand der Forderung haftet, §§ 453, 434 I S. 1, 435 BGB. Eine weitere wichtige Fallgruppe ist die Drittschadensliquidation: der Forderungsinhaber kann den Geschädigten ermächtigen, den ihm zustehenden Schadensersatzanspruch einzuklagen.

Das Interesse des Prozessstandschafters ist allerdings nur dann rechtlich geschützt, wenn der Beklagte durch diese Art der Prozessführung nicht unbillig benachteiligt wird.

### 2. Unbillige Benachteiligung des Bekl.

Die Auswirkungen der Vereinbarung einer gewillkürten Prozessstandschaft im Prozess sind vielfältig.

So wird die Parteistellung verändert, was wiederum Auswirkungen auf den Zeugenstatus der Beteiligten hat. Auch können vermögenslose Personen „vorgeschoben“ werden, damit man im Falle des Prozessverlustes nicht auch noch Geld verliert.

#### a) Änderung der Partei-/Zeugenstellung

Ohne die Ermächtigung des K zur Prozessführung wäre die D-Bank selbst Partei. Ihr Vorstand könnte als vertretungsberechtigtes Organ dann nicht als Zeuge vernommen werden.

Durch gewillkürte Prozessstandschaft ist nun K Partei, der Vorstand der D-Bank kann Zeuge sein.

Dies bewirkt allerdings im vorliegenden Fall offensichtlich keine Unbilligkeit.

Vielmehr dürfte es dem B sogar lieber sein, dass K nicht selbst Zeuge ist.

Überdies können solche Auswirkungen im Rahmen der Beweiswürdigung angemessen berücksichtigt werden.

#### b) Einwand der Gefährdung des Kostenerstattungsanspruchs

Die im Prozess obsiegende Partei kann von der unterlegenen grundsätzlich die Erstattung ihrer im Rechtsstreit entstandenen Kosten verlangen, § 91 ZPO.

Hätte die D-Bank den B verklagt und wäre die Klage abgewiesen worden, dann hätte für den B keine realistische Gefahr bestanden, seine Kosten nicht ersetzt zu bekommen.

Im Falle des vermögenslosen K sieht es aber anders aus. Selbst wenn dessen Klage abgewiesen wird, kann es sein, dass B die für seinen Rechtsanwalt angefallenen Gebühren nicht erfolgreich bei K vollstrecken kann.

**hemmer-Methode:** Wo nichts ist, da gibt es nichts zu holen. Solche Überlegungen muss vor allem ein Kläger anstellen. Was nützt das schönste Urteil, wenn man es am Ende noch selbst bezahlen muss, vgl. § 22, 29, 31 GKG, weil der Beklagte kein Geld hat?

Dies stellt für den B eine unzumutbare Beeinträchtigung dar. Die Klage ist daher unzulässig.

**hemmer-Methode:** Eine Bank könnte sonst regelmäßig arme Leute „vorschieben“. Gewinnt der Prozessstandschafter, bekommt die Bank den Ertrag, verliert er, besteht für sie kein Risiko.

Der K könnte den Einwand der Gefährdung des Kostenerstattungsanspruchs etwa dadurch abwehren, dass er eine Bürgschaft der D-Bank beibringt, die das volle Kostenrisiko des B abdeckt.

Ebenso wäre es möglich, dass die D-Bank den Anspruch wieder an K abtritt. Dann ist K zwar nach wie vor vermögenslos, mangels Bestehens einer gewillkürten Prozessstandschaft kann seiner Klage aber nicht der Einwand der Gefährdung des Kostenerstattungsanspruchs entgegengehalten werden.

## IV. Zusammenfassung

- Wird ein eigenes Recht in eigenem Namen geltend gemacht, dann liegt grundsätzlich auch die Prozessführungsbefugnis vor.
- Wird ein fremdes Recht in eigenem Nahmen geltend gemacht, so spricht man von Prozessstandschaft.
- Die gewillkürte Prozessstandschaft ist nur unter engen Voraussetzungen möglich.

## V. Zur Vertiefung

- Hemmer/Wüst, ZPO I, Rn. 199 ff.
- Rechtsprechung zu den Voraussetzungen der gewillkürten Prozessstandschaft: BGH, Life&Law 2012, 12 ff.

# 3. Abschnitt: Wirksame Klageerhebung

## Fall 10: Einreichung der Klageschrift

***Sachverhalt:***

*Rechtsanwalt R wurde von K beauftragt, gegen den B wegen eines strittigen Kaufpreisanspruchs Klage zu erheben. Da die Bürokraft des R zu diesem Zeitpunkt krank war und deshalb keine ordnungsgemäße Terminierung stattfand, geriet die Sache bei dem vielbeschäftigten R zunächst in Vergessenheit. Am Tag vor dem Verjährungseintritt der Kaufpreisforderung fallen R die Unterlagen des K durch einen Zufall wieder in die Hand. Um seinem Mandanten noch behilflich zu sein bzw. um den guten Willen seiner Haftpflichtversicherung nicht überzustrapazieren, verfasst R geschwind eine Klageschrift. Da er noch dringende Termine hat und nicht bei Gericht vorbeifahren kann, schickt er die Klage per*

*1. Fax,*

*2. Computer-Fax,*

*3. E-Mail.*

***Frage:** Liegt jeweils eine wirksame Klageerhebung vor?*

### I. Einordnung

Die ordnungsgemäße und wirksame Erhebung ist eine Zulässigkeitsvoraussetzung der Klage.

So fehlt es an einer wirksamen Klageerhebung, wenn auf Klägerseite offensichtlich Partei-, Prozess- oder Postulationsfähigkeit nicht vorliegen. Es ergeht dann kein Prozessurteil, vielmehr wird die Klageschrift schon gar nicht zugestellt.

Liegen dagegen Mängel im nach § 253 II, IV ZPO notwendigen Inhalt der Klageschrift vor, so spricht man von einer nicht ordnungsgemäßen Klageerhebung. Hier wird zwar zugestellt, §§ 253 I, 271 I, 166 ff. ZPO, und ein Termin anberaumt, im weiteren Verlauf des Verfahrens kommt es aber darauf an, ob der Mangel durch Nachholung bzw. Berichtigung geheilt wird. Erst dann liegt auch eine ordnungsgemäße Klageerhebung vor. Wird der Mangel nicht beseitigt, ist die Klage als unzulässig abzuweisen.

**hemmer-Methode:** Allein durch bloßen Rügeverzicht, § 295 ZPO, sind diese Mängel nicht heilbar, weil der notwendige Inhalt der Klageschrift auch im öffentlichen Interesse der Rechtssicherheit vorgeschrieben ist.

### II. Gliederung

**1. Klageerhebung per Fax**

**(P):** **Schriftform, § 126 BGB**, nicht gewahrt, da keine eigenhändige Unterschrift des R auf dem bei Gericht eingehenden Fax, sondern nur deren Kopie

⇨ Gem. § 130 Nr. 6 ZPO möglich

**2. Klageerhebung per Computer-Fax**

**(P):** Hier liegt nicht einmal Kopie der Unterschrift vor, da es ja überhaupt kein kopiertes Originaldokument gibt

⇨ Nach der Entscheidung des GemSOGB möglich

**3. Klageerhebung per E-Mail**

Einreichung elektronischer Dokumente durch **§ 130a ZPO** geregelt

⇨ Bestimmender Schriftsatz muss qualifizierte elektronische Signatur enthalten, einfache E-Mail daher unzureichend

## III. Lösung

Es ist in allen drei Varianten fraglich, ob wirksam Klage erhoben wurde.

### 1. Klageerhebung per Fax

Gem. § 253 V ZPO ist die Klage bei Gericht schriftlich einzureichen. Für die Schriftform ist nach § 126 I BGB erforderlich, dass die Urkunde vom Aussteller eigenhändig unterzeichnet wurde.

Gerade daran fehlt es aber bei einem Telefax. Auf dem Faxgerät des Gerichts wird nur die über die Telefonleitung übermittelte Kopie des Originals, welches sich im Faxgerät von Rechtsanwalt R befindet, ausgegeben. Auf der bei Gericht vorliegenden Klageschrift liegt keine eigenhändige Unterschrift des Rechtsanwalts vor, die Schriftform wurde nicht gewahrt.

**hemmer-Methode:** Die Unterschrift unter der Klage ist auch Wirksamkeitserfordernis. Fehlt sie, wird daher schon gar nicht zugestellt.

Sollte in der Praxis ein Anwalt die Unterschrift tatsächlich vergessen, wird das Gericht einen Hinweis, § 139 III ZPO, erteilen und Gelegenheit zur Nachholung geben.

Während es früher sehr umstritten war, ob im Hinblick auf die Üblichkeit solcher moderner Kommunikationsformen die Klageerhebung per Telefax dennoch zulässig sei, existiert für diesen Fall eine gesetzliche Regelung.

Gem. §§ 253 IV, 130 Nr. 6 ZPO ist es ausreichend, dass bei einem Fax die Unterschrift in Kopie wiedergegeben wird.

**hemmer-Methode:** Anders im BGB! Dort ist z.B. eine wirksame Bürgschaftserteilung, § 766 BGB, per Fax durch einen Nichtkaufmann (ansonsten § 350 HGB) nicht möglich (BGH, NJW 1993, 1126).

Eine wirksame Klageerhebung durch R ist somit gegeben.

### 2. Klageerhebung per Computer-Fax

Bei einem Computer-Fax verfasst der Rechtsanwalt sein Schriftstück im Textverarbeitungsprogramm am PC und kopiert anschließend seine vorher eingescannte Unterschrift darunter.

Dann sendet er dieses Dokument direkt von seinem Computer aus per PC-Modem an das Faxempfangsgerät des Gerichts. Erst dort entsteht dann ein Ausdruck.

In diesem Fall sind die §§ 253 IV, 130 Nr. 6 ZPO nicht einschlägig, da mangels Original überhaupt keine Unterschrift in Kopie wiedergegeben wird.

**hemmer-Methode:** Problematisieren Sie nur diesen Fall in der Klausur! Die Klageerhebung per normalem Fax ist gesetzlich geregelt und kann daher in einem Satz abgehandelt werden.

Möglicherweise ist die Klage hier trotz des Fehlens der Schriftform aber wirksam erhoben.

Die Verfahrensvorschriften sind nicht Selbstzweck, sondern dienen letztlich der Wahrung der materiellen Rechte der Prozessbeteiligten. Sie sollen die einwandfreie Durchführung des Rechtsstreits sicherstellen und nicht behindern.

Die Schriftlichkeit soll gewährleisten, dass aus dem Schriftstück der Inhalt der Erklärung, die abgegeben werden soll, und die Person, von der sie ausgeht, hinreichend zuverlässig entnommen werden können. Außerdem muss feststehen, dass es sich bei dem Schriftstück nicht nur um einen Entwurf handelt, sondern dass es mit Wissen und Willen des Berechtigten dem Gericht zugeleitet worden ist.

So ist die Wirksamkeit einer Klageerhebung durch Telegramm gewohnheitsrechtlich anerkannt, obwohl dort aus technischen Gründen der Erklärende nicht eigenhändig und handschriftlich unterzeichnen kann. Für die Klageerhebung mittels Telefax findet sich heute sogar eine gesetzliche Regelung.

Der alleinige Zweck der Schriftform, die Rechtssicherheit und insbesondere die Verlässlichkeit der Eingabe zu gewährleisten, wird durch Computer-Fax aber nicht minder gut erfüllt als durch Telegramm oder Telefax. In allen Fällen veranlasst gerade der Absender, dass die maßgebliche Erklärung nach einer Übermittlung erst andernorts verkörpert wird.

Durch die eingescannte Unterschrift ist der Absender beim Computer-Fax eindeutig erkennbar und sein Wille, den Schriftsatz dem Gericht zuzuleiten, kann nicht ernsthaft bezweifelt werden.

**hemmer-Methode:** Es ist nicht einmal nötig, dass überhaupt eine Unterschrift eingescannt wird. Vielmehr genügt auch der Vermerk: „Dieser Brief wurde maschinell erstellt und wird daher nicht eigenhändig unterschrieben."

R hat durch die Übermittlung des Computer-Fax wirksam Klage erhoben.

**Achtung:** Scannt der Anwalt die Unterschrift in die Textdatei ein, druckt diese aus und übermittelt sodann den Ausdruck per „normalem" Fax an das Gericht, soll dies nach Ansicht des BGH wiederum nicht ausreichen, Vgl. Life&Law 2007, 285. Hier bestehe kein Grund für die Akzeptanz der eingescannten Unterschrift, weil der Anwalt das ausgedruckte Schriftstück auch genauso gut habe unterschreiben können!

### 3. Klageerhebung per E-Mail

Bei einer E-Mail fehlt es ebenso wie bei Fax und Computer-Fax an der gem. §§ 253 V ZPO, 126 BGB nötigen Schriftform.

Eine gesetzliche Regelung für die Übermittlung elektronischer Dokumente findet sich in §§ 253 IV, 130a ZPO. Obwohl der Wortlaut von § 130a I ZPO insoweit keinen Anhaltspunkt bietet, ist hier zwischen vorbereitenden und bestimmenden Schriftsätzen zu unterscheiden[2].

2 Thomas/Putzo, § 130a, Rn. 2.

**hemmer-Methode:** Vorbereitende Schriftsätze, § 129 ZPO, dienen der Ankündigung des Vorbringens in der mündlichen Verhandlung. Prozessual wirksam wird es erst durch Vortrag. Bestimmende Schriftsätze enthalten Parteierklärungen, für die Schriftform vorgeschrieben ist. Mit ihrer Einreichung oder Zustellung ist die Prozesshandlung vollzogen.

Die Sollvorschrift des § 130a I S. 2 ZPO gilt nur für vorbereitende Schriftsätze, für bestimmende Schriftsätze ist sie wegen § 126a BGB als Mussvorschrift zu lesen.

Somit ist für die Einreichung der Klageschrift per E-Mail, sofern dies gem. § 130a II ZPO überhaupt vorgesehen ist, unbedingt eine qualifizierte elektronische Signatur nach dem SigG notwendig.

Die Klageerhebung per einfacher E-Mail wird aber auch nicht unabhängig von dieser gesetzlichen Regelung zugelassen. Eine E-Mail wird nämlich in Unterschied zu Telegramm, Fax und Computerfax nicht an einem anderen Ort verkörpert, so dass es überhaupt an einem Schriftstück fehlt.

Die Klageerhebung des R per E-Mail ist nicht wirksam.

**hemmer-Methode:** Das hat nun auch der BGH entschieden, vgl. BGH Life&Law 2009, Heft 5. Beachten Sie aber: wenn ein Schriftsatz eingescannt und mittels pdf-Datei per E-mail an das Gericht geschickt wird und (!) dort ausgedruckt wird, ist die Schriftform wiederum gewahrt, § 130 Nr. 6 ZPO, BGH Life&Law 2008, 736 ff.

## IV. Zusammenfassung

- Die eigenhändige Unterschrift, §§ 253 V ZPO, 126 I BGB, ist Wirksamkeitserfordernis bei der Klageerhebung.
- Eine Klageerhebung per Fax ist zulässig, §§ 253 IV, 130 Nr. 6 ZPO.
- Auch ein Computer-Fax ist ausreichend, nicht aber eine E-Mail.

# Fall 11: Zustellung

***Sachverhalt:***

*K erhebt gegen B Klage auf Zahlung von 2.000,- € durch Einreichung einer Klageschrift bei dem zuständigen Amtsgericht. Die Geschäftsstelle beauftragt daraufhin die Post mit der Zustellung der Klage. Der Postbote klingelt zwei Tage später an der Haustür des B. Eine junge Frau F öffnet ihm und erklärt, sie sei die Lebensgefährtin des B. Allerdings weigert sie sich, die Klage in Empfang zu nehmen. Daraufhin wirft der Postbote das Schriftstück in den Briefkasten neben der Haustür.*

***Frage:*** *Liegt eine wirksame Zustellung vor?*

## I. Einordnung

Die Erhebung der Klage erfolgt in zwei Schritten, vgl. § 253 I ZPO. Zunächst muss eine Klageschrift bei Gericht eingereicht werden. Sodann muss diese dem Beklagten noch zugestellt werden, §§ 271, 166 ff. ZPO. Geschieht dies nicht ordnungsgemäß, dann wurde auch die Klage nicht wirksam erhoben.

Im Rahmen der Zustellung treten häufig Probleme auf, wenn der Beklagte nicht selbst angetroffen wird. Es ist dann genau zu überprüfen, ob und wann die Klage zugestellt wurde.

**hemmer-Methode:** Ist eine Zustellung unwirksam, dann bedarf es einer fehlerfreien Zustellungswiederholung oder eines tatsächlichen Zugangs beim Adressaten, § 189 ZPO. Eine Rückwirkung erfolgt in keinem Fall. Prozesshandlungen, die wegen fehlender oder mangelhafter Zustellung unwirksam sind, können durch Rügeverzicht der Parteien, § 295 ZPO, geheilt werden.

## II. Gliederung

**Wirksame Klageerhebung**

- Klageerhebung erst mit **Zustellung**, § 253 I ZPO
- Zustellung erfolgt regelmäßig durch die **Post,** § 168 I ZPO
- Bei unberechtigt verweigerter Annahme, § 179 ZPO, Zustellung durch Briefkasteneinwurf möglich

**(P):** **unberechtigte Annahmeverweigerung** nur, wenn F als Familienangehörige i.S.d. § 178 I Nr. 1 ZPO zur Annahme verpflichtet war

⇨ (+) bei **Lebensgefährte** wegen tatsächlicher Verbundenheit mit dem Empfänger

## III. Lösung

### Wirksame Klageerhebung

Die Klageerhebung ist noch nicht mit der Einreichung der Klageschrift bei Gericht vollzogen, sondern es bedarf, wie sich aus § 253 I ZPO ergibt, zusätzlich noch der Zustellung an den Beklagten.

### 1. Erforderlichkeit der Zustellung der Klageschrift, §§ 271 I, 270 I S. 1 ZPO

Nach § 270 ZPO kann das Gericht den Parteien Schriftsätze grundsätzlich formlos mitteilen, also z.B. durch einfache Übersendung als gewöhnlicher Postbrief.

Für die Klageschrift als wichtigen prozesseinleitenden Schriftsatz, der stets Sachanträge enthält, ist nach §§ 271 I, 270 I S. 1 ZPO jedoch die Zustellung von Amts wegen angeordnet.

Unter Zustellung versteht man den in gesetzlicher Form zu bewirkenden Akt, durch den dem Adressaten Gelegenheit zur Kenntnisnahme von einem Schriftstück verschafft wird. Sie ist in den §§ 166 ff. ZPO geregelt.

**hemmer-Methode**: Über § 56 II VwGO gelten diese Regelungen auch für Zustellungen im verwaltungsgerichtlichen Verfahren.

Im vorliegenden Fall hat B als Adressat der Klageschrift bisher keine Kenntnis erhalten, zudem wurde die Entgegennahme von der F ausdrücklich verweigert.

Es könnte aber dennoch bereits eine wirksame Zustellung vorliegen.

## 2. Wirksame Zustellung, §§ 166 ff. ZPO

Eine wirksame Zustellung liegt vor, sobald alle ihre gesetzlichen Voraussetzungen erfüllt sind.

Die Anforderungen richten sich nach der Zustellungsform. Das Gericht kann einerseits die Zustellung selbst ausführen, § 168 I S. 1 ZPO, andererseits aber auch die Post beauftragen, §§ 168 I S. 2, 176 I ZPO. Für diese in der Praxis häufigste Form gelten gem. § 176 II ZPO die §§ 177 – 181 ZPO.

**hemmer-Methode:** Wenn Ihnen eine Zustellung in der Klausur begegnet, dann lesen Sie sorgfältig den Sachverhalt, wer wie zustellt. Wenn dies klar ist, ergibt sich vieles bereits aus dem an dieser Stelle sehr systematisch aufgebauten Gesetz.

Eine persönliche Übergabe an B gem. § 177 ZPO fand nicht statt.

### a) Ersatzzustellung nach § 178 I ZPO

Da nicht er selbst, sondern nur seine Lebensgefährtin F in der Wohnung angetroffen wurde, könnte eine Ersatzzustellung gem. § 178 I Nr.1 ZPO vorliegen.

Diese setzt jedoch voraus, dass die anwesende Person das Schriftstück auch entgegennimmt. Da die F dies hier ausdrücklich verweigerte, scheidet eine Ersatzzustellung nach § 178 I ZPO aus.

### b) Zustellung bei verweigerter Annahme, § 179 ZPO

Durch den Einwurf in den Briefkasten könnte eine wirksame Zustellung nach § 179 S. 1, 3 ZPO vorliegen. Dies wäre der Fall, wenn F unberechtigt die Annahme verweigert hätte.

Eine unberechtigte Verweigerung liegt nur dann vor, wenn die F verpflichtet war, das Schriftstück entgegenzunehmen. Neben dem Zustellungsadressaten trifft eine solche Verpflichtung auch all die, die zum Personenkreis des § 178 I ZPO gehören.

Damit ist zu klären, ob die Lebensgefährtin unter § 178 I Nr.1 ZPO fällt.

Es könnte sich um eine ständige Mitbewohnerin handeln.

Das hängt aber davon ab, wo die F wohnt. Sollte sie lediglich zu Besuch bei B sein und dauerhaft an einem anderen Ort wohnen, so wäre dies nicht ausreichend.

**hemmer-Methode:** Wenn es im Prozess darauf ankommen sollte, wird das ständige Miteinanderwohnen von F und B wohl stark bestritten werden.

Ob es sich bei F um eine ständige Mitbewohnerin handelt, kann aber dahingestellt sein, wenn sie als Familienangehörige i.S.d. § 178 I Nr.1 ZPO anzusehen ist. Bei diesen kommt es nämlich nicht darauf an, wo sie wohnen.

Wenn man bei der Auslegung des Begriffes „Familienangehöriger" auf die familienrechtliche Verbundenheit abstellt, so fehlt es daran bei einer nichtehelichen Lebensgemeinschaft.

Fasst man hingegen den B als Einzelperson schon als Familie auf und lässt man die tatsächliche Verbundenheit mit der F genügen, so läge hier eine Familienangehörigkeit vor.

Der Sinn des § 178 I Nr.1 ZPO ist es, die Aushändigung an Personen zu ermöglichen, von denen nach der Lebenserfahrung zu erwarten ist, dass sie wegen ihres nach außen zum Ausdruck gebrachten Vertrauensverhältnisses zum Empfänger die Sendung diesem aushändigen werden. Dies ist bei Lebensgefährten ebenso wie bei Verwandten anzunehmen. Die teleologische Auslegung spricht daher für die Anwendung von § 178 I Nr.1 ZPO (BGH, NJW 1990,1666).

Die F war daher nicht berechtigt, die Entgegennahme der Klageschrift zu verweigern. Diese konnte somit gem. § 179 I S. 1 ZPO zurückgelassen werden. Bei der Zurücklassung wird das Schriftstück wie ein gewöhnlicher Brief behandelt, es kann also insbesondere ein Briefkasteneinwurf, wie hier geschehen, erfolgen.

**hemmer-Methode:** Achtung! Es liegt kein Fall des § 180 ZPO vor. Diese Norm kann nur angewendet werden, wenn weder eine Ersatzzustellung nach § 178 I Nr.1, 2 ZPO möglich ist noch eine unberechtigte Annahmeverweigerung gem. § 179 ZPO vorliegt.

Mit der Annahmeverweigerung, § 179 S. 3 ZPO, und dem Zurücklassen gilt die Zustellung als bewirkt.

Die Klage wurde damit wirksam erhoben.

## IV. Zusammenfassung

- Zur wirksamen Klageerhebung bedarf es der Zustellung der Klage, § 253 I ZPO.
- Die Klage wird von Amts wegen zugestellt, §§ 271 I, 270 S. 1, 166 ff. ZPO.
- In aller Regel wird die Post mit der Zustellung beauftragt, §§ 168 I S. 2, 176 ff. ZPO.
- Wird der Zustellungsadressat nicht angetroffen, kann an die in § 178 ZPO bezeichneten Personen ersatzweise zugestellt werden.
- Der Lebensgefährte einer nichtehelichen Lebensgemeinschaft ist als Familienangehöriger i.S.d. § 178 I Nr. 1 ZPO anzusehen.
- Wird die Annahme grundlos verweigert, kann das Schriftstück gem. § 179 ZPO zurückgelassen werden; wird überhaupt niemand angetroffen, kann es nach § 180 ZPO in den Briefkasten eingelegt werden.

## V. Zur Vertiefung

- Hemmer/Wüst, ZPO I, Rn. 104 ff.
- Wunsch, JuS 2003, 276 ff.

# Fall 12: Eintritt der Rechtshängigkeit

***Sachverhalt:***

*K hat gegen B eine Forderung auf Zahlung von 10.000,- €, die am 31.12. verjährt. Er lässt daher am 22.12. durch seinen Rechtsanwalt R eine Klageschrift (ordnungsgemäß mit Gerichtsmarken versehen) beim zuständigen Landgericht einreichen. Diese geht dort im Jahresendtrubel verloren und taucht erst im Februar des Folgejahres wieder auf. Daraufhin wird die Post unverzüglich mit der Zustellung beauftragt, die am 13.02. ordnungsgemäß erfolgt.*

***Frage:*** *Ist die Forderung des K verjährt?*

## I. Einordnung

Da sich die Erhebung der Klage in zwei Akten vollzieht – Einreichung der Klageschrift und Zustellung – kann der Kläger unverschuldet Probleme bezüglich der Verjährung seiner Forderung bekommen.

Zwar kann von ihm die Einreichung der Klageschrift terminlich gesteuert werden, auf den Zeitpunkt der Zustellung hat er aber keinerlei Einfluss mehr.

Diese Konstellation wurde vom Gesetzgeber gesehen und § 167 ZPO deshalb zur Abhilfe geschaffen.

## II. Gliederung

**1. Hemmung der Verjährung durch Einreichung der Klageschrift**

- Hemmung der Verjährung richtet sich hier nach § 204 I Nr. 1 BGB
- Vorschrift stellt auf **Rechtshängigkeit**, nicht Anhängigkeit ab

⇨ Allein durch Einreichung der Klageschrift keine Hemmung

**2. Hemmung der Verjährung durch Zustellung der Klage**

- Mit Zustellung Klage wirksam erhoben, § 253 I ZPO
- Zustellung zwar erst am 13.02., aber **Rückwirkung** auf Einreichung der Klage bei Zustellung demnächst, § 167 ZPO
- **(P): demnächst** ⇨ (+) bei nur geringfügiger Verzögerung oder fehlendem Verschulden des Klägers

## III. Lösung

### 1. Hemmung der Verjährung durch Einreichung der Klageschrift

Durch die Einreichung der Klageschrift bei Gericht am 22.12. könnte die Hemmung der Verjährung gem. § 204 I Nr.1 BGB eingetreten sein.

Nach dem Wortlaut knüpft diese Vorschrift an den Zeitpunkt der Erhebung der Klage an.

#### a) Anhängigkeit

Allein mit Einreichung der Klageschrift ist gem. § 253 I ZPO eine Klage noch nicht erhoben.

Es kommt vielmehr nur zur sog. Anhängigkeit des Streitgegenstandes.

Diese bewirkt vorerst lediglich, dass sich das Gericht mit der Klageschrift befasst, also ihre Zustellung veranlasst.

### b) Rechtshängigkeit

Erst mit wirksamer Zustellung tritt die sog. Rechtshängigkeit ein, § 261 I ZPO.

An diese knüpfen sich zahlreiche materiell-rechtliche und prozessrechtliche Wirkungen, vgl. §§ 261, 262 ZPO.

**hemmer-Methode:** Notieren Sie sich den § 261 I ZPO unbedingt an folgende Normen des BGB: §§ 204 I Nr.1, 286 I S. 2, 291, 292, 818 IV, 864 I, 987, 989, 994 II, 996, 2023.

Auch § 204 I Nr.1 BGB, der ausdrücklich von Erhebung der Klage spricht, stellt auf den Zeitpunkt der Rechtshängigkeit ab.

Allein durch die Einreichung der Klageschrift am 22.12. wurde die Verjährung damit nicht gehemmt.

## 2. Hemmung der Verjährung durch Zustellung der Klage

Mit der Zustellung wurde die Klage wirksam erhoben, § 253 I ZPO. Jedoch erfolgte die Zustellung erst am 13.02. Zu diesem Zeitpunkt war die Forderung des K eigentlich schon verjährt.

### a) § 167 ZPO

Da der Kläger den Zeitraum zwischen Einreichung der Klageschrift und deren Zustellung nicht beeinflussen kann, darf es auch nicht sein, dass hier auftretende Verzögerungen zu seinen Lasten gehen.

**hemmer-Methode:** Ein Kläger könnte sonst nie die Verjährungsfristen voll ausschöpfen. Er müsste unter Einkalkulierung möglicher Fehler bei Gericht und Post immer so zeitig wie nur irgend möglich Klage einreichen.

Daher existiert die Regelung des § 167 ZPO. Diese Vorschrift fingiert die Zustellung als an dem Tag vorgenommen, in dessen Verlauf ein Antrag bei Gericht einging.

So tritt nach § 167 3.Var. ZPO die Hemmung der Verjährung gem. § 204 I Nr.1 BGB bereits mit Anhängigkeit ein, wenn die Zustellung demnächst erfolgt.

Kommt § 167 ZPO zur Anwendung, hätte K durch die Einreichung der Klage am 22.12. die Verjährung erfolgreich gehemmt.

### b) „demnächst"

Fraglich ist aber, wie der unbestimmte Rechtsbegriff *demnächst* zu verstehen ist.

Eine Zustellung liegt dann vor, wenn sie i.R.d. Gewöhnlichen stattfindet. Das sind grundsätzlich ca. 2 Wochen. Erst wenn es Verzögerungen gibt, ist danach zu fragen, aus wessen Sphäre der Grund für die Verzögerung stammt.

#### aa) Geringfügige Verzögerung

Ganz geringfügige Verzögerungen (ca. 14 Tage[3]) sind in jedem Fall unschädlich, selbst wenn sie auf Nachlässigkeit des Klägers beruhen, z.B. falsche Angabe der Adresse des Beklagten oder verspätete Zahlung der Gerichtsgebühren.

---

3 BGH, NJW-RR 2006, 789 = **juris**byhemmer (Wenn dieses Logo hinter einer Fundstelle abgedruckt wird, finden Sie die Entscheidung bei juris www.hemmer-shop.de/juris-by-hemmer-152/).

**hemmer-Methode:** Eine Verzögerung liegt dann vor, wenn die Zustellung länger dauert, als gewöhnlich. Zeiten der Verzögerung, die aus der Sphäre des Gerichts stammen, sind dem Kläger nicht anzulasten.

Vorliegend beträgt der Verzögerungszeitraum im Verhältnis zu einer normalen Zustellung aber weitaus mehr als nur 2 Wochen.

**bb) Unverschuldete Verzögerung**

Eine Zustellung erst nach mehreren Monaten kann aber dennoch demnächst sein, wenn den Kläger kein Verschulden trifft. Die Verzögerung lag hier allein im Einflussbereich des Gerichts, K trug in keiner Weise dazu bei.

Deswegen erfolgte die Zustellung noch demnächst.

**hemmer-Methode:** Aber Achtung: Auch in einem solchen Fall kann der Kläger gehalten sein, sich nach den Gründen der Verzögerung bei Gericht zu erkundigen. Er muss dies zwar generell von sich aus nicht tun. Wenn aber z.B. der Gerichtskostenvorschuss nicht angefordert wird, muss dies den Kläger stutzig machen, so dass man nach einer – abhängig vom Einzelfall zu bestimmenden – angemessen Zeitspanne verlangen kann, dass sich der Kläger erkundigt, BGH Life&Law 2006, 753 ff.

Da die Zustellung demnächst erfolgte, trat hier die Hemmung der Verjährung gem. § 204 I Nr.1 BGB mit dem 22.12. ein.

Die Forderung des K ist noch nicht verjährt.

## IV. Zusammenfassung

- Mit Einreichung der Klageschrift tritt Anhängigkeit ein, mit Zustellung Rechtshängigkeit, §§ 253 I, 261 ZPO.
- Die materiell-rechtlichen Wirkungen eines Prozessrechtsverhältnisses treten erst mit Rechtshängigkeit ein.
- Erfolgt die Zustellung demnächst, § 167 ZPO, so wird deren Wirkung auf den Zeitpunkt der Anhängigkeit vorverlegt.
- Eine Zustellung ist noch demnächst erfolgt, wenn sie nur geringfügig verzögert wurde (ca. 14 Tage) oder den Kläger an einer längeren Verzögerung kein Verschulden trifft.

## V. Zur Vertiefung

- Hemmer/Wüst, ZPO I, Rn. 106 ff.
- Rechtsprechung zu § 167 ZPO: BGH Life&Law 2006, 753 ff.; Life&Law 2011, 395 ff.

# 4. Abschnitt: Streitgegenstandsbezogene Prozessvoraussetzungen

## Fall 13: Bestimmtheit des Klageantrags

***Sachverhalt:***

*K und B waren lange Zeit gute Freunde. Das änderte sich jedoch alsbald, nachdem sie begannen, miteinander Geschäfte abzuschließen. Zunächst gab K dem B ein Darlehen über 3.000,- €. Später verkaufte er ihm noch seinen gebrauchten PKW für 3.000,- €. B, der sich an der Börse verspekulierte hatte, leistete aber weder Zahlungen auf den Kaufpreis noch auf das Darlehen. Der K wurde daraufhin mehrfach bei B vorstellig und forderte mit Nachdruck sein Geld. Schließlich kam es zu einer Schlägerei zwischen K und B, in der K von B vorsätzlich schwer verletzt wurde. Nach der Entlassung aus dem Krankenhaus wandte sich K an den Rechtsanwalt R zur gerichtlichen Geltendmachung seiner Ansprüche.*

**1.** *K begehrt 3.000,- € aus den Verträgen mit B. Da seine schriftlichen Aufzeichnungen mangelhaft sind und mit vehementem Bestreiten des B zu rechnen ist, solle diese Forderung wahlweise auf den Kaufvertrag oder das Darlehen gestützt werden. Bezüglich eines Vertrages werde ihm das Gericht jedenfalls glauben, meint K.*

**2.** *Da K aufgrund der Schlägerei noch zahlreiche Beschwerden hat, möchte er zunächst einen Teilbetrag in Höhe von 2.000,- € des ihm zustehenden Schmerzensgeldes einklagen. Es sollen nur die Verletzungsfolgen berücksichtigt werden, die bereits im Zeitpunkt der letzten mündlichen Verhandlung eingetreten sind. B befürchtet Spätfolgen und möchte sich die Möglichkeit offen halten, erneut zu klagen.*

***Frage:*** *Wurden die Klagen ordnungsgemäß erhoben?*

### I. Einordnung

Damit eine Klage zulässig ist, muss sie ordnungsgemäß erhoben werden. Es ist dazu erforderlich, dass die Klageschrift den Erfordernissen von § 253 II, IV ZPO entspricht.

Von Klausurrelevanz ist oft die Frage der hinreichenden Bestimmtheit i.S.d. § 253 II Nr. 2 ZPO ist. Nach dieser Vorschrift muss der Kläger genau den Klagegegenstand und Klagegrund angeben.

Dies ist nötig, damit eindeutig ermittelt werden kann, was Gegenstand des gerichtlichen Verfahrens – der sog. Streitgegenstand – ist.

Weiterhin ist ein Antrag erforderlich, der das genaue Begehren des Klägers oder dessen konkrete Rechtsbehauptung aufzeigt.

**hemmer-Methode:** Denken Sie schon im Erkenntnisverfahren an die Zwangsvollstreckung. Ein Leistungsantrag muss so gefasst sein, dass er vollstreckbar ist.

## II. Gliederung

**1. Alternative Klagebegründung**

**(P): Bestimmtheit** i.S.d. § 253 II Nr. 2 ZPO

Konkreter Antrag
⇨ (+), Zahlung von 3.000,- €

**(P): Bestimmte Angabe des Klagegrundes**

⇨ (+), bei alternativen Klagegründen steht es dem Gericht frei, aus welchem Klagegrund es dem Begehren stattgibt

**2. Teilklage auf Schmerzensgeld**

**Offene Teilklage**

- Konkreter Antrag und Klagegrund (+)
- **(P): bestimmte Angabe des Klagegegenstandes**

⇨ Grundsatz der **Einheitlichkeit des Schmerzensgeldes** gebietet einheitliche Bemessung der Höhe

⇨ Wegen Vergleich mit möglicher Feststellungsklage aber ausnahmsweise Teilklage zulässig

## III. Lösung Frage 1

### Ordnungsgemäße Klageerhebung

Eine Klage des K, mit der dieser die Zahlung von 3.000,- € aus Darlehens- oder Kaufvertrag begehrt, wäre zulässig, wenn sie ordnungsgemäß erhoben ist.

Dafür ist Voraussetzung, dass die Klageschrift den Anforderungen des § 253 II Nr. 2 ZPO genügt.

#### 1. Bestimmter Klageantrag

K müsste einen hinreichend bestimmten Klageantrag gestellt haben

Der Klageantrag muss den erhobenen Anspruch nach Inhalt und Umfang konkret bezeichnen.

**hemmer-Methode:** Eine Ausnahme von diesem Erfordernis normiert § 254 ZPO. Bei einer Stufenklage geht es dem Kläger primär um die Zahlung von Geld oder Herausgabe von Sachen. Um den genauen Anspruchsumfang festlegen zu können, braucht der Kläger jedoch erst Informationen vom Beklagten. Daher kann er zwar sofort neben seinem Anspruch auf Rechnungslegung auch den Zahlungs- bzw. Herausgabeanspruch geltend machen, braucht diesen aber noch nicht näher konkretisieren.

Hier verlangt K von B die Zahlung von 3.000,- €. Es ist eindeutig, dass er eine Zahlungsklage geltend macht. Dies hat er genau beziffert. Das ist erforderlich, aber auch ausreichend.

Damit liegt ein bestimmter Klageantrag i.S.d. § 253 II Nr. 2 ZPO vor.

#### 2. Bestimmte Angabe des Klagegrundes

Weiterhin ist erforderlich, dass die Klageschrift den Klagegrund eindeutig festlegt.

Darunter versteht man den konkreten Sachverhalt und Lebensvorgang, aus dem der Kläger die begehrte Rechtsfolge herleitet. Nicht gemeint ist die rechtliche Qualifizierung, also die Einordnung unter eine bestimmte klagebegründende Norm.

K gibt an, dass B ihm die 3.000,- € entweder aus dem Darlehensvertrag <u>oder</u> dem Kaufvertrag schulde. Damit trägt er alternativ zwei Klagegründe vor, die jeder für sich genommen den geltend gemachten Anspruch in voller Höhe stützen würden.

**hemmer-Methode:** Passen Sie an dieser Stelle genau auf. Es liegen gerade nicht zwei gleichwertige Alternativanträge vor (z.B. Zahlung von 3.000,- € oder 3.000 USD). Bei solchen wäre die Klage außer in den Fällen der Wahlschuld, §§ 262 ff. BGB, unzulässig (Thomas/Reichold, § 260, Rn. 7). Ebenso wenig handelt es sich um zwei unterschiedliche rechtliche Gesichtspunkte eines Sachverhalts.

Nach einer Auffassung steht in diesem Fall der konkrete Klagegrund gerade nicht fest. Es sei nicht klar, über welchen Lebenssachverhalt das Gericht entscheiden würde. Im Hinblick auf die richterliche Neutralitätspflicht wäre es auch nicht Aufgabe des Gerichts, sich den passenden Lebenssachverhalt herauszusuchen.

Eine Abweisung durch Prozessurteil dient dem Rechtsfrieden aber in keiner Weise, sondern zwingt den Kläger zu einem, wenn nicht gar zwei neuen Prozessen. Nach der h.M.[4] steht es dem Gericht daher in einem solchen Fall frei, aus welchem der vorgetragenen Klagegründe es dem Begehren des Klägers stattgibt. Dann kann aber durch das Vortragen alternativer Klagegründe auch nicht das Bestimmtheitserfordernis des § 253 II Nr.2 ZPO verletzt sein.

**hemmer-Methode:** Wegen der Rechtskraftwirkung des Urteils muss das Gericht klarstellen, über welchen Lebenssachverhalt entschieden wurde. Ansonsten kann das Urteil nicht in materielle Rechtskraft, § 322 I ZPO erwachsen (OLG Hamm, NJW-RR 1992, 1279).

4 Thomas/Reichold, § 260, Rn. 3.

Trotz der Angabe alternativer Klagegründe liegt eine ordnungsgemäße Klageerhebung durch B vor.

## IV. Lösung Frage 2

### Ordnungsgemäße Klageerhebung

Die Klage des K auf Zahlung von 2.000,- € Schmerzensgeld wäre zulässig, wenn sie ordnungsgemäß erhoben ist.

K macht hier ausdrücklich nur einen Teilbetrag des ihm seiner Meinung nach zustehenden Schmerzensgeldes geltend. Es handelt sich um eine sog. offene Teilklage.

**hemmer-Methode:** Der Kläger kann verschiedene Gründe haben, so vorzugehen. Wenn er verliert, so muss er weniger Kosten für Gericht und Anwälte zahlen, als wenn er sofort den ganzen Betrag eingeklagt hätte. Zudem kann er hinsichtlich des noch ausstehenden Teils erneut Klage erheben. Gewinnt er hingegen, so kann eventuell mit dem Gegner eine außergerichtliche Einigung auch über den Rest alsbald erfolgen.

Hinsichtlich der generellen Zulässigkeit einer Teilklage bestehen bei einem Zahlungsanspruch keine Bedenken. Ein solcher ist grundsätzlich rechtlich teilbar.

Es müssen jedoch auch hier die Anforderungen des § 253 II Nr. 2 ZPO gewahrt werden.

#### 1. Bestimmter Klageantrag

K verlangt Zahlung von 2.000,- €. Ein solcher Antrag ist hinreichend bestimmt.

### a) Bestimmte Angabe des Klagegrundes

Der dem Schmerzensgeldbegehren zugrunde liegende Lebenssachverhalt ist die Schlägerei mit B.

Da es zwischen Kläger und Beklagten nur zu einer tätlichen Auseinandersetzung kam, steht auch der Klagegrund eindeutig fest.

### b) Bestimmte Angabe des Klagegegenstandes

Diese Voraussetzung wird von § 253 II Nr. 2 ZPO aufgestellt, damit der Kläger eindeutig festlegen muss, über was er eine Entscheidung begehrt.

Liegen seinem Zahlungsbegehren mehrere selbstständige Ansprüche oder Einzelpositionen zu Grunde, so muss der Kläger die genaue Zusammensetzung des Klageantrags darlegen. Er hat also die einzelnen Teilbeträge in der Klageschrift aufzuführen.

**hemmer-Methode:** So muss bei einem Zahlungsantrag über 10.000,- €, der sich aus einem Anspruch auf Werklohn aus 6.000,- € und einem Anspruch auf Aufwendungsersatz aus 4.000,- € zusammensetzt, in der Klageschrift die konkrete Höhe der Einzelpositionen auftauchen.

Will K daher nur einen Teil seiner angeblich höheren Gesamtforderung einklagen, so muss er diesen genau bezeichnen.

Soweit es sich um eine Schmerzensgeldforderung handelt, könnte der Zulässigkeit eines solchen Vorgehens aber der Grundsatz der Einheitlichkeit des Schmerzensgeldes entgegenstehen.

### c) Grundsatz der Einheitlichkeit des Schmerzensgeldes

Bei der Bestimmung der Höhe des Schmerzensgeldes ist eine ganzheitliche Betrachtung der den Schadensfall prägenden Umstände vorzunehmen. Dabei sind auch künftig absehbare Entwicklungen bereits einzuziehen[5].

Danach werden mit dem auf eine unbeschränkte Klage zuzuerkennenden Schmerzensgeld nicht nur alle bereits eingetretenen, sondern auch alle erkennbaren und objektiv vorhersehbaren künftigen Folgen abgegolten.

Wäre das Schmerzensgeld daher stets als untrennbare Einheit zu betrachten, so könnte man nur einen Teil davon nicht hinreichend individualisieren. Eine Teilklage auf Schmerzensgeld wäre immer zu unbestimmt.

### d) Möglichkeit der Teilklage im Schmerzensgeldprozess

Das Bedürfnis nach gerechten Ergebnissen könnte ausnahmsweise zur Zulässigkeit einer Teilklage führen.

#### aa) Rechtsprechung

Bereits das Reichsgericht erachtete es für zulässig, den Betrag des Schmerzensgeldes zuzusprechen, der dem Verletzten zum Zeitpunkt der Entscheidung mindestens zusteht, und ihn später zu erhöhen, wenn sich nicht endgültig sagen lässt, welche Folgen noch eintreten können.

Auch der BGH folgt dieser Rechtsprechung, da nur so sachgerechte Ergebnisse zu erzielen sind. Zur Begründung verweist er auf die vergleichbare Situation bei der Feststellungsklage.

---

[5] Großer Senat BGHZ 18, 149.

### bb) Vergleich mit Feststellungsklage

Es ist allgemein anerkannt, dass ein Geschädigter die Feststellung verlangen kann, dass der Schädiger zum Ersatz weiterer noch eintretender Schäden verpflichtet ist. Das nach § 256 ZPO erforderliche Feststellungsinteresse liegt dabei immer dann vor, wenn aus Sicht des Geschädigten bei verständiger Würdigung Grund besteht, mit dem Eintritt eines weiteren Schadens wenigstens zu rechnen.

**hemmer-Methode:** Einer offenen Teilklage durch K hätte es somit gar nicht bedurft.
Er hätte neben der Klage auf Zahlung von 2.000,- € auch einfach die Feststellung begehren können, dass B zum Ersatz künftiger Schäden verpflichtet ist.

Bei einer offenen Teilklage ist die Interessenlage identisch mit der bei einer Feststellungsklage.

Die Möglichkeit der Teilklage im Schmerzensgeldprozess ist daher zu bejahen, wenn Unsicherheit über den Eintritt weiterer Schäden besteht.

### e) Möglichkeit der Teilklage im konkreten Fall

K befürchtet hier den Eintritt weiterer Schäden, wozu aufgrund der zahlreichen Beschwerden auch verständiger Anlass besteht. Dies wird dadurch deutlich, dass er ausdrücklich nur einen Teil des Schmerzensgeldes einklagt und diesen nur auf die bereits eingetretenen Verletzungsfolgen beschränkt.

Insoweit ist unter Zugrundelegung der dargestellten Rechtsprechung der eingeklagte Teil des Schmerzensgeldes hier hinreichend individualisiert.

Eine hinreichend bestimmte Angabe des Klagegegenstandes i.S.d. § 253 II Nr. 2 ZPO liegt damit vor.

Die Klage ist ordnungsgemäß erhoben.

**hemmer-Methode:** Verwechseln Sie die offene Teilklage auf Schmerzensgeld nicht mit der Klage auf Teilschmerzensgeld. Bei dieser wird ein unbezifferter und uneingeschränkter Klageantrag gestellt auf Gewährung eines „angemessenen Schmerzensgeld“. Dies ist ausnahmsweise zulässig, die Höhe des zuzusprechenden Schmerzensgeldes liegt dann im Ermessen des Gerichts, § 287 II ZPO. Grundsätzlich nicht erfasst von einem solchen Urteil werden Verletzungsfolgen, die im Zeitpunkt der mündlichen Verhandlung noch nicht eingetreten waren oder mit denen nicht bzw. nicht ernstlich zu rechnen war. Wenn der Geschädigte nun aufgrund solcher Spätfolgen erneut klagt, so stellt sich das früher zuerkannte Schmerzensgeld als Teilschmerzensgeld dar. Die Rechtskraft des ersten Urteils steht dann einer erneuten Klage nicht entgegen.
Dies gilt selbst dann, wenn die Klage auf Feststellung der Verantwortlichkeit aller weiteren, aus einem Unfall erwachsenden immateriellen Schäden abgewiesen wird und Gegenstand der neuen Klage solche Folgen des Unfalls sind, die im Zeitpunkt des Eintritts der Rechtskraft nicht vorhersehbar waren, BGH Life&Law 2006, 451 ff.

## V. Zusammenfassung

- Eine Klage ist unzulässig, wenn sie nicht ordnungsgemäß erhoben wurde. Insbesondere sind dafür die Voraussetzungen des § 253 II Nr. 2 ZPO zu beachten.
- Im Falle der alternativen Klagebegründung ist der Klagegrund nicht hinreichend bestimmt angegeben.
- Einer offenen Teilklage auf Schmerzensgeld steht nicht der Grundsatz der Einheitlichkeit des Schmerzensgeldes entgegen.
- Der Klagegegenstand ist bestimmt genug angegeben, wenn ein individualisierbarer Teil des Schmerzensgeldes eingeklagt wird.

## VI. Vertiefung

- Hemmer/Wüst, ZPO I, Rn. 86 ff.
- BGH Life&Law 2006, 451 ff.
- Zur Zwischenfeststellungsklage: BGH Life&Law 2007, 172 ff.; 2013, 498 ff.

# Fall 14: Fehlen anderweitiger Rechtshängigkeit

***Sachverhalt:***

*K verklagt den B auf Zahlung von 3.000,- € aus einem Kaufvertrag. Im Laufe des Prozesses bemerkt er, dass er mit seiner Klage vor diesem Gericht voraussichtlich keinen Erfolg haben wird. Da er aber fest davon überzeugt ist, Recht zu haben und dieses auch durchsetzen möchte, lässt er sich von dem Referendar R beraten. Dieser empfiehlt ihm, es bei einem anderen ebenfalls zuständigen Gericht zu versuchen. Dort solle er Klage mit dem Antrag auf Feststellung seines Anspruchs in Höhe von 3.000,- € aus dem Kaufvertrag erheben.*

***Frage:*** *Wäre eine solche zweite Klage zulässig?*

## I. Einordnung

Neben den bisher behandelten positiven Prozessvoraussetzungen existieren auch negative, also Prozesshindernisse.

So schließt die Rechtshängigkeit einer Klage die Zulässigkeit einer anderen Klage aus, wenn diese denselben Streitgegenstand betrifft, § 261 III Nr.1 ZPO. Dadurch sollen divergierende Entscheidungen, mithin Rechtsunsicherheit, vermieden werden.

Ob wirklich ein identischer Streitgegenstand vorliegt, ist aber mitunter nicht einfach zu beurteilen.

## II. Gliederung

**1. Fehlen anderweitiger Rechtshängigkeit, § 261 III Nr.1 ZPO**

Negative Prozessvoraussetzung

**(P): Bestimmung des Streitgegenstandes**

⇨ h.M. zweigliedriger Streitgegenstandsbegriff

**(P): Unterschiedliche Anträge**, da unterschiedliche Rechtsschutzform?

⇨ (-), die zuerst erhobene Leistungsklage umfasst den Streitgegenstand einer später erhobenen Feststellungsklage

**2. Feststellungsinteresse, § 256 I ZPO**

- Nur zu prüfen, wenn man von unterschiedlichen Streitgegenständen ausgeht (nicht h.M.)
- Feststellungsinteresse (-), da mit Leistungsklage einfacherer Weg zur Verfügung steht

## III. Lösung

Im ersten Prozess geht es bereits um Zahlung von 3.000,- € aus dem Kaufvertrag. Es ist daher fraglich, ob ein zweiter Prozess des K hier zulässig ist.

### 1. Fehlen anderweitiger Rechtshängigkeit, § 261 III Nr. 1 ZPO

Das Fehlen anderweitiger Rechtshängigkeit stellt eine negative Prozessvoraussetzung dar. Eine zweite Klage wäre nur zulässig, wenn nicht dieselbe Streitsache bereits Gegenstand im ersten Verfahren ist, § 261 III Nr. 1 ZPO.

**hemmer-Methode:** Bei unwirksamem Prozessvergleich geht der BGH davon aus, dass die entgegenstehende Rechtshängigkeit eine verzichtbare Rüge darstellt, also keine Prüfung von Amts wegen darstellt; vgl. insoweit die Ausführungen zu Fall 18.

Zunächst ist zu klären, wie der Streitgegenstand überhaupt bestimmt wird, anschließend ist der vom ersten und zweiten Prozess miteinander zu vergleichen.

### a) Bestimmung des Streitgegenstandes

Eine gesetzliche Definition für den Begriff des Streitgegenstandes gibt es in der ZPO nicht. Es handelt sich bei ihm um einen rein prozessualen Begriff, nicht um ein subjektives, gegen einen privaten Gegner gerichtetes Recht wie beim materiell-rechtlichen Anspruch.

**hemmer-Methode:** Keinesfalls ist unter dem Streitgegenstand das Objekt selbst (also z.B. die herauszugebende Sache) zu verstehen, um das der Prozess geführt wird.

Aufgrund seiner außerordentlich großen praktischen Bedeutung gehört die genaue Bestimmung des Streitgegenstandes zu den am heftigsten umstrittenen Problemen des Zivilprozessrechts.

#### aa) Materiell-rechtliche Theorie

Nach dieser Auffassung der Rechtslehre wird der Streitgegenstand durch die Behauptung eines materiellen Rechts bestimmt.

Die Anzahl der Streitgegenstände ist danach mit der Anzahl der materiell-rechtlichen Anspruchsgrundlagen identisch. Das eine solche Vervielfachung der Streitgegenstände nicht sinnvoll ist, liegt auf der Hand. So könnte z.B. wegen der Herausgabe einer Sache dreimal prozessiert werden – aus § 861, aus § 985 und aus § 1007.

Um diese Vermehrung von Prozessen zu vermeiden, wird teilweise argumentiert, dass lediglich ein materieller Anspruch vorliegt, der nur auf unterschiedliche Anspruchsgrundlagen gestützt wird. Dass derselbe materielle Anspruch nun aber z.B. unterschiedlichen Verjährungsregeln (je nach Anspruchsgrundlage) unterworfen sein soll, ist auch nicht einsichtig.

Eine prozessökonomische und konsequente Bestimmung des Streitgegenstandes vermag diese Ansicht daher nicht zu vollbringen.

#### bb) Zweigliedriger Streitgegenstandsbegriff

Die Rechtsprechung und herrschende Lehre sehen den vom Kläger gestellten Antrag und den dazu vorgetragenen Lebenssachverhalt als maßgebliche Kriterien zur Bestimmung des Streitgegenstands an. Derselbe Klageantrag und derselbe Sachverhalt ergeben danach stets nur einen prozessualen Anspruch.

Ein identischer Lebenssachverhalt liegt dann vor, wenn die einzelnen Tatsachen, die einen Antrag rechtfertigen sollen, einen einheitlichen Lebensvorgang darstellen, was unter Zugrundelegung der Verkehrsauffassung und der natürlichen Betrachtungsweise zu beurteilen ist.

#### cc) Eingliedriger Streitgegenstandsbegriff

Schließlich besteht noch die Ansicht, dass der Streitgegenstand allein nach dem Klageantrag zu ermitteln sei. Das Problem hierbei ist, dass bei Leistungsklagen in aller Regel ein gleichlautender Antrag vorliegt.

Daher greifen auch die Vertreter dieser Auffassung zur Individualisierung auf den vorgetragenen Lebenssachverhalt zurück.

Dies bringt keinen erkennbaren Vorteil gegenüber dem zweigliedrigen Streitgegenstandsbegriff. Zudem widerspricht sie dem Wortlaut des § 253 II Nr.2 ZPO, der zur Bestimmung des Klageantrags in der Klageschrift auch den „Grund des erhobenen Anspruchs" verlangt.

#### dd) Entscheidung

Zu folgen ist dem zweigliedrigen Streitgegenstandsbegriff, da dieser die stimmigsten Ergebnisse ermöglicht und zudem mit dem Gesetzeswortlaut am besten in Einklang steht.

**hemmer-Methode:** Hüten Sie sich in der Klausur davor, diesen Streit auszuwälzen, wenn dies nicht erkennbar im Sachverhalt verlangt wird. Der zweigliedrige Streitgegenstandsbegriff ist heute ganz herrschende Meinung.

### b) Vergleich der Streitgegenstände vom ersten und zweiten Prozess

Dem K geht es jeweils um seinen Anspruch aus dem Kaufvertrag. Einmal verlangt er Zahlung, einmal Feststellung. Fraglich ist, ob es sich dabei um denselben Streitgegenstand handelt.

#### aa) Leistungsklage

Im ersten Verfahren hat K einen Antrag auf Zahlung von 3.000,- € gestellt. Als zugrunde liegenden Lebenssachverhalt trägt er einen Kaufvertrag mit B vor. Streitgegenstand ist somit die Zahlung (Leistung) von 3.000,- € aus Kaufvertrag.

#### aa) Feststellungsklage

Im zweiten Prozess begehrt K die Feststellung, dass ihm B aus dem Kaufvertrag 3.000,- € schulde. Der zugrunde liegende Lebenssachverhalt ist damit identisch.

Der Antrag hingegen ist ein anderer, statt Zahlung nun Feststellung.

Ob dennoch zwei unterschiedliche Streitgegenstände vorliegen, ist in dieser Konstellation strittig.

#### bb) Identität der Streitgegenstände

Ob hier derselbe oder zwei verschiedene Streitgegenstände vorliegen, ist davon abhängig, ob man die Rechtsschutzform, in der die Klage erhoben wird, zum Inhalt des Streitgegenstandsbegriffs zählt

Dies wird teilweise unter strenger Anwendung des zweigliedrigen Streitgegenstandsbegriffs uneingeschränkt bejaht.

Nach der Rechtsprechung und der herrschenden Lehre ist danach zu differenzieren, ob das begehrte Rechtsschutzziel schon durch die erste Klage erreicht wird. Begehrt der Kläger zunächst nur die Feststellung, dass der Beklagte ihm etwas schulde, und geht er dann während des Prozesses zur Leistungsklage über, so ist dies zulässig.

Wird dagegen zuerst eine Leistungsklage erhoben, so umfasst deren Streitgegenstand den einer späteren Feststellungsklage, weil dieser ein qualitatives Weniger ist.

Da K hier bereits im ersten Verfahren Leistung verlangt, wäre eine zweite Klage auf Feststellung wegen § 261 III Nr.1 ZPO unzulässig, da wegen des identischen Streitgegenstandes bereits anderweitige Rechtshängigkeit vorliegt.

### 2. Feststellungsinteresse, § 256 I ZPO

Doch auch wenn man entgegen der h.M. nicht denselben Streitgegenstand bei Leistungs- und Feststellungsklage annimmt, könnte die zweite Klage hier unzulässig sein.

**hemmer-Methode:** Gehen Sie souverän mit der Klausur um. Wenn es ersichtlich nicht auf die Streitentscheidung ankommt, kann dieser nach kurzem Anreißen der unterschiedlichen Positionen offen gelassen werden. Vergessen Sie dann aber nicht darzulegen, dass die unterschiedlichen Ansichten zum gleichen Ergebnis führen.

Gem. § 256 I ZPO ist die besondere Prozessvoraussetzung einer Feststellungsklage ein rechtliches Interesse an der richterlichen Entscheidung. Dieses stellt eine spezielle Ausgestaltung des bei jeder Rechtsverfolgung erforderlichen Rechtsschutzinteresses dar. Es muss ein eigenes, nicht ausschließlich wirtschaftliches oder persönliches Interesse sein.

**hemmer-Methode:** Beachten Sie den Unterschied zur Feststellungsklage nach § 43 I VwGO.

Dort ist lediglich ein berechtigtes Interesse erforderlich, dass wirtschaftlicher, rechtlicher oder auch ideeller Art sein kann.

Das Feststellungsinteresse fehlt, wenn dem Kläger ein einfacherer Weg zur Verfügung steht, um sein Ziel zu erreichen.

Einen einfacheren Weg gegenüber einer positiven Feststellungsklage stellt grundsätzlich eine Leistungsklage dar. Auch mit dieser begehrt der Kläger inzident die Feststellung, dass ein bestimmter materiell-rechtlicher Anspruch besteht. Darüber hinaus erstrebt er allerdings auch noch die Verurteilung des Beklagten zur Leistung. Durch die Leistungsklage kann sich der Gläubiger einen vollstreckbaren Titel, § 704 ZPO, schaffen.

**Sound:** Die positive Feststellungsklage ist grundsätzlich subsidiär zur Leistungsklage.

Da K, wie der erste Prozess zeigt, in der Sache auch Leistungsklage erheben kann, steht ihm damit ein besserer Weg zur Durchsetzung seiner Rechte zur Verfügung.

Nimmt man keine Identität der Streitgegenstände an, so wäre eine Feststellungsklage im zweiten Prozess mangels Feststellungsinteresse, § 256 I ZPO, unzulässig.

## IV. Zusammenfassung

- Das Fehlen anderweitiger Rechtshängigkeit desselben Streitgegenstandes, § 261 III Nr.1 ZPO, ist eine negative Prozessvoraussetzung.

- Der Streitgegenstand wird durch Antrag und zugrunde liegenden Lebenssachverhalt bestimmt (sog. zweigliedriger Streitgegenstandsbegriff).
- Die zuerst erhobene Leistungsklage umfasst den Streitgegenstand einer später erhobenen Feststellungsklage.
- Besondere Prozessvoraussetzung einer Feststellungsklage ist das Feststellungsinteresse, § 256 I ZPO.
- Das Feststellungsinteresse fehlt grundsätzlich, wenn der Kläger statt der Feststellungsklage auch Leistungsklage erheben kann.

## V. Zur Vertiefung

- Hemmer/Wüst, ZPO I, Rn. 61 ff.

# Fall 15: Keine entgegenstehende Rechtskraft

***Sachverhalt:***

*Repetitor K erteilte dem Bauunternehmer B den Auftrag zur Sanierung der Fassade seiner Villa. Aus Kostengründen setzte B nur ungelernte Hilfsarbeiter ein. Dies hatte zur Folge, dass sich alsbald nach Beendigung der Werkarbeiten schwerwiegende Mängel an der gesamten Bausubstanz der Villa zeigten. K verklagte daraufhin den B auf Schadensersatz in Höhe von 250.000,- € und obsiegte vollumfänglich. Nach Abschluss des Rechtsstreits ließ K noch weitere Mängel, die aufgrund der unsachgemäßen Sanierung eingetreten waren, beseitigen, was ihn nochmals 130.000,- € kostete. Diese möchte er weitere 10 Monate später einklagen, da B mit Verweis auf das rechtskräftige Urteil jegliche weitere Zahlung verweigert.*

***Frage:*** *Ist die Klage zulässig?*

## I. Einordnung

Bereits im ersten Verfahren prozessierten die Parteien um Schadensersatzansprüche wegen der mangelhaften Werkleistung. Wurde aber über einen Streitgegenstand bereits rechtskräftig entschieden, so kann dieser nicht nochmals eingeklagt werden.

**hemmer-Methode:** Die Sicherung des Rechtsfriedens unter den Parteien und die Autorität des Gerichts verlangen, dass jeder Streit einmal ein Ende findet und dass die Entscheidung endgültig ist.

Das besondere Problem im vorliegende Fall ist, dass K eine sog. verdeckte Teilklage erhoben hat. Inwieweit durch eine solche auch die Restforderung „verbraucht" wird, ist außerordentlich strittig.

## II. Gliederung

**Keine entgegenstehende Rechtskraft, § 322 I ZPO**

Negative Prozessvoraussetzung

- Urteil formell, §§ 705 ZPO, 19 EGZPO, und materiell, § 322 ZPO, rechtskräftig
- **(P): Umfang der materiellen Rechtskraft bei verdeckter Teilklage**

⇨ h.M. nur soweit, wie über den durch Klage erhobenen Teil entschieden wurde, vgl. § 308 I ZPO

- Die eingereichte Klage ist daher zulässig

## III. Lösung

### 1. Keine entgegenstehende Rechtskraft

Das Fehlen der entgegenstehenden Rechtskraft, § 322 I ZPO, ist eine negative Prozessvoraussetzung, die von Amts wegen zu beachten ist.

Die materielle Rechtskraft schließt jede neue Verhandlung und Entscheidung über denselben Streitgegenstand aus. Gleichwohl erhobene Klagen sind unzulässig.

## 2. Rechtskräftiges Urteil

Es ist zwischen formeller und materieller Rechtskraft zu differenzieren.

### a) Formelle Rechtskraft

Zunächst formell rechtskräftig ist ein Urteil, wenn es mit ordentlichen Rechtsmitteln nicht mehr angegriffen werden kann, §§ 705 ZPO, 19 EGZPO.

Das Endurteil ist rechtskräftig, da keine Berufung eingelegt wurde.

Die formelle Rechtskraft ist Voraussetzung für die materielle Rechtskraft.

### b) Materielle Rechtskraft

Ein Urteil legt fest, was Recht ist (sog. prozessrechtliche Theorie). Das Wesen der materiellen Rechtskraft besteht darin, dass im Falle eines späteren Prozesses Gericht und Parteien an die getroffene Entscheidung gebunden sind.

**hemmer-Methode:** Daneben wird noch die sog. materiell-rechtliche Theorie vertreten. Danach bestätigt ein richtiges Urteil die bisherige Rechtslage und schafft einen neuen Erwerb- oder Untergangsgrund, wohingegen ein unrichtiges Urteil das zuerkannte materielle Recht zum Entstehen und ein aberkanntes zum Erlöschen bringe. Eine praktische Bedeutung hat dieser Theorienstreit allerdings nicht.

Nach § 322 I ZPO sind Urteile der Rechtskraft aber nur insoweit fähig, als über den durch Klage erhobenen Anspruch entschieden wurde.

Durch das Urteil steht materiell rechtskräftig fest, dass B dem K 250.000,- € schuldet.

Die Rechtskraft der Entscheidung über diesen Teilanspruch könnte sich jedoch auch auf den restlichen Anspruch erstrecken.

## 3. Umfang der Rechtskraft

B hat nämlich weder für Gericht noch für den Gegner in irgendeiner Form erkennbar gemacht, dass er nur einen Teil seines Anspruchs einklage. Es war nicht ersichtlich, dass damit der Gesamtschaden noch nicht erschöpft wurde. Eine solche Konstellation wird als verdeckte Teilklage bezeichnet.

**hemmer-Methode:** Dieses Schlagwort muss in der Klausur für den Korrektor fallen.

Die Erhebung einer solchen verdeckten Teilklage könnte zur Folge haben, dass sich die Rechtskraft des Urteils auch auf den nicht beschiedenen Teil des Anspruchs erstreckt.

### a) „Verbrauch" der Restforderung

Ein solches Ergebnis könnte man deshalb als sachgerecht ansehen, weil der Kläger, dessen Klage nicht als Teilklage erkennbar ist und der sich auch Mehrforderungen nicht ausdrücklich vorbehält, den Eindruck erweckt, den Gesamtschaden geltend zu machen. Er nimmt damit dem Gegner die Möglichkeit, durch eine negative Feststellungswiderklage den gesamten Anspruch in den Rechtsstreit einzubeziehen.

Auch der Gesichtspunkt der Prozessökonomie spricht für die komplette Erledigung in einem Verfahren.

### b) Keine Rechtskrafterstreckung (h.L.)

Eine Gesetzesvorschrift, die den Kläger zwingt, seinen gesamten Schaden gleichzeitig in demselben Prozess einzufordern gibt es allerdings nicht.

Auch der Wortlaut des § 322 I ZPO spricht gegen eine solche Ausweitung der Rechtskraft. Danach geht diese nur soweit, wie über den Anspruch entschieden wurde. Nach § 308 I ZPO ist das Gericht aber an den Antrag des Klägers gebunden und darf nicht mehr zusprechen oder aberkennen (ne ultra petita). Wird nur die Entscheidung über einen Teil beantragt, so darf nicht über den gesamten Anspruch entschieden werden.

**hemmer-Methode:** Dieses Ergebnis ist auch dogmatisch zwingend. Unter Zugrundelegung des zweigliedrigen Streitgegenstandsbegriff stellt die Geltendmachung verschiedener abtrennbarer und individualisierbarer Teile eines Anspruchs immer einen anderen Streitgegenstand dar.

Die Erstreckung der Rechtskraft auf den nicht eingeklagten Teil ist mit der Rspr. und h.L. zu verneinen. „Nachforderungsklagen“ sind somit zulässig.

### 4. Ergebnis

Eine zweite Klage des K ist daher nicht wegen entgegenstehender Rechtskraft, § 322 I ZPO, unzulässig.

## IV. Zusammenfassung

- Das Fehlen entgegenstehender Rechtskraft, § 322 I ZPO, ist eine negative Prozessvoraussetzung.
- Ein Urteil ist formell rechtskräftig, wenn es mit ordentlichen Rechtsmitteln nicht mehr angegriffen werden kann, §§ 705 ZPO, 19 EGZPO.
- Die materielle Rechtskraft schließt jede neue Verhandlung und Entscheidung über die rechtskräftig festgestellte Rechtsfolge aus.
- Bei der verdeckten Teilklage umfasst die Rechtskraft des Urteils aus dem ersten Prozess nicht den Gesamtanspruch, sondern nur den dort eingeklagten Teil, §§ 322 I, 308 I ZPO.
- „Nachforderungsklagen“ sind zulässig.

## V. Zur Vertiefung

- Hemmer/Wüst, ZPO I, Rn. 544 ff.
- Brötel, JuS 2003, 429 ff.
- Zu der Frage, ob eine erneute Klage wegen entgegenstehender Rechtskraft auch dann unzulässig ist, wenn das Gericht im Vorprozess – verfahrensfehlerhaft – offen gelassen hat, ob die Klage überhaupt zulässig ist, vgl. BGH Life&Law 2008, 445 ff.

# Kapitel II: Prozessführungsmöglichkeiten der Parteien

## 1. Abschnitt: Prozessbeendigende Handlungen

### Fall 16: Klagerücknahme

***Sachverhalt:***

*Während eines spontanen Anfalls von Gutmütigkeit hatte Jurastudent K aus Würzburg dem BWL-Student B aus Frankfurt a.M. im Biergarten mit 50,- € ausgeholfen. Dieser verweigerte in der Folgezeit standhaft die Rückzahlung und verwies darauf, dass er „sich in einem Zustand vorübergehender Störung der Geistestätigkeit" an jenem Abend befunden hätte. Schließlich reicht K am 13.10.04 vor dem zuständigen Amtsgericht Klage ein. Der frühe erste Termin wird ordnungsgemäß auf den 02.11.04 bestimmt. In der Güteverhandlung hält K dem B vor, dass er die Nichtigkeit seiner Willenserklärung schon beweisen müsse und präsentiert ihm die entsprechende Fundstelle aus dem Palandt. Daraufhin zieht B feixend einen Kontoauszug hervor, aus dem sich ergibt, dass die 50,- € bereits am 12.10.04 zurückgezahlt wurden. K, der dies bisher nicht bemerkt hatte, lehnt wegen dieser „Hinterhältigkeit" entrüstet eine gütliche Einigung ab. Das Gericht tritt in die streitige Verhandlung ein. K erklärt, er nehme seine Klage zurück und beantragt, dem B die Kosten aufzuerlegen. B meint, so einfach komme ihm K nicht davon. Er habe schließlich gezahlt und möchte jetzt ein klageabweisendes Urteil.*

***Frage:*** *Wie wird das Gericht entscheiden?*

#### I. Einordnung

Nimmt der Kläger seine Klage nach § 269 I, II ZPO wirksam zurück, so entfällt die Rechtshängigkeit rückwirkend, § 269 III S. 1 ZPO. Der Kläger hat dann ohne Rücksicht auf die materielle Rechtslage grundsätzlich sämtliche angefallenen Kosten zu tragen, § 269 III S. 2 ZPO. Über die Kostentragungspflicht entscheidet das Gericht auf Antrag durch Beschluss, § 269 IV ZPO.

Ist hingegen eine Klagerücknahme unwirksam, weil beispielsweise eine Prozesshandlungsvoraussetzung nicht vorliegt oder es an der notwendigen Einwilligung des Beklagten gem. § 269 II ZPO fehlt, wird der Prozess fortgeführt.

**hemmer-Methode:** Hatte der Kläger vor der unwirksamen Klagerücknahme bereits einen Antrag gestellt, so wirkt dieser fort und es ist nach h.M. ein streitiges Urteil zu erlassen. Ansonsten kann ein Versäumnisurteil, § 330 ZPO, ergehen.

## II. Gliederung

Entscheidung des Gerichts ist von der Wirksamkeit der Klagerücknahme abhängig

**1. Wirksame Klagerücknahme**

- Zulässigkeit der Klagerücknahme (+)
- Prozesshandlungsvoraussetzungen für Erklärung der Klagerücknahme (+)
- **(P): Wirksamkeit**

⇨ (+), zwar keine Einwilligung des Beklagten, diese aber hier nicht erforderlich gem. § 269 I ZPO, da B noch nicht mündlich zur Sache verhandelt hat

**2. Kostenbeschluss, § 269 IV ZPO**

- Antrag einer Partei (+)
- Grundsätzlich Kostentragungspflicht des Klägers, § 269 III S. 2 ZPO
- Hier jedoch **Wegfall des Klageanlasses vor Rechtshängigkeit** ⇨ § 269 III S. 3 ZPO
- Kostentragungspflicht wird gem. § 269 III S. 3 ZPO vom Gericht **nach billigem Ermessen** bestimmt
- In der Hauptsache hätte K obsiegt, Zahlung erst unmittelbar vor Klageerhebung, zudem befand sich B im Verzug, § 286 II Nr.3 BGB ⇨ B sind die Kosten aufzuerlegen

## III. Lösung

Die Entscheidung des Gerichts wird sich danach richten, ob eine wirksame Klagerücknahme, § 269 ZPO, vorliegt.

Ist dies geschehen, ergeht antragsgemäß ein Beschluss über die Kostentragungspflicht, § 269 IV ZPO.

Ist die Klagerücknahme hingegen unwirksam, wird der Prozess fortgesetzt und es ergeht ein Urteil.

**hemmer-Methode:** Begegnet Ihnen in der Klausur eine (Teil-)Klagerücknahme und es wird dann nach den Erfolgsaussichten der Klage gefragt, steht man vor dem Problem, wo die Klagerücknahme zu erwähnen ist. Prüfen Sie die Klagerücknahme stets ganz zu Beginn:

1. Wirksame Klagerücknahme
2. Zulässigkeit
3. Begründetheit.

Gegen diese Aufbauregel wird oft verstoßen. Es muss aber am Anfang festgestellt werden, was überhaupt noch rechtshängig ist, bevor man sich dann diesbezüglich zu Zulässigkeit und Begründetheit äußern kann.

### 1. Wirksame Klagerücknahme

K könnte durch seine Erklärung in der mündlichen Verhandlung die von ihm erhobene Klage auf Zahlung von 50,- € wirksam zurückgenommen haben.

Voraussetzung ist die Zulässigkeit der Klagerücknahme an sich, deren wirksame Erklärung und gegebenenfalls die Einwilligung des Beklagten.

#### a) Zulässigkeit der Klagerücknahme

Eine Klagerücknahme kann sowohl bezüglich des kompletten Streitgegenstands als auch nur hinsichtlich eines Teils davon erklärt werden. Hier betrifft die Rücknahme ausdrücklich den gesamten prozessualen Anspruch.

Zeitlich kann die Rücknahme ab Rechtshängigkeit bis zu ihrer Beendigung erklärt werden.

**hemmer-Methode:** § 269 III S. 3 ZPO ist schon ab Einreichung der Klageschrift, also Anhängigkeit, anwendbar. Dies war bis zur Entscheidung des BGH[6] ein Streitpunkt. Es wurde argumentiert, dass rein begrifflich bis zur Zustellung der Klageschrift ja noch gar keine Klage existiere, vgl. § 253 I ZPO, die zurückgenommen werden könne. Diese Auffassung ist jedoch geradezu ein Musterbeispiel für prozessunökonomische Begriffsjurisprudenz. Ein vor Rechtshängigkeit erklärter Rücknahmeantrag kann zwanglos dahingehend ausgelegt werden, die Klage nicht weiter verfolgen zu wollen. Die Voraussetzungen des § 269 III S. 3 ZPO sind dann erfüllt. Insbesondere ist es nicht nötig, dass die „Klage" vor der Rücknahme zugestellt wird. Jetzt in § 269 III 3 2.HS ZPO geregelt.

Keine Voraussetzung für die Zulässigkeit der Klagerücknahme ist die Zulässigkeit der Klage selbst.

**hemmer-Methode:** Würden B und K nicht in unterschiedlichen Bundesländern wohnen, dann wäre eine Klage hier mangels vorherigem Einigungsversuch bei einer Gütestelle unzulässig, § 15 I S. 2, S. 1 Nr. 1 EGZPO. Aber auch eine solch unzulässige Klage könnte zurückgenommen werden. Auswirken würde sich dies erst bei der Kostenentscheidung nach § 269 III S. 3 ZPO.

Im konkreten Fall bestehen an der Zulässigkeit der Klagerücknahme keine Zweifel.

### b) Wirksame Erklärung der Rücknahme

Die Rücknahmeerklärung ist eine Prozesshandlung. Sie ist daher nur wirksam, wenn die allgemeinen Prozesshandlungsvoraussetzungen vorliegen. Insbesondere ist im Prozess vor dem Landgericht zu beachten, dass nur der Anwalt postulationsfähig ist, § 78 I ZPO.

Hier wird vor dem Amtsgericht verhandelt, so dass K ohne weiteres selbst die Rücknahme wirksam erklären konnte.

### c) Einwilligung des Beklagten, § 269 II S. 1 ZPO

Eine ausdrückliche Einwilligung des B in die Klagerücknahme liegt nicht vor. In seinem Antrag auf Klageabweisung liegt vielmehr deren Verweigerung.

**hemmer-Methode:** Sinn und Zweck des Einwilligungserfordernisses ist es, dass der Kläger seine Klage nicht in einer für ihn ungünstigen Prozesssituation zurücknimmt, um sie zu einem späteren Zeitpunkt erneut zu erheben.

Damit kann die Klagerücknahme nur dann wirksam sein, wenn die Zustimmung des B hier nicht erforderlich war.

Gem. § 269 I ZPO bedarf es keiner Einwilligung des Beklagten, wenn dieser noch nicht mündlich zur Hauptsache verhandelt hat.

Zur Hauptsache wird mündlich verhandelt, sobald tatsächliche oder rechtliche Äußerungen zum Streitgegenstand in der mündlichen Verhandlung abgegeben werden. Dazu genügt bereits die Stellung des Antrags, die Klage als unbegründet abzuweisen.

---
6 BGH, NJW 2004, 1530.

Lediglich die Äußerung zu einzelnen Zulässigkeitsfragen ist nicht ausreichend.

K und B diskutierten zwar über den Streitgegenstand, aber nicht in der mündlichen Verhandlung, sondern in der vorher stattfindenden Güteverhandlung, § 278 II ZPO. Diese stellt gerade keinen Teil der streitigen Verhandlung dar, vgl. § 279 I ZPO.

Zu Beginn der mündlichen Verhandlung nahm K dann seine Klage zurück, bevor B noch den Antrag auf Klageabweisung gestellt hatte.

Im Zeitpunkt der Rücknahme lag somit noch keine Verhandlung des B zur Hauptsache vor. Seine Einwilligung war damit auch nicht erforderlich.

Eine wirksame Klagerücknahme liegt vor. Das Gericht wird nur noch durch Beschluss, § 269 IV ZPO, über die Kosten entscheiden.

## 2. Kostenbeschluss, § 269 IV ZPO

Ein Beschluss nach § 269 IV ZPO stellt nur deklaratorisch fest, wer nach § 269 III ZPO die Kosten zu tragen hat.

Im Hinblick auf die in § 269 III S. 3 ZPO verwendeten unbestimmten Rechtsbegriffe besteht jedoch ein enormes praktisches Bedürfnis nach einem solchen Beschluss.

### a) Antrag

Der erforderliche Antrag wurde von K gestellt.

### b) § 269 III S. 3 ZPO

Der Anlass zur Klageeinreichung müsste vor Rechtshängigkeit weggefallen und die Klage daraufhin zurückgenommen worden sein.

#### aa) Wegfall des Klageanlasses vor Rechtshängigkeit

Hier erfolgte die Zahlung sogar vor Anhängigkeit der Klage. Der Wortlaut des § 269 III S. 3 ZPO erfasst allerdings auch diesen Fall. Denn Wegfall vor Anhängigkeit ist gleichzeitig auch ein Wegfall vor Rechtshängigkeit.

Wollte man anders entscheiden, würde sich ohne erkennbaren Grund die Kostenfolge verschieben, je nachdem, ob einen Tag vor oder nach Einreichung der Klage gezahlt wurde. Einen überzeugenden Grund für eine solch unterschiedliche Behandlung gibt es aber nicht.

§ 269 III S. 3 ZPO ist somit im vorliegenden Fall, Wegfall des Klageanlasses vor Anhängigkeit, anwendbar.

#### bb) Daraufhin zurückgenommen

Nachdem K Kenntnis von der Zahlung des B erlangte, nahm er die Klage zurück.

#### cc) Bestimmung der Kostentragungspflicht nach billigem Ermessen

Da sowohl der Klageanlass vor Rechtshängigkeit weggefallen ist als auch die Klage daraufhin zurückgenommen wurde, entscheidet das Gericht nach billigem Ermessen über die Kosten.

Dabei berücksichtigt es den bisherigen Sach- und Streitstand, stellt also auf den voraussichtlichen Ausgang des Rechtsstreits ab. Beweisaufnahmen oder die Klärung schwieriger Rechtsfragen führt das Gericht nicht mehr durch, sondern würdigt nur den ihm bereits bekannten Streitstoff.

**hemmer-Methode:** An diesem Punkt ist in der Klausur das Einfallstor für die ausführliche Prüfung der Zulässigkeit und Begründetheit der zurückgenommenen Klage. Keinesfalls dürfen Sie nur schätzen, wie es in etwa ausgegangen wäre – Sie prüfen im ganz normalen Gutachtensstil die Hauptsache!

Vorliegend ist zu berücksichtigen, dass K in der Hauptsache ohne die erfolgte Zahlung des B voraussichtlich Erfolg gehabt hätte.

Andererseits kann man ihm durchaus ein Mitverschulden vorwerfen, dass es überhaupt bis zum Verhandlungstermin gekommen ist. Hätte er regelmäßig seine Kontoauszüge kontrolliert, wäre auch eine frühere Klagerücknahme schon möglich gewesen.

Es ist jedoch auch zu beachten, dass B bereits bei Zahlung im Verzug war. Einer Mahnung des K bedurfte es nicht, da B die Erfüllung standhaft, also ernsthaft und endgültig, verweigert hatte, § 286 II Nr. 3 BGB.

Zudem betrug der Zeitraum zwischen Zahlung und Klagerücknahme nicht einmal drei Wochen.

Insofern entspricht es billigem Ermessen, dem B die gesamten Kosten des Rechtsstreits aufzuerlegen (a.A. vertretbar).

## IV. Zusammenfassung

- Die Klagerücknahme ist in der Klausur vor Zulässigkeit und Begründetheit zu prüfen.
- Für eine wirksame Klagerücknahme müssen die allgemeinen Prozesshandlungsvoraussetzungen vorliegen.
- Die Einwilligung des Beklagten zur Rücknahme ist erforderlich, wenn dieser schon mündlich zur Hauptsache verhandelt hat, § 269 I, II ZPO.
- Bei einer wirksamen Klagerücknahme entfallen sämtliche prozessualen Wirkungen der Rechtshängigkeit rückwirkend.
- Das Gericht entscheidet auf Antrag einer Partei nur noch über die Kosten, § 269 IV ZPO.
- Auch bei dem Wegfall des Klageanlasses vor Anhängigkeit ist § 269 III S. 3 ZPO anzuwenden.
- Bei der Bestimmung der Kostentragungspflicht nach billigem Ermessen, § 269 III S. 3 ZPO, sind in der Klausur ausführlich Zulässigkeit und Begründetheit der zurückgenommenen Klage zu prüfen.

## V. Zur Vertiefung

- Hemmer/Wüst, ZPO I, Rn. 255 ff.
- Musielak, JuS 2002, 1205 f.
- BGH, Life&Law 2004, 741 ff.; 2007, 177 ff.
- Wenn dem Beklagten nach Klagerücknahme dessen Kosten nicht erstattet werden, kann er bei einer erneuten Klage den Einwand der fehlenden Kostenerstattung geltend machen, § 269 VI ZPO. Die erneute Klage ist dann unzulässig. Es handelt sich hier um den seltenen Fall einer prozessualen Einrede; grds. wird die Zulässigkeit in jedem Stadium des Verfahrens von Amts wegen geprüft. Vgl. zur Kostenerstattung gem. § 269 VI ZPO: BGH, Life&Law 2011, 554 ff.

# Fall 17: Übereinstimmende Erledigterklärung

***Sachverhalt:***

*K verklagt den B auf Zahlung von Werklohn in Höhe von 4.500,- € vor dem Amtsgericht Bamberg. Bevor noch ein Termin zur mündlichen Verhandlung anberaumt wird, erfolgt auf dem Konto des K eine Gutschrift über diesen Betrag. Um weitere Kosten und Zeit zu sparen (K hat mit seinem Anwalt ein Stundenhonorar vereinbart), begibt er sich am nächsten Tag allein zum nächstgelegenen Amtsgericht und erklärt dort zu Protokoll der Geschäftsstelle, „es habe sich alles erledigt". Das Protokoll wird an das Amtsgericht Bamberg übersandt und von dort in Abschrift dem B unter Hinweis auf sämtliche rechtlichen Folgen zugestellt. Von diesem erfolgt jedoch mehrere Wochen lang keine Reaktion. Das Gericht legt ihm daraufhin durch Beschluss die Kosten des Rechtsstreits auf. Einen Monat später bemerkt K, dass die Zahlung von einem anderen Schuldner (mit ähnlichem Namen) stammte.*

***Frage 1:*** *Kann K die Erledigungserklärung anfechten oder widerrufen?*

***Frage 2:*** *Wäre eine erneute Klage des K gegen B auf Zahlung von 4.500,- € zulässig?*

## I. Einordnung

Erklären die Parteien den Rechtsstreit übereinstimmend vollumfänglich für erledigt, dann endet der Prozess zur Hauptsache ohne weitere gerichtliche Prüfung. Es ergeht nur noch ein Beschluss gem. § 91a ZPO hinsichtlich der Kostentragungspflicht.

**hemmer-Methode:** Unter Hauptsache i.S.d. § 91a ZPO sind alle im Rahmen der Klage erfassten Ansprüche inklusive der Nebenforderungen zu verstehen, nicht aber die Kosten des Rechtsstreits.

Die Erledigterklärung ist eine Prozesshandlung. Hat sich eine Partei bei ihrer Abgabe geirrt, so ist problematisch, wie sie vorgehen muss, um dennoch eine für sie günstige Entscheidung zu erreichen.

Es wäre einerseits denkbar, dass sie die Erledigterklärung beseitigt (bspw. durch Anfechtung, Widerruf oder Vereinbarung mit dem Gegner), um dann den alten Prozess fortzuführen. Es stellt sich dabei die Frage, ob eine Prozesshandlung angefochten oder widerrufen werden kann.

Andererseits könnte die Partei auch erneut Klage erheben. Ein materiellrechtskräftiges Urteil, § 322 I ZPO, liegt nicht vor, sondern nur der Kostenbeschluss nach § 91a ZPO. Ob dies jedoch zulässig ist, erscheint bedenklich.

## II. Gliederung

**1. Anfechtung/Widerruf der Erledigterklärung**

- Erledigterklärung ist Prozesshandlung
- Abgabe zu Protokoll der Geschäftsstelle jedes Amtsgerichts, § 129a ZPO, möglich gem. § 91a I S. 1 ZPO
- Einwilligungsfiktion des B, vgl. § 91a I S. 2 ZPO

**(P): Anfechtbarkeit**

⇨ (-), Prozesshandlungen nicht anfechtbar, da grundsätzlich widerruflich

**(P): Widerrufbarkeit**

⇨ (-), da Rechtsstreit in der Hauptsache endgültig beendet und damit der Dispositionsbefugnis der Parteien entzogen

**2. Zulässigkeit einer erneuten Klage**

**(P): Entgegenstehende Rechtskraft, § 322 I ZPO**

⇨ (-), kein Urteil, Beschluss nach § 91a ZPO erwächst nicht in Rechtskraft

**(P): Rechtsschutzbedürfnis**

⇨ (+), übereinstimmende Erledigterklärung ist keine Vereinbarung zwischen den Parteien, sondern eigenes Rechtsinstitut

**Arglisteinrede** (§ 242 BGB) kann hier von B nicht erhoben werden

## III. Lösung Frage 1

Eine Anfechtung oder ein Widerruf seitens K wäre nur dann nötig, wenn überhaupt eine wirksame übereinstimmende Erledigterklärung vorliegt.

### 1. Wirksamkeit der übereinstimmenden Erledigterklärung

Für die Wirksamkeit einer Erledigterklärung müssen die allgemeinen Prozesshandlungsvoraussetzungen vorliegen.

Grundsätzlich können Prozesshandlungen formfrei abgegeben werden. Für die Erledigterklärung sind allerdings in § 91a I ZPO besondere, wenn auch nicht sehr strenge, Formerfordernisse aufgestellt. Die Erklärung zu Protokoll der Geschäftsstelle, § 129a I ZPO, erfüllt die Anforderungen.

Es ist dabei insbesondere nicht notwendig, dass die Erklärung vor der Geschäftsstelle des Prozessgerichts abgegeben wird. Vielmehr kann sich die Partei an jedes beliebige Amtsgericht im Bundesgebiet wenden. Dieses leitet das Protokoll von Amts wegen an das erkennende Gericht weiter, § 129a II S. 1 ZPO.

K konnte somit die Erledigungserklärung vor der Geschäftsstelle des Amtsgerichts erklären.

Wirksam wurde sie mit Eingang des Protokolls beim Amtsgericht Bamberg, vgl. § 129a II S. 2 ZPO.

**hemmer-Methode:** Eine Auslegung der abgegebenen Erklärung, „es habe sich alles erledigt“, ist nicht nötig. Nur bei Mehrdeutigkeit ist es möglich, eine Prozesshandlung gem. §§ 133, 157 BGB auszulegen. Hier ist es aber völlig eindeutig, was K möchte.

B hat sich auf die ihm mitgeteilte Erledigungserklärung in keiner Weise geäußert. Ein Schweigen kann, wie im Bürgerlichen Recht, nicht als Zustimmung angesehen werden. Überdies hätte eine Erklärung des B auch der von § 91a I S. 1 ZPO vorgeschriebenen Form bedurft.

Möglicherweise ist die Einwilligung des B aber als Fiktion zu unterstellen.

Durch das 1. Justizmodernisierungsgesetz wurde mit Wirkung ab 01.09.2004 der § 91a I S. 2 ZPO eingeführt. Danach gilt die Einwilligung des Beklagten als abgegeben, wenn er nicht innerhalb von 2 Wochen nach Zustellung der Erledigungserklärung des Gegners widerspricht.

B reagierte hier mehrere Wochen nicht, so dass die Notfrist des § 91a I S. 2 ZPO abgelaufen ist.

Eine schuldlose Verhinderung an der Einhaltung dieser Frist, § 233 ZPO, wird von ihm nicht vorgetragen. Da er auch vom Amtsgericht Bamberg über die rechtlichen Konsequenzen eines unterlassenen Widerspruchs belehrt wurde, greift die Einwilligungsfiktion.

Eine wirksame übereinstimmende Erledigterklärung liegt damit vor.

## 2. Beseitigung der übereinstimmenden Erledigterklärung

Durch die übereinstimmende Erledigterklärung endete das Verfahren.

**hemmer-Methode:** Der Prozess bleibt bis zum Beschluss nach § 91a ZPO nur noch hinsichtlich der Kosten rechtshängig.

Gäbe es eine Möglichkeit für den K, zumindest seine Prozesshandlung aus der Welt zu schaffen und damit der übereinstimmenden Erledigterklärung quasi das Fundament zu entziehen, dann würde möglicherweise die Rechtshängigkeit wieder aufleben und er könnte den Prozess fortsetzen.

### a) Anfechtung

Die Vorschriften der §§ 116 ff. BGB sind auf Prozesshandlungen grundsätzlich nicht, auch nicht analog, anwendbar. Sofern sie auf Willensmängeln beruhen, ist der Erklärende durch die Möglichkeit eines Widerrufs ausreichend geschützt.

**hemmer-Methode:** Eine Ausnahme wird nur bei den Prozessverträgen gemacht, da deren Zustandekommen sich nach materiellem Recht richtet (vgl. dazu ausführlich Fall 18).

### b) Widerruf

Für die Frage, ob eine Prozesshandlung nachträglich durch Widerruf beseitigt werden kann, ist zwischen Bewirkungs- und Erwirkungshandlungen zu unterscheiden.

<u>Bewirkungshandlungen</u> sind grundsätzlich unwiderruflich, da der beabsichtigte Erfolg bei ihnen unmittelbar eintritt. Die Rechtssicherheit verbietet daher eine nachträgliche Einwirkung.

<u>Erwirkungshandlungen</u> sind dagegen von einem gerichtlichen Tätigwerden abhängig. Sie können widerrufen werden, solange nicht ein Zustand eingetreten ist, auf dessen Bestehen der Prozessgegner vertrauen durfte. Dies ist in der Regel der Fall, wenn das Gericht die zu erwirkende Handlung vorgenommen hat.

Die Erledigungserklärung des Klägers bewirkt allein keine Änderung der rechtlichen Lage. Sie kann daher widerrufen werden, solange der Gegner sich ihr nicht angeschlossen hat oder das Gericht eine Entscheidung darüber gefällt hat (BGH, NJW 2002, 342).

Hat der Gegner jedoch zugestimmt bzw. gilt die Zustimmung aufgrund der Fiktion des § 91a I S. 2 ZPO als erteilt, dann ist dadurch der Prozess hinsichtlich der Hauptsache unmittelbar beendet. Damit ist auch die Dispositionsbefugnis der Parteien über den Streitgegenstand in diesem Verfahren erloschen.

Da hier eine übereinstimmende Erledigterklärung vorliegt, ist ein Widerruf des K nicht möglich.

**hemmer-Methode:** Es ist sogar ausgeschlossen, dass die Parteien die Erledigung übereinstimmend widerrufen (Thomas/Hüßtege, § 91a, Rn.15).

Inwieweit dies von der Rechtsprechung im Falle der Einwilligungsfiktion des § 91a I S. 2 ZPO gehandhabt wird, bleibt abzuwarten.

Eine Beseitigung der übereinstimmenden Erledigterklärung kommt nicht in Betracht. Der K kann weder anfechten noch widerrufen.

## IV. Lösung Frage 2

### Zulässigkeit einer erneuten Klage

Eine weitere Klage des K gegen B auf Zahlung von 4.500,- € wäre zulässig, wenn die allgemeinen Prozessvoraussetzungen vorliegen.

Problematisch sind hier das Fehlen der entgegenstehenden Rechtskraft, § 322 ZPO, und das Rechtsschutzbedürfnis.

### 1. Keine entgegenstehende Rechtskraft, § 322 I ZPO

Ein Urteil, welches der materiellen Rechtskraft gem. § 322 I ZPO fähig ist, liegt nicht vor.

Das Gericht hat nur einen Kostenbeschluss nach § 91a ZPO erlassen. Fraglich ist, ob bzw. inwieweit dieser in Rechtskraft erwächst.

Der Beschluss wird nach allgemeinen Grundsätzen formell rechtskräftig nach Ablauf der Beschwerdefrist von 2 Wochen, §§ 91a II S. 1, 567 I Nr.1, 569 I ZPO oder nach dem Erlass der Beschwerdegerichtsentscheidung.

Einer materiellen Rechtskraft ist er aber nicht fähig. Schließlich hat das Gericht nicht über den Anspruch entschieden, gerade dies aber führt bei Urteilen die materielle Rechtskraft herbei.

Bei der Bestimmung der Kostentragungspflicht wird nur eine Entscheidung nach billigem Ermessen getroffen, die sich zwar an den Erfolgsaussichten der Hauptsache orientiert, aber keinesfalls die Grundlage einer materiellen Rechtskraft sein kann.

Dieser Gesichtspunkt steht einer erneuten Klage damit nicht entgegen.

### 2. Rechtsschutzbedürfnis

Möglicherweise besteht aber für den K kein Rechtsschutzbedürfnis für eine erneute Inanspruchnahme der Gerichte.

Dies wäre dann anzunehmen, wenn die übereinstimmende Erledigterklärung als eine bindende Prozessvereinbarung anzusehen wäre, die die Parteien gerade im Hinblick auf die Beendigung des Rechtsstreits treffen. Eine solche Art prozessualer Vereinbarung ist aber nicht anzunehmen, die Parteien fassen ihr Verhalten nicht in dieser Weise auf. Vielmehr unterscheidet sich die Situation in diesem Punkt nicht von einer mit Einwilligung des Beklagten vollzogenen Klagerücknahme. Dort ist die Möglichkeit einer neuen Klage aber allseits anerkannt.

**hemmer-Methode:** Insbesondere spricht jetzt der neu eingefügte § 91a I S. 2 ZPO gegen die Auffassung, dass die übereinstimmende Erledigterklärung von ihrer Rechtsnatur her eine Art prozessuale Vereinbarung ist. Beim Prozessvergleich ist die Rechtslage etwas anders: wird hier auf Basis der „alten Rechtslage“ geklagt, muss die Klage als unbegründet abgewiesen werden, weil der Vergleich die Rechtslage materiellrechtlich neu ordnet. Ein Berufen auf die alte Rechtslage ist nicht zulässig, Thomas/Hüßtege, § 794, Rn. 30 a.E.

### 3. Arglisteinwand

Einer missbräuchlichen erneuten Klageerhebung kann der Beklagte aber durch den Einwand prozessualer Arglist begegnen. Er wird sich regelmäßig nur auf eine Kostenentscheidung nach billigem Ermessen gem. § 91a ZPO eingelassen haben, um den Rechtsstreit schnell und endgültig beizulegen. Würde er jetzt dennoch mit einer neuen Klage in genau derselben Sache überzogen, so verstieße dies gegen Treu und Glauben.

**hemmer-Methode:** Der Kläger, der einerseits erklärt, es habe sich alles erledigt, andererseits aber dennoch neu klagt, handelt widersprüchlich und verstößt damit gegen das Verbot des venire contra factum proprium, § 242 BGB.

Fraglich ist, ob dem B im konkreten Fall der Arglisteinwand zusteht.

Man wird ihm dies nicht deswegen verweigern können, weil er der Erledigung nicht ausdrücklich zugestimmt hat. Denn die Einwilligungsfiktion des § 91a I S. 2 ZPO entfaltet die gleiche Wirkung, zumal der Beklagte ja eindeutig über die Folgen seines Schweigens belehrt wird.

Jedoch verstößt eine erneute Geltendmachung der Forderung durch K deswegen nicht gegen Treu und Glauben, da der B überhaupt keine schutzwürdige Rechtsposition erlangt hat. Er durfte billigerweise nicht damit rechnen, dass die Forderung gegen ihn ohne ersichtliche Gründe – er hat sie ja noch nicht einmal bestritten – fallen gelassen wird.

Dürfte K allein aufgrund seines Irrtums nicht erneut klagen, so wäre dies für den B ein völlig unberechtigtes „Geschenk des Himmels".

Dem B steht der Einwand prozessualer Arglist nicht zu. Eine erneute Klage des K ist zulässig.

## V. Zusammenfassung

- Die Erledigterklärungen der Parteien sind Prozesshandlungen, die der Form des § 91a I S. 1 ZPO bedürfen.
- Unter den Voraussetzungen des § 91a I S. 2 ZPO wird die Zustimmung des Beklagten zur Erledigungserklärung des Gegners fingiert.
- Die übereinstimmende Erledigungserklärung kann weder angefochten noch widerrufen werden.
- Einer erneuten Klage bezüglich desselben Streitgegenstandes steht keine materielle Rechtskraft, § 322 I ZPO, entgegen.
- Auch das Rechtsschutzbedürfnis fehlt nicht bei einer erneuten Klage.
- Dem Beklagten steht allerdings u.U. der Einwand prozessualer Arglist zu.

## VI. Zur Vertiefung

- Hemmer/Wüst, ZPO I, Rn. 291 ff.

# Fall 18: Prozessvergleich

***Sachverhalt:***

*K und B prozessieren um eine Kaufpreiszahlung in Höhe von 15.000,- € am Landgericht. B wendet Mängel ein, die Beweislage ist schwierig, die Gemüter sind erhitzt. Als die Rechtsanwälte der Parteien beginnen, sich gegenseitig Gesetzesunkenntnis vorzuwerfen und die Situation zu eskalieren droht, unterbricht das Gericht die Verhandlung für eine Stunde. Dabei hofft Richter Dr. Herrgut insgeheim, die Parteien würden sich wie üblich in der Cafeteria vergleichen. Jedoch geht sein Wunsch nicht in Erfüllung, vor allem B möchte weiter zur Sache verhandeln. Daraufhin wird Dr. Herrgut ungehalten und fährt den B an, was er sich eigentlich denke, nicht zu zahlen. „Pacta sunt servanda!!!" brüllt er laut durch den Gerichtssaal und führt weiter aus, die Sachmängel seien doch nur an den Haaren herbeigezogen und überhaupt werde er der Klage stattgeben, wenn es jetzt nicht sofort zu einem unwiderruflichen Vergleich komme. Auch sei dies für den B die letzte Möglichkeit, noch unnötige Kosten zu sparen. Daraufhin einigen sich die Parteien, dass B an K 14.900,- € zahlt und sämtliche Kosten trägt. Der ob all der Verzögerungen immer noch wutentbrannte Dr. Herrgut diktiert den Vergleich zu Protokoll, vergisst aber, den Parteien das Tonband nochmals vorzuspielen.*

*Zwei Wochen später ficht B den Vergleich an.*

***Frage:*** *Wie muss er nun prozessual vorgehen?*

## I. Einordnung

Durch den Abschluss eines Prozessvergleichs haben die Parteien die Möglichkeit, den Rechtsstreit einvernehmlich zu beenden. Auf eine solche gütliche Einigung soll das Gericht in jeder Lage des Prozesses hinwirken, § 278 I ZPO.

Der Prozessvergleich hat sowohl einen prozessualen als auch einen materiellen Regelungsbestandteil, die nicht isoliert nebeneinander stehen, sondern sich in ihrer Wirkung und Wirksamkeit gegenseitig bedingen. Er wird daher als Prozessvertrag mit Doppelnatur angesehen.

Treten nun im prozessualen oder materiellen Teil des Vergleichs Mängel auf, so ist problematisch, ob diese in einem neuen Verfahren zu klären sind oder der alte Prozess fortgesetzt wird.

## II. Gliederung

**1. Prozessuale Voraussetzungen**

- Abschluss vor **deutschem Gericht**, § 794 I Nr.1 ZPO (+)
- **Prozesszusammenhang** (+)
- **Prozesshandlungsvoraussetzungen**
  ⇨ (+), Anwaltszwang gem. § 78 I ZPO
- **Protokollierung** nach § 160 III Nr.1 ZPO (+)
- **Vermerk** von Abspielen und Genehmigung, § 162 I S. 2,3 ZPO (-)

**2. Materielle Voraussetzungen**

- **(P): Auswirkungen prozessualer Unwirksamkeit** auf materielle Rechtslage ⇨ außergerichtlicher Vergleich i.S.d. § 779 BGB

- Gegenseitiges Nachgeben (+)
- **Anfechtung** gem. § 123 I 2. Alt. BGB
  ⇨ (+), da nicht lediglich Hinweis auf unabänderliche Zwangslage im Prozess, sondern eindeutig rechtswidriges Verhalten des Richters

**3. Rechtsfolgen der Unwirksamkeit**

**(P): Fortsetzung des alten Rechtsstreits oder neues Verfahren**

⇨ Hier alter Prozess fortzuführen, da prozessuale bzw. materielle Nichtigkeit ex tunc

## III. Lösung

Zunächst ist zu klären, ob (noch) ein wirksamer Vergleich vorliegt. Sollte dies der Fall sein, dann wäre ein gerichtliches Vorgehen aussichtslos. Existieren dagegen prozessuale oder materielle Wirksamkeitsmängel, so stellt sich die Frage, ob diese im alten Prozess oder in einem neuen Verfahren geltend zu machen sind.

### 1. Prozessuale Voraussetzungen

#### a) Abschluss vor deutschem Gericht

Gem. § 794 I Nr.1 ZPO muss ein Prozessvergleich vor einem deutschen Gericht oder einer Gütestelle, vgl. § 15a EGZPO, abgeschlossen werden.

Hier wurde der Vergleich vor einem ordentlichen Gericht abgeschlossen, so dass diese Voraussetzung unproblematisch erfüllt ist.

**hemmer-Methode:** Gem. § 278 VI ZPO kann der Abschluss des Vergleichs auch im schriftlichen Vorverfahren erfolgen.

Durch das 1. Justizmodernisierungsgesetz wurde ab 01.09.2004 die Möglichkeit geschaffen, dass das Gericht den Vergleich unmittelbar nach einem Vorschlag der Parteien feststellt.

#### b) Prozesszusammenhang

Der Vergleich muss einen Bezug zum Prozess haben, also den Streitgegenstand ganz oder teilweise betreffen und erledigen. Prozessfremde Gegenstände dürfen dabei eingezogen werden, aber nicht alleiniger Inhalt des Vergleichs sein.

Der nötige Prozesszusammenhang liegt hier eindeutig vor, da K und B eine Regelung bezüglich des gesamten Streitgegenstandes trafen.

#### c) Prozesshandlungsvoraussetzungen

Da die Erklärung des Vergleichs eine Prozesshandlung ist, müssen die allgemeinen Prozesshandlungsvoraussetzungen vorliegen.

Insbesondere besteht im Prozess vor den Landgerichten Anwaltszwang, § 78 I ZPO.

Dieser wurde hier beachtet, da sowohl K als auch B anwaltlich vertreten waren.

#### d) Ordnungsgemäße Protokollierung

Zur Wirksamkeit muss der Prozessvergleich nach § 160 III Nr.1 ZPO in das Verhandlungsprotokoll aufgenommen werden.

Dies geschah hier, indem Richter Dr. Herrgut ihn in sein Tonbandgerät diktierte, vgl. § 160a I ZPO.

Weiterhin ist nach § 162 I S. 1 ZPO aber noch erforderlich, dass der Vergleich verlesen und von den Parteien genehmigt wird, § 162 I S. 3 ZPO. Bei einer Tonbandaufnahme erfolgt dies durch nochmaliges Abspielen des vom Richter diktierten Vergleichs, § 162 I S. 2 ZPO.

Ist dies wie im vorliegenden Fall unterblieben, und fehlt daher der Vermerk nach § 162 I S. 3 ZPO, so führt dieser prozessuale Mangel nicht nur zur erschwerten Nachweisbarkeit, sondern zur Unwirksamkeit des Vergleichs[7].

**hemmer-Methode:** Wenn der Vermerk fehlt, ist es auch völlig unerheblich, ob Vorlesung und Genehmigung tatsächlich erfolgt sind.

Der prozessuale Teil des Vergleichs ist wegen des formellen Mangels nach § 162 I S. 2, 3 ZPO unwirksam.

### 2. Materielle Voraussetzungen

Materiell-rechtlich ist der Vergleich in § 779 BGB geregelt. Er stellt einen schuldrechtlichen Vertrag dar, der die Rechtslage zwischen den Parteien neu ordnet und ihnen einen Rückgriff auf die frühere ungewisse oder streitige Rechtslage verwehrt.

**hemmer-Methode:** Der Vergleich kann auch die entsprechenden Verfügungen beinhalten, z.B. einen Erlassvertrag, § 397 BGB, des Klägers und ein deklaratorisches Schuldanerkenntnis des Beklagten. Eine Novation (Schuldumschaffung) ist damit aber regelmäßig nicht verbunden.

Es ist zunächst zu klären, ob sich die Unwirksamkeit des prozessualen Teils auch auf den materiellen Teil auswirkt.

#### a) Auswirkung prozessualer Unwirksamkeit

Für den Vergleich, § 779 BGB, gelten die allgemeinen Regeln des BGB über Verträge. Selbst wenn der prozessuale Teil unwirksam ist, stehen zwei korrespondierende Willenserklärungen der Parteien im Raum, §§ 145, 147 BGB.

Es ist unter Zugrundelegung des hypothetischen Parteiwillens durch Auslegung, §§ 133, 157 BGB oder Umdeutung, § 140 BGB, zu klären, ob diese *jedenfalls* auf den Abschluss eines außergerichtlichen Vergleichs i.S.d. § 779 BGB gerichtet sind.

Dagegen könnte sprechen, dass die Parteien nur einen Vergleich mit Vollstreckungsmöglichkeit wollen.

Andererseits besteht oftmals ein unbedingtes Interesse an der Aufrechterhaltung der durch den Vergleich bindend festgestellten Rechtslage. Dies ist vor allem dann der Fall, wenn die Frage einer Vollstreckung überhaupt nicht im Raum steht.

**hemmer-Methode:** Wird die Aufrechterhaltung des Vergleichs i.S.d. § 779 BGB danach bejaht, so ist das Gericht bei der Fortsetzung des Prozesses an die durch den Vergleich neu geordnete materielle Rechtslage gebunden.

Ob sich im vorliegenden Fall die Unwirksamkeit des prozessualen Teils des Vergleichs zwischen K und B auch auf den materiellen Teil auswirkt, kann aber dahinstehen, wenn dieser auch aus anderen Gründen unwirksam ist.

[7] BGH, NJW 1984, 1465.

### b) Gegenseitiges Nachgeben

Voraussetzung des § 779 BGB ist es, dass ein gegenseitiges Nachgeben der Vertragsparteien vorliegt.

Im vorliegenden Fall erscheint das Nachgeben des K fraglich, da B letztlich über 99% der Klageforderung zuzüglich aller Kosten trägt. Dies kommt einem Prozessverlust gleich.

Für ein Nachgeben ist aber jedes noch so geringe Opfer ausreichend. Selbst wenn der Gegner den streitgegenständlichen Anspruch nach dem Vergleich vollumfänglich erfüllen muss und zudem noch sämtliche Kosten trägt, so kann allein in der Rücknahme der Klage, also dem Verzicht auf ein streitiges Urteil, ein Nachgeben des Klägers gesehen werden.

Hier erlässt K dem B 100,- €, dies genügt in jedem Fall für ein Nachgeben.

### c) Anfechtung

Möglicherweise hat K den Vergleich, § 779 BGB, aber wirksam angefochten und damit beseitigt, § 142 I BGB.

Eine Anfechtungserklärung, § 143 I BGB, liegt vor, als Anfechtungsgrund kommt hier eine widerrechtliche Drohung, § 123 I 2.Alt. BGB, durch den Richter in Betracht.

**hemmer-Methode:** § 123 II BGB gilt nur bei der Anfechtung wegen arglistiger Täuschung. Im Falle der Drohung ist es egal, ob diese von einem Dritten verübt wurde.

Ob die Drohung mit dem Verlust des Prozesses durch einen Richter widerrechtlich ist, erscheint fraglich.

Meist wird es sich dabei nur um den Hinweis auf eine unabänderliche Zwangslage der Partei, resultierend aus dem Prozess, handeln. Zudem soll der Richter nach § 278 I ZPO in jeder Lage auf eine vergleichsweise Einigung hinwirken. Der Hinweis auf bestimmte rechtliche Positionen bis hin zum Prozessverlust ist dabei nicht nur prozessordnungsgemäß und üblich, vielmehr ist dies sogar als richterliche Verpflichtung, § 139 ZPO, anzusehen.

Ein solches Verhalten kann daher nur ausnahmsweise, unter ganz besonders krassen Umständen als rechtswidrig anzusehen sein.

Solch ein Fall ist hier aber gegeben. Einem unbefangenen Betrachter des Prozessverlaufs konnte nur der Eindruck entstehen, dass es dem Richter weniger um die Ermittlung der wahren Rechtslage ging als darum, die Akte nur möglichst schnell schließen zu können.

Der Hinweis auf „pacta sunt servanda" ist als deutliche Äußerung des Unwillens, sich pflichtgemäß mit der Problematik zu befassen, anzusehen.

**hemmer-Methode:** Folgenden „Schulfall" sollten Sie zur widerrechtlichen Drohung durch den Richter noch kennen ⇨ Der Vorsitzende hatte nach Beratung die schriftliche Urteilsformel deutlich sichtbar vor sich hingelegt und erklärte, man habe beschlossen, der Klage stattzugeben, rege aber nochmals einen Vergleich an. Dies ist nach BGH NJW 1966, 2399 ausreichend.

Die Drohung war für den Vergleichsabschluss auch offensichtlich kausal.

Damit liegt der Anfechtungsgrund des § 123 I 2.Alt. BGB vor. Der materiellrechtliche Vergleich ist infolge der erklärten Anfechtung ex tunc nichtig, § 142 I BGB.

## 2. Rechtsfolgen der Unwirksamkeit

Problematisch ist, ob B die prozessualen und materiell-rechtlichen Wirksamkeitsmängel des Vergleichs in einem neuen Prozess oder im alten Verfahren geltend machen muss. K könnte ein neues Verfahren mit dem Antrag auf Feststellung der Unwirksamkeit des Vergleichs anstrengen, wenn der alte Prozess trotz der Unwirksamkeit des Vergleichs beendet ist.

### a) Prozessualer Mangel

Bei einem prozessualen Mangel ist dies aber nie der Fall. Kam überhaupt kein Prozessvergleich zustande, so konnte auch dessen Wirkung, die Beendigung der Rechtshängigkeit, nicht eintreten. Allein schon wegen des prozessualen Mangels ist daher das alte Verfahren fortzuführen.

Einem neuen Prozess stünde die negative Prozessvoraussetzung der anderweitigen Rechtshängigkeit entgegen.

### b) Materielle Unwirksamkeit ex tunc

Ebenso liegt die Situation, wenn der Vergleich i.S.d. § 779 BGB nie wirksam zustande kam oder die Nichtigkeit ex tunc eintritt.

Aus der Doppelnatur des Prozessvergleichs ergibt sich, dass die materiell-rechtliche Nichtigkeit auch die prozessuale Folge des Vergleichs –die Prozessbeendigung– nicht eintreten lässt. Das alte Verfahren ist damit rechtshängig geblieben.

Da B den Vergleich wirksam angefochten hat, § 123 I 2.Alt. BGB, ist auch aus diesem Grunde das alte Verfahren fortzuführen.

**hemmer-Methode:** In der Klausur prüfen Sie diese Frage unter dem Zulässigkeitspunkt „Entgegenstehende Rechtskraft“ oder klären die Frage, welcher Prozess fortzuführen ist, im Interesse einer übersichtlicheren Gliederung gleich zu Beginn.

### c) Materielle Unwirksamkeit ex nunc

Allein wenn die Unwirksamkeit des Vergleichs i.S.d. § 779 BGB nur ex nunc eintritt, z.B. bei Wegfall der Geschäftsgrundlage, ist der alte Prozess nicht fortzusetzen.

Dann lag nämlich auch im juristischen Sinne für eine gewisse Zeit ein Vergleich vor, so dass dessen prozessuale Wirkung, die Beendigung des Prozesses, eintreten konnte (BGH, NJW 1986, 1348).

**hemmer-Methode:** Anders wird dies vom BAG gesehen. Aus Gründen der Prozessökonomie lässt es stets eine Fortsetzung des alten Prozesses zu.

Im vorliegenden Fall muss B den alten Prozess fortsetzen. Dazu lässt er durch seinen Anwalt einen Schriftsatz bei Gericht einreichen, indem er die Unwirksamkeit des Vergleichs darlegt und gleichzeitig seine Sachanträge erneut stellt.

Nach Ansicht des BGH ist dieser Weg aber nicht zwingend. Denn der Einwand der Unwirksamkeit des Prozessvergleichs ist eine verzichtbare prozessuale Rüge. Wird trotz aufgrund der Unwirksamkeit des Prozessvergleichs fortbestehender anderweitiger Rechtshängigkeit eine neue Klage erhoben, ist diese dann nicht unzulässig, wenn die Parteien die Beendigung des alten Rechtsstreits nicht in Frage stellen (BGH, Life&Law 2014, 183 ff.).

## IV. Zusammenfassung

- Der Prozessvergleich hat eine Doppelnatur. Er besteht aus einem prozessualen und einem materiell-rechtlichen Bestandteil.
- Der Abschluss ist einerseits eine Prozesshandlung, für welche die allgemeinen Prozesshandlungs-voraussetzungen vorliegen müssen, andererseits Vertragsschluss, der sich nach den allgemeinen Regelungen des BGB richtet.
  Ein Prozessvergleich ist nur wirksam bei ordnungsgemäßer Protokollierung, §§ 160 III Nr.1, 162 I ZPO.
- Die Auswirkungen der prozessualen Unwirksamkeit auf den materiell-rechtlichen Vergleich i.S.d. § 779 BGB sind unter Zugrundelegung des (hypothetischen) Parteiwillens zu ermitteln.
- Leidet der Vergleich an einem prozessualen Mangel oder tritt die Unwirksamkeit aus materiell-rechtlichen Gründen ex tunc ein, ist der alte Prozess grds. fortzuführen.
- Bei erneuter Klage steht die Rechtshängigkeit im alten Verfahren nicht entgegen, wenn dies nicht gerügt wird (BGH).
- Bei materieller Nichtigkeit ex nunc ist ein neues Verfahren anzustrengen.

## V. Zur Vertiefung

- Hemmer/Wüst, ZPO I, Rn. 300 ff.
- Rechtsprechung zum Prozessvergleich mit umfassender Problemdarstellung bei Unwirksamkeit: BGH, Life&Law 2011, 636 ff.

# 2. Abschnitt: Streitgegenstandsbezogene Handlungen

## Fall 19: Anfängliche objektive Klagehäufung

***Sachverhalt:***

*K aus Bamberg und B aus Würzburg standen seit Juli des Jahres in Vertragsverhandlungen bezüglich eines Gebrauchtwagens. Im August einigten sie sich schließlich auf einen Preis von 15.000,- €. Bei Vertragsabschluss übergab B dem K einen auf sich gezogenen Wechsel (Zahlungsort: Würzburg), der jedoch bei Verfall nicht bezahlt wurde. K verklagt den B nun in Würzburg auf Zahlung von 15.000,- € aus dem Kaufvertrag. Zusätzlich macht er einen Wechselanspruch in dieser Höhe geltend, für den er zur Beschleunigung das Wechselverfahren einschlagen will.*

***Frage:** Wie wird das Gericht verfahren?*

### I. Einordnung

Problematisch ist, ob K hier einen oder zwei prozessuale Ansprüche geltend macht.

Sollte es sich um mehrere Streitgegenstände handeln, dann liegt ein sog. objektive Klagehäufung vor.

**hemmer-Methode:** Keine Klagehäufung ist gegeben, wenn der Kläger den geltend gemachten Anspruch lediglich auf eine mehrfache rechtliche Begründung stützt, da es sich dann nur um einen Streitgegenstand handelt.

Wenn mehrere Streitgegenstände von Anfang an ins Verfahren eingeführt werden, wird dies als anfängliche oder ursprüngliche Klagehäufung bezeichnet. Stehen sie gleichwertig nebeneinander, so spricht man zudem von kumulativer Klagehäufung.

Sind die Voraussetzungen des § 260 ZPO gegeben, wird gemeinsam über beide Ansprüche in einem Verfahren verhandelt.

### II. Gliederung

**1. Mehrzahl von Streitgegenständen**

- Bestimmung nach dem **zweigliedrigen Streitgegenstandsbegriff**
- Tatsachengrundlage für Kaufpreisforderung und Wechselanspruch unterschiedlich

⇨ Nach dem Sinngehalt zwei unterschiedliche Lebenssachverhalte
Daher zwei prozessuale Ansprüche

**2. Zulässigkeit des Antrags 1 (Kaufpreiszahlung)**

- Zuständigkeit: §§ 71 I, 23 Nr.1 GVG, 12, 13 ZPO ⇨ Landgericht Würzburg
- Sonstige allgemeine Prozessvoraussetzungen (+)

**3. Zulässigkeit des Antrags 2 (Wechselforderung)**

- Zuständigkeit: §§ 71 I, 23 Nr.1 GVG, 12, 13, 603 I ZPO ⇨ Landgericht Würzburg
- Sonstige allgemeine Prozessvoraussetzungen (+)

- **Besondere Prozessvoraussetzungen** des Wechselprozesses, §§ 592, 602 ff. ZPO (+)

**4. Zulässigkeit der Klagehäufung, § 260 ZPO**

- Identität der Parteien (+)
- Zuständigkeit des Prozessgerichts (+)
- Kein Verbindungsverbot (+)
- **Dieselbe Prozessart**
  ⇨ (-), für Kaufpreisforderung ordentliches Verfahren und für Wechselforderung
  Urkundenprozess
  Gericht wird die **Verfahren trennen**, § 145 I ZPO

## III. Lösung

Zunächst ist zu klären, ob überhaupt mehrere prozessuale Ansprüche im Raum stehen. Sollte dies der Fall sein, dann wird das Gericht über sie gemeinsam verhandeln, wenn die Anträge jeweils zulässig sind und die Voraussetzungen des § 260 ZPO vorliegen.

**hemmer-Methode:** Ist die Klage hinsichtlich eines Antrags bereits unzulässig, so wird sie insoweit durch Prozessurteil abgewiesen.

### 1. Mehrzahl von Streitgegenständen

Die Bestimmung des Streitgegenstandes erfolgt unter Berücksichtigung von Antrag und Lebenssachverhalt (sog. zweigliedriger Streitgegenstandsbegriff).

K stellt jeweils einen identischen Antrag, nämlich Zahlung von 15.000,- €.

Diese rühren auch aus demselben einheitlichen Lebensvorgang Die Hingabe des Wechsels erfolgte anlässlich des Kaufvertrages über den Gebrauchtwagen in einem engen sachlichen und räumlichen Zusammenhang.

Von einem einheitlichen Lebenssachverhalt i.S.d. Streitgegenstandsbegriffs kann aber nur dann gesprochen werden, wo die zur Begründung einer Anspruchsgrundlage vorgetragenen Tatsachen auch zur Begründung einer anderen Anspruchsgrundlage dienen.

Der Anspruch des K aus § 433 II BGB basiert aber auf gänzlich unterschiedlichen Tatsachen als der aus Art. 28 I WG.

Nach dem ganzen Sinngehalt liegen zwei unterschiedliche Lebenssachverhalte und damit auch zwei verschiedene Streitgegenstände vor.

**hemmer-Methode:** Die Gefahr sich rechtlich widersprechender Urteile bestünde nicht, wenn über Kaufpreisforderung und Wechselanspruch getrennt prozessiert würde. Die Entscheidung über die Wechselklage hat keine präjudizielle Wirkung gegenüber der Kaufpreisklage. Es ist allgemein anerkannt, dass nach abgewiesener Wechselklage der hinter dem Wechsel stehende Anspruch geltend gemacht werden kann, ohne dass die Rechtskraft entgegensteht.

K macht zwei prozessuale Ansprüche geltend.

### 2. Zulässigkeit des Antrags auf Kaufpreiszahlung

Das Landgericht Würzburg ist örtlich, §§ 12, 13, 29 I ZPO, und sachlich, §§ 71 I, 23 Nr.1 GVG, zuständig.

**hemmer-Methode:** Ein aufbautechnisches Problem ergibt sich, wenn es bei mehreren Streitgegenständen hinsichtlich der sachlichen Zuständigkeit auf § 5 1.Hs. ZPO ankommt (z.B. Antrag 1 über 3.000,- € und Antrag 2 über 2.500,- €). Nach dieser Vorschrift werden mehrere in einer Klage geltend gemachten Ansprüche zusammengerechnet. Mehrere Ansprüche kann man aber nur zusammen geltend machen, wenn die Voraussetzungen des § 260 ZPO vorliegen. Daher kann man bereits an dieser Stelle zur Inzidentprüfung der Voraussetzungen der objektiven Klagehäufung gezwungen sein. Sicherlich auch vertretbar ist es in einem solchen Fall, die Zulässigkeit der Verbindung nach § 260 ZPO bereits vor der Zulässigkeitsprüfung der Anträge darzustellen, auch wenn dies dogmatisch unsauber ist.

Die übrigen Prozessvoraussetzungen liegen vor. Der Antrag ist zulässig

### 3. Zulässigkeit des Antrags auf Zahlung aus Wechsel

#### a) Allgem. Prozessvoraussetzungen

Das Landgericht Würzburg ist auch für diesen Antrag örtlich, §§ 12, 13, 603 I ZPO, und sachlich, §§ 71 I, 23 Nr.1 GVG, zuständig.

§ 603 I ZPO bietet dem Kläger, um ihn im Rahmen eines Wechselprozesses zu privilegieren, einen zusätzlichen Gerichtsstand, an dem er prozessieren kann, § 35 ZPO.

Die übrigen allgemeinen Prozessvoraussetzungen liegen vor.

#### b) Besondere Prozessvoraussetzungen

K hat erklärt, im Wechselprozess klagen zu wollen, § 603 I ZPO. Der Wechselprozess ist eine Unterart des Urkundenprozesses.

Der Urkundenprozess ist eine besondere Prozessart, die es dem Kläger ermöglicht, schnell einen Vollstreckungstitel zu erlangen. Die Zustellungs- und Ladungsfristen sind verkürzt, Einwendungen des Beklagten unstatthaft, wenn er den Beweis dafür nicht mit Urkunden antreten kann, § 598 ZPO. Bei Widerspruch des Beklagten ergeht allerdings nur ein Vorbehaltsurteil, § 599 ZPO, die endgültige Rechtslage wird dann in einem Nachverfahren, § 600 ZPO, geklärt.

Für die Zulässigkeit dieser Verfahrensart müssen besondere Prozessvoraussetzungen vorliegen.

Der Kläger muss erklären, dass er im Wechselprozess klagen will, was K getan hat.

Weiterhin muss er einen Anspruch geltend machen, der durch die Originalurkunde selbst verkörpert wird und diese vorlegen. K leitet seinen Anspruch aus Art. 28 I WG her, von der Vorlage des Wechsels ist auszugehen.

Die Klage im Wechselprozess ist somit statthaft. Der Antrag des K ist zulässig.

**hemmer-Methode:** Kann der Kläger die anspruchsbegründenden Tatsachen nicht durch Urkunden nachweisen, so ist die Klage durch Urteil „als im Urkundenprozess unstatthaft“ abzuweisen. Der Kläger kann dann im ordentlichen Verfahren den Betrag einklagen. In der Praxis kommt es nicht dazu, weil das Gericht den Kläger gem. § 139 ZPO auf die Bedenken hinweisen wird und dieser dann ins Normalverfahren übergeht, § 596 ZPO.

## 4. Zulässigkeit der Verbindung, § 260 ZPO

Eine gemeinsame Verhandlung über alle Streitgegenstände findet nur dann statt, wenn die Voraussetzungen des § 260 ZPO vorliegen.

### a) Identität der Parteien

Kläger und Beklagter müssen hinsichtlich aller prozessualen Ansprüche identisch sein. Hier stehen sich bei beiden Anträgen K und B gegenüber, so dass Parteiidentität vorliegt.

### b) Zuständigkeit des Prozessgerichts

Das Prozessgericht muss für alle erhobenen Ansprüche sachlich und örtlich zuständig sein. Hier ist jeweils das Landgericht Würzburg zuständig.

### c) Kein Verbindungsverbot

Es darf kein Verbindungsverbot bestehen. Ein solches ist beispielsweise in § 578 II ZPO bezüglich der Wiederaufnahme des Verfahrens geregelt.

**hemmer-Methode:** Notieren Sie sich diesen Paragraphen an den § 260 ZPO, auch wenn Sie sie für das Erste Staatsexamen aller Voraussicht nach nicht brauchen werden.

Im vorliegenden Fall besteht kein Verbindungsverbot.

### d) Dieselbe Prozessart

Eine Klagehäufung ist gem. § 260 ZPO nur dann möglich, wenn alle Ansprüche in derselben Prozessart geltend gemacht werden.

Neben dem allgemeinen Urteilsverfahren (§§ 253 – 510b ZPO) existieren noch besonders ausgestaltete Formen, etwa Arrest und einstweilige Verfügung (§§ 916 – 945 ZPO). Diese haben jeweils ihre eigenen besonderen Prozessvoraussetzungen.

Auch der Urkundenprozess ist ein solch spezielles Verfahren, er stellt eine andere Prozessart als das allgemeine Urteilsverfahren dar. Daher ist eine Verbindung der Anträge zur gemeinsamen Verhandlung nicht möglich.

**hemmer-Methode:** Angesichts der erläuterten Eigenarten des Wechselprozesses ist dies auch durchaus verständlich. Ansonsten müsste etwa bei der Beweisaufnahme stets beachtet werden, welcher Antrag betroffen ist. Selbst die hilfsweise Geltendmachung eines Anspruchs im Wechselprozess ist unzulässig (BGH, NJW 2002, 751).

Das Gericht wird eine Prozesstrennung, § 145 I ZPO, anordnen.

Bezüglich des Anspruchs aus Art. 28 I WG wird ein Wechselprozess durchgeführt, über die Kaufpreiszahlung wird im normalen Urteilsverfahren prozessiert.

**hemmer-Methode:** Zahlt B im Wechselprozess, tritt bezüglich des Anspruchs aus § 433 II BGB Erfüllung ein, § 362 I BGB. Um den Kaufpreisprozess nicht zu verlieren, sollte K die Hauptsache dann für erledigt erklären.

## IV. Zusammenfassung

- Wird aus Grundgeschäft und Wechsel Zahlung verlangt, handelt es sich um verschiedene Streitgegenstände.
- Werden mehrere prozessuale Ansprüche geltend gemacht, so liegt eine objektive Klagehäufung vor.
- Die Klagehäufung ist zulässig, wenn die Voraussetzungen des § 260 ZPO gegeben sind.
- Bei Zulässigkeit der Klagehäufung erfolgt gemeinsame Verhandlung, ansonsten Trennung der Verfahren gem. § 145 I ZPO.
- Liegt eine zulässige Klagehäufung vor, bestimmt sich der Streitwert nach § 5 1.Hs. ZPO (Zusammenrechnung, sofern nicht wirtschaftliche Identität).

## V. Zur Vertiefung

- Hemmer/Wüst, ZPO I, Rn. 315 ff.

# Fall 20: Eventuelle Klagehäufung

***Sachverhalt:***

*Käufer K hat bei Händler B über Ebay günstig einen Gebrauchtwagen gekauft. Da den B das Geschäft wenig später reut, verweigert er Übergabe und Übereignung an K. Er meint, „solcher Internetkram" sei doch sowieso alles nur unverbindlich. Überdies habe er nun einen Interessenten, der wesentlich mehr bietet. Er, der B, müsse schließlich auch seine Angestellten bezahlen und könne daher seine Autos nicht „für einen Appel und ein Ei" hergeben. Den K beeindrucken diese Argumente recht wenig und er erhebt Klage auf Erfüllung des Kaufvertrages. Für den Fall, dass B das Auto nicht mehr herausgeben könne, begehrt er Schadensersatz in Höhe von 6.000,- €.*

***Frage:*** *Hat seine Klage Aussicht auf Erfolg, wenn B den Gebrauchtwagen tatsächlich schon an einen anderen Käufer übergeben und übereignet hat, der ihn unter keinen Umständen mehr herausgeben will?*

## I. Einordnung

K stellt mehrere Anträge (Erfüllung + Schadensersatz), es liegt daher eine Klagehäufung, § 260 ZPO, vor.

Allerdings werden die prozessualen Ansprüche nicht nebeneinander geltend gemacht, also nicht kumulativ, sondern der zweite Antrag wird nur hilfsweise für den Fall gestellt, dass der erste keinen Erfolg haben wird. Diese Konstellation wird als eventuelle Klagehäufung bezeichnet.

**hemmer-Methode:** Man unterscheidet zwischen einem <u>echten</u> Hilfsantrag (wenn nicht A, dann B) und einem <u>unechten</u> Hilfsantrag (wenn A, dann auch noch B). Auf den Klausuraufbau hat diese Differenzierung aber keine Auswirkungen.

Das Gericht soll über den Hilfsantrag nur bei Bedingungseintritt entscheiden. Da Prozesshandlungen wie die Klageerhebung aber grundsätzlich bedingungsfeindlich sind, stellt sich die Frage nach der generellen Zulässigkeit eines solchen Vorgehens.

**hemmer-Methode:** Bei der Prüfung der eventuellen Klagehäufung in der Klausur ist es sehr wichtig, das Prüfungsschema konsequent einzuhalten. Insbesondere ist der Unterschied zur Prüfung bei der kumulativen Klagehäufung zu beachten (vgl. Fall 19).

## II. Gliederung

**1. Zulässigkeit des Hauptantrags**

(P): **Ordnungsgemäße Klageerhebung**, § 253 II Nr.2 ZPO

⇨ (+), bei Eventualklagehäufung lediglich **innerprozessuale Bedingung**

**2. Begründetheit des Hauptantrags**

Kaufvertrag bei Ebay-Auktion, daher Anspruch aus § 433 I S. 1 BGB
Aber Unmöglichkeit, § 275 I BGB, da Gebrauchtwagen (Stückschuld) schon an Dritten übereignet

**3. Bedingungseintritt**

Erfolg des Hauptantrags (-)
⇨ innerprozessuale Bedingung eingetreten
Gericht entscheidet über Hilfsantrag

**4. Zulässigkeit des Hilfsantrags**

**Zulässigkeit objektiven Klagehäufung**, § 260 ZPO (+)

⇨ Bei Eventualklagehäufung **echte Sachurteilsvoraussetzung**, da Prozesstrennung gem. § 145 ZPO nicht möglich
(Bedingung würde sich dann auf außerprozessuales Ereignis beziehen)

⇨ Rechtlicher und wirtschaftlicher Zusammenhang zwischen Haupt- und Hilfsantrag (+)

**5. Begründetheit des Hilfsantrag**

Anspruch aus §§ 280 I, III, 283 BGB (+)

## III. Lösung

Die Klage hat Aussicht auf Erfolg, wenn bereits der erste Antrag des K, Übergabe und Übereignung des Gebrauchtwagens, zulässig und begründet wäre.

### 1. Zulässigkeit des Hauptantrags

Es stellt sich hier allein die Frage, ob eine ordnungsgemäße Klageerhebung, § 253 II Nr.2 ZPO, vorliegt.

K beantragt primär, den B zur Übergabe und Übereignung des Gebrauchtwagens zu verurteilen (Hauptantrag). Für den Fall, dass dieser keinen Erfolg hat, möchte er aber wenigstens Schadensersatz in Höhe von 6.000,- € (Hilfsantrag). Haupt- und Hilfsantrag werden von K über eine Bedingung miteinander verbunden.

Die Klageerhebung stellt eine Prozesshandlung dar. Im Gegensatz zu Rechtsgeschäften des bürgerlichen Rechts dürfen solche aber grundsätzlich nicht unter einer Bedingung vorgenommen werden.

Das verbietet das Erfordernis der Klarheit der Prozesssituation.

**hemmer-Methode:** Diesen Punkt kann man auch erst später ansprechen, indem man hier einfach feststellt, dass der Hauptantrag für sich genommen jedenfalls bestimmt genug i.S.d. § 253 II Nr.2 ZPO ist. Es empfiehlt sich aber, dem Korrektor so früh wie möglich zu zeigen, dass man die Eventualklagehäufung erkannt hat und mit ihr umzugehen weiß.

Bei der Eventualklagehäufung liegt eine innerprozessuale Bedingung vor, da der Erfolg des Hauptantrags unmittelbar in dem Rechtsstreit zwischen den Parteien geklärt wird. Die Rechtsunsicherheit, die sich aus prozessualen Schwebezuständen ergeben würde, besteht dann gerade nicht.

Es wird daher allgemein als zulässig betrachtet, wenn eine Prozesshandlung von einem innerprozessualen Vorgang abhängig gemacht wird.

K hat seine Klage ordnungsgemäß erhoben.

### 2. Begründetheit des Hauptantrags

Dem K könnte ein Anspruch auf Übergabe und Übereignung des Gebrauchtwagens aus § 433 I S. 1 BGB zustehen. Dazu müsste ein Kaufvertrag zwischen den Parteien geschlossen worden sein.

Bei einer Ebay-Auktion handelt es sich nach höchstrichterlicher Rechtsprechung nicht um eine Versteigerung nach § 156 BGB, obwohl man dies von der Begrifflichkeit auf den ersten Blick annehmen könnte.

Es kommt vielmehr ein Kaufvertrag, § 433 BGB, durch ein verbindliches Angebot des Verkäufers (Einstellung des Artikels) und die Annahme dieses Angebots durch das Höchstgebot bei Ebay zustande.[8]

**hemmer-Methode:** In einer Klausur, wo für die materiell-rechtlichen Probleme der Großteil der Punkte vergeben wird, dürfen Sie sich natürlich nicht mit zwei Sätzen zu dieser Problematik begnügen. Es ist an dieser Stelle ein detailliertes Eingehen vor allem auf die Argumente der Parteien notwendig.

Der dem K zustehende Anspruch aus § 433 I S. 1 BGB könnte jedoch nachträglich wieder entfallen sein.

Bei einem Gebrauchtwagen handelt es sich um eine Stückschuld. Mit Übergabe und Übereignung der Sache von B an einen nicht zur Herausgabe bereiten Dritten trat daher Unmöglichkeit gem. § 275 I BGB ein.

**hemmer-Methode:** Verwechseln Sie die vorliegende Situation nicht mit der viel diskutierten Frage, ob beim Stückkauf Nachlieferung gem. § 439 I 2. Alt. BGB möglich ist. Eine solche kommt erst nach Übergabe der Sache in Betracht.

Etwas Unmögliches kann nicht verlangt werden, ein Anspruch des K gegen B aus § 433 I S. 1 BGB besteht somit nicht.

Andere Ansprüche auf Herausgabe und Übereignung sind nicht ersichtlich.

Der Hauptantrag des K ist unbegründet und hat daher keine Aussicht auf Erfolg.

8 BGH, Life&Law 2005, 93 ff.

### 3. Bedingungseintritt

Die Stellung eines Hilfsantrags bewirkt eine aufschiebend bedingte Entscheidungsbefugnis des Gerichts. Es darf zwar bereits vorher über den Hilfsantrag verhandeln, aber erst bei Bedingungseintritt über ihn entscheiden, da es wegen § 308 I ZPO an die vom Kläger gewählte Reihenfolge der Anträge gebunden ist.

Der Hauptantrag im Prozess K gegen B wird keinen Erfolg haben. Damit ist die innerprozessuale Bedingung für den Hilfsantrag eingetreten.

**hemmer-Methode:** Der Hilfsantrag bewirkt weiterhin eine sofortige, auflösend bedingte Rechtshängigkeit hinsichtlich des mit ihm geltend gemachten prozessualen Anspruchs. Bedeutung erlangt dies vor allem mit Hinblick auf die Verjährung, § 204 I Nr.1, II BGB. Tritt die innerprozessuale Bedingung nicht ein, dann fällt die Rechtshängigkeit des Hilfsantrags rückwirkend weg.

### 4. Zulässigkeit des Hilfsantrags

Der Hilfsantrag ist zulässig, wenn die Voraussetzungen der objektiven Klagehäufung, § 260 ZPO, die sonstigen Sachurteilsvoraussetzungen gegeben sind und ein rechtlicher oder wirtschaftlicher Zusammenhang zwischen Haupt- und Hilfsantrag besteht.

#### a) Zulässigkeit der Klagehäufung, § 260 ZPO

Die Voraussetzungen der objektiven Klagehäufung, unter denen eine gemeinsame Verhandlung stattfindet, stellen bei der Eventualklagehäufung anders als bei der kumulativen Klagehäufung echte Sachurteilsvoraussetzungen dar.

Eine Prozesstrennung gem. § 145 I ZPO kann hier nämlich nicht stattfinden, da sie zur Folge hätte, dass die Bedingung für den Hilfseintritt sich nunmehr auf ein außerprozessuales Ereignis beziehen würde.

**hemmer-Methode:** Vollziehen Sie diesen Gedankengang in Ruhe nach. Würde das Gericht über Hauptantrag einen Prozess A und über den Hilfsantrag einen Prozess B führen, so wäre der Erfolg von Prozess A im Prozess B eine außerprozessuale Bedingung. Dies hätte zur Folge, dass im Prozess B keine ordnungsgemäße Klageerhebung, § 253 II Nr. 2 ZPO, vorliegt. Eine solche ist aber Zulässigkeitsvoraussetzung.

Sowohl bei Haupt- als auch Hilfsantrag besteht Parteiidentität, dasselbe Gericht ist zuständig und jeweils das Urteilsverfahren einschlägig. Ein Verbindungsverbot ist nicht ersichtlich.

Eine zulässige Klagehäufung nach § 260 ZPO liegt damit vor.

### b) Rechtliche und wirtschaftliche Identität von Haupt- und Hilfsantrag

Eine Eventualklagehäufung wird nach einer Auffassung nur dann als zulässig erachtet, wenn der Hilfsantrag auf dasselbe oder ein gleichartiges Ziel wie der Hauptantrag gerichtet ist. Teilweise wird vertreten, dass sich beide Anträge sogar ausschließen müssen, weil sonst eine unzulässige bedingte Klage vorläge.

Die Rechtsprechung lässt es ausreichen, wenn die Anträge in irgendeiner Art rechtlich oder wirtschaftlich identisch sind, wobei kein enger Maßstab anzulegen ist.

**hemmer-Methode:** Als Beispiel für eine unzulässige Eventualklagehäufung wird angeführt, dass der Hauptantrag auf Zahlung eines Kaufpreises, der Hilfsantrag auf Rückgabe einer Mietsache gerichtet ist.

K verfolgt mit dem Hilfsantrag das gleiche Ziel wie mit dem Hauptantrag, nämlich die Realisierung des wirtschaftlichen Vorteils aus dem Geschäft mit B. Dabei schließen sich Hauptantrag (Erfüllung) und Hilfsantrag (Schadensersatz statt der Leistung) gegenseitig aus. Der Hilfsantrag des K ist damit nach allen Ansichten zulässig.

## 5. Begründetheit des Hilfsantrags

Dem K könnte ein Anspruch auf Zahlung von 6.000,- € aus §§ 280 I, III, 283 BGB zustehen.

Da sich der Gebrauchtwagen nun bei einem nicht zur Herausgabe bereiten Dritten befindet, ist dem B seine Leistungspflicht aus § 433 I S. 1 BGB nachträglich unmöglich geworden, § 275 I BGB.

Die Umstände, die zur Unmöglichkeit führten, hat B auch zu vertreten, § 280 I S. 2 BGB. Er selbst übergab und übereignete den Wagen in Kenntnis des mit K geschlossenen Kaufvertrags an einen Dritten.

Dass er dabei von einer Unverbindlichkeit von Internetgeschäften ausging, mag zwar seinen Vorsatz ausschließen, ein fahrlässiges Handeln, § 276 II BGB, liegt jedoch allemal vor. Durch Einholung von Rechtsrat hätte B seinen Irrtum ohne weiteres erkennen können.

Dem K steht somit ein Anspruch auf Zahlung von 6.000,- € aus §§ 280 I, III, 283 BGB zu.

Der Hilfsantrag hat Aussicht auf Erfolg.

## IV. Zusammenfassung

- Eine Eventualklagehäufung ist grundsätzlich möglich, da der Hilfsantrag von einer innerprozessualen Bedingung (Erfolg des Hauptantrags) abhängig gemacht wird.
- Die Zulässigkeit der objektiven, § 260 ZPO, ist bei der Eventualklagehäufung eine echte Sachurteilsvoraussetzung.
- Zwischen Haupt- und Hilfsantrag muss eine rechtliche oder wirtschaftliche Identität bestehen.

# Fall 21: Klageänderung

***Sachverhalt:***

*K verklagt den B auf Zahlung von 4.000,- € aus einem Darlehensvertrag. B bestreitet den Abschluss eines solchen Vertrages mit K. In der Beweisaufnahme, in der 2 Zeugen vernommen werden, bestätigt sich der angebliche Darlehensvertrag nicht. K ändert daraufhin in der sich anschließenden mündlichen Verhandlung sein Klagevorbringen. Er stützt die Forderung von 4.000,- € nunmehr auf einen Kaufvertrag und benennt zum Beweis seiner Behauptung einen weiteren Zeugen. B widersetzt sich dieser Änderung der Klage und bestreitet vorsorglich auch den Kaufvertrag.*

***Frage:*** *Wie wird das Gericht entscheiden?*

## I. Einordnung

Während des Verfahrens kann es sich für den Kläger zeigen, dass ein Festhalten an seiner ursprünglichen Klage unvorteilhaft ist. Um dennoch ein für ihn günstiges Urteil zu erhalten, hat er ein Interesse daran, den Streitgegenstand zu modifizieren.

**hemmer-Methode:** Nach dem zweigliedrigen Streitgegenstandsbegriff beeinflusst eine Änderung des Klageantrags und/oder des Lebenssachverhalts den prozessualen Anspruch und stellt damit eine Klageänderung dar.

Der Beklagte hingegen hat ein schützenswertes Interesse an einer Entscheidung über die bisherige Klage, über diese wurde mit ihm der Rechtsstreit begonnen. Zudem muss im Interesse der Prozessökonomie verhindert werden, dass der Kläger ständig neue und andere Angelegenheiten zum Gegenstand des Verfahrens macht und dieses so unendlich in die Länge ziehen könnte.

Die Zulässigkeit einer Klageänderung wird daher vom Gesetz an bestimmte Voraussetzungen geknüpft.

**hemmer-Methode:** Beim Prüfungsaufbau ist zu beachten, dass sich die Klageänderung auf den Streitgegenstand auswirkt. Es ist daher zweckmäßigerweise zunächst zu prüfen, ob überhaupt eine wirksam geänderte Klage vorliegt. Wenn dies der Fall ist, kommt es nur noch auf deren Zulässigkeit und Begründetheit an.

## II. Gliederung

**1. Zulässigkeit der geänderten Klage**

- Ordnungsgemäße Erhebung ⇨ (+), §§ 261 II 1.Alt, 297 I S. 3 ZPO
- Zulässigkeit der Klageänderung

**§ 264 ZPO (-)**

**Einwilligung des Beklagten** (-), weder rügelose Sacheinlassung, § 267 ZPO, noch ausdrückliche Einwilligung, § 263 ZPO

**(P): Sachdienlichkeit**
⇨ (-), bisheriger Streitstoff liefert keine verwertbare Entscheidungsgrundlage

⇨ Abweisung der geänderten Klage durch Prozessurteil

**2. Zulässigkeit der ursprünglichen Klage**

**(P): Ist über den ursprünglichen Streitgegenstand noch zu entscheiden?**

⇨ (+), bei unzulässiger Klageänderung bleibt der frühere Antrag rechtshängig

**3. Begründetheit der ursprünglichen Klage**

## III. Lösung

### 1. Zulässigkeit der geänderten Klage

Die geänderte Klage ist zulässig, wenn sie ordnungsgemäß erhoben wurde, die Klageänderung zulässig ist und die übrigen Prozessvoraussetzungen (für die geänderte Klage) vorliegen.

**hemmer-Methode:** Auf die ursprüngliche Klage kommt es vorerst überhaupt nicht an. Ein Eingehen auf sie wird erst und auch nur dann erforderlich, wenn die Klageänderung unzulässig ist.

#### a) Ordnungsgemäße Erhebung der geänderten Klage

Die geänderte Klage – Zahlung von 4.000,- € aus Kaufvertrag – müsste wirksam erhoben worden sein.

K erklärte die Klageänderung in der mündlichen Verhandlung. Die Erklärung ist eine Prozesshandlung, deren allgemeine Voraussetzungen hier vorlagen, insbesondere war K vor dem Amtsgericht selbst postulationsfähig.

Weiterhin müsste objektiv überhaupt eine Klageänderung gegeben sein. Dies ist dann der Fall, wenn nach Rechtshängigkeit der Klageantrag oder der Klagegrund geändert wird. K trägt mit dem Kaufvertrag einen völlig neuen Lebenssachverhalt vor. Es handelt sich dabei um eine sog. klageauswechselnde Klageänderung.

Mit der Klageänderung wird ein neuer prozessualer Anspruch in das Verfahren eingeführt. Dies ist gem. § 261 II 1.Alt. ZPO in der mündlichen Verhandlung möglich durch Antragstellung in der Form des § 297 ZPO, also einfach durch Erklärung zu Protokoll, § 297 I S. 3 ZPO. Die Rechtshängigkeit des neuen Streitgegenstands tritt mit der Erklärung sofort ein.

**hemmer-Methode:** Kommentieren Sie sich den § 297 ZPO neben den § 261 II 1.Alt. ZPO. Durch Zitierung beider Normen können Sie ohne großen Aufwand Pluspunkte beim Korrektor sammeln.

K hat die geänderte Klage ordnungsgemäß erhoben.

#### b) Zulässigkeit der Klageänderung

Die Zulässigkeit der Klageänderung ist eine besondere Prozessvoraussetzung. Sie ist gegeben, wenn ein Fall des § 264 ZPO vorliegt, sich der Beklagte rügelos zur Sache einlässt, ausdrücklich einwilligt oder das Gericht sie für sachdienlich erachtet.

##### aa) § 264 ZPO

Nach dem Wortlaut dieser Vorschrift sind die dort genannten Fälle nicht als Klageänderung anzusehen. Dies ist jedoch unpräzise formuliert.

Die Nr.1 stellt tatsächlich schon gar keine Klageänderung dar, da lediglich durch Änderungen des tatsächlichen oder rechtlichen Vorbringens der Streitgegenstand nicht modifiziert wird. Eine praktische Bedeutung hat diese reine Klarstellung nicht.

Nr.2 und Nr.3 hingegen sind sehr wohl Klageänderungen, da sowohl eine Änderung des Antrags (Nr.2) als auch des Klagegegenstandes (Nr.3) den prozessualen Anspruch beeinflussen. Für diese beiden Fälle ist § 264 ZPO so zu lesen, dass eine solche Klageänderung stets zulässig ist.

§ 264 ZPO ist aber überhaupt nur anwendbar, wenn der Klagegrund derselbe geblieben ist („... ohne Änderung des Klagegrundes"). Hier liegt aber eine klageauswechselnde Klageänderung vor. K hat den zugrunde liegenden Lebenssachverhalt komplett ausgetauscht, er möchte nun Zahlung aus Kaufvertrag statt aus Darlehen.

Da somit der Klagegrund gewechselt wurde, liegt eine nach § 264 ZPO privilegierte Klageänderung gerade nicht vor.

### bb) Einwilligung des Beklagten

Wenn der Beklagte einwilligt, ist gem. § 263 ZPO eine Klageänderung stets zulässig.

**hemmer-Methode:** Mit seiner Einwilligung verzichtet der Beklagte auf eine Entscheidung über die alte Klage. Er hat dann kein schutzwürdiges Interesse mehr, dass die Klageänderung dennoch als unzulässig abgewiesen würde.

Gem. § 267 ZPO wird die Einwilligung des Beklagten vermutet, wenn er sich rügelos zur Sache einlässt.

Ob er sich dabei der prozessualen Konsequenzen seines Handelns bewusst ist, spielt keine Rolle.

Erforderlich ist, wie bei § 39 ZPO, ein Verhandeln zur Hauptsache, also Erklärungen tatsächlichen oder rechtlichen Inhalts zum Streitgegenstand. Die Erörterung reiner Zulässigkeitsfragen ist nicht ausreichend.

Hier widersetzt sich B der Klageänderung, bevor er sich hilfsweise zur Hauptsache einlässt. Durch dieses Verhalten vermeidet B die Wirkungen des § 267 ZPO. Er rügt deutlich erkennbar, hilfsweise Sacheinlassungen sind dann unschädlich.

Da § 267 ZPO nicht eingreift, kommt es auf eine tatsächliche Einwilligung des Beklagten gem. § 263 1.Alt. ZPO an. Eine solche liegt gerade nicht vor.

**hemmer-Methode:** Prüfen Sie immer in der Reihenfolge § 267 ZPO vor § 263 ZPO. Wird die Einwilligung bereits vermutet (was nach § 267 ZPO schneller geht, als man –vor allem der Beklagte– denkt), kommt es auf eine tatsächliche Einwilligung nicht mehr an.

Die Klageänderung ist daher nicht wegen einer Einwilligung des Beklagten zulässig.

### cc) Sachdienlichkeit

Auch ohne Einwilligung des Beklagten kann das Gericht gem. § 263 2.Alt. ZPO die Klageänderung zulassen, wenn es sie für sachdienlich hält.

**Maßstab** bei der Beurteilung der Sachdienlichkeit ist die **Prozessökonomie**.

Eine Klageänderung ist danach zuzulassen, wenn

**(1)** die Zulassung die endgültige Beilegung des Streits fördert und einen neuen Prozess vermeidet und

**(2)** der bisherige Streitstoff eine verwertbare Entscheidungsgrundlage bleibt.

Bei Zulassung der Klageänderung des K kann durchaus von einer dann endgültigen Streitbeilegung ausgegangen werden.

Fraglich ist aber die Verwertbarkeit der bisherigen Prozessergebnisse. K trägt hier einen völlig neuen Prozessstoff vor. Die bisher erfolgte Vernehmung der zwei Zeugen kann in keiner Weise verwendet werden, da diese nur zum Darlehens-, aber nicht zum Kaufvertrag aussagten.

Eine Verwertung des bisherigen Streitstoffes ist nicht möglich, die Klageänderung des K daher unzulässig.

**hemmer-Methode:** Nicht gegen die Sachdienlichkeit spricht, dass für die geänderte Klage weitere Erklärungen und eine neue Beweisaufnahme nötig sind. Es muss aber irgendetwas vom bisherigen Prozess noch mit einfließen können.

Da die Klageänderung unzulässig ist, ist über diese als unzulässig abzuweisen. Fraglich ist, wie dann weiter verfahren wird.

## 2. Zulässigkeit der ursprünglichen Klage

### a) Auswirkungen der unzulässigen Klageänderung

Welche Konsequenzen sich aus der Unzulässigkeit der Klageänderung auf den weiteren Prozessverlauf ergeben, wird unterschiedlich beurteilt.

Das Problem ist, inwieweit über den alten Streitgegenstand, also die ursprüngliche Klage, noch entschieden werden muss.

So wird vertreten, dass wegen § 308 I ZPO die Entscheidung über den neuen Antrag (Abweisung als unzulässig) den Rechtsstreit beendet. Nach dieser Ansicht wird der alte Antrag durch die Klageänderung konkludent fallengelassen, über ihn muss das Gericht daher nicht mehr befinden. Etwas anderes solle nur gelten, wenn der alte Antrag ausdrücklich aufrechterhalten wird.

Dabei wird jedoch verkannt, dass bei einer unzulässigen Klageänderung die Rechtshängigkeit des alten Streitgegenstandes nie weggefallen ist. Ein „konkludentes Fallenlassen“ eines prozessualen Anspruchs ist der ZPO unbekannt. Um die Rechtshängigkeit des früheren Antrags zu beseitigen, bedürfte es vielmehr einer Klagerücknahme, wobei diese in der Regel nur noch mit Zustimmung des Beklagten, § 269 I ZPO, möglich ist.

**hemmer-Methode:** Es muss verhindert werden, dass sich der Kläger durch das Vorschieben einer Klageänderung unter Umgehung von § 269 I ZPO aus dem Prozess hinausschleichen kann.

Er könnte damit das Recht des Beklagten auf ein abweisendes Urteil umgehen und später über den ursprünglichen Streitgegenstand mangels entgegenstehender Rechtskraft, § 322 I ZPO, erneut Klage erheben.

Ist die Klageänderung unzulässig, ist somit über die ursprüngliche Klage zu entscheiden. Im vorliegenden Fall sind somit Zulässigkeit und Begründetheit der Klage des K auf Zahlung von 4.000,- € aus dem Darlehensvertrag zu prüfen.

#### b) Prozessvoraussetzungen für den ursprünglichen Antrag

Von der Zulässigkeit dieser Klage kann ohne weiteres ausgegangen werden, insbesondere im Hinblick auf die ohnehin schon stattgefundene mündliche Verhandlung, die zu dieser Sache rügelos verlief.

**hemmer-Methode:** Wird zu einem späteren Termin weiterverhandelt, und stellt dort K nicht erneut seinen ursprünglichen, sondern nur noch den geänderten Antrag, dann kann gegen ihn sogar ein Versäumnisurteil nach §§ 330, 333 ZPO ergehen. Zur alten Klage hat er dann ja nicht verhandelt.
Anders kann man das dann sehen, dass schon bei der Klageänderung ausgedrückt wird, dass man für den Fall ihrer Unzulässigkeit eine Entscheidung über den ursprünglichen Antrag wünscht.
In der Antragstellung läge dann ein ausreichendes Verhandeln zur Sache, welches einem Versäumnisurteil entgegenstünde.

### 3. Begründetheit des ursprünglichen Antrags

Ob dem K ein Anspruch auf Zahlung von 4.000,- € aus Darlehensvertrag zusteht, beurteilt sich nach materiellem Recht.

Nach der bisherigen Beweisaufnahme ist ein stattgebendes Urteil nicht wahrscheinlich.

## IV. Zusammenfassung

- Eine Klageänderung liegt vor, wenn nach Eintritt der Rechtshängigkeit der Streitgegenstand geändert wird.
- Die zulässige Klageänderung ist eine besondere Prozessvoraussetzung für die geänderte Klage.
- Eine Klageänderung ist zulässig, wenn ein Fall des § 264 ZPO vorliegt, wenn der Beklagte einwilligt, §§ 263 1.Alt., 267 ZPO, oder das Gericht dies für sachdienlich hält, § 263 2.Alt. ZPO.
- Sachdienlichkeit der Klageänderung liegt vor, wenn eine endgültige Streitbeilegung zu erwarten ist und die bisherigen Prozessergebnisse berücksichtigt werden können.
- Ist die Klageänderung zulässig, endet die Rechtshängigkeit des früheren Antrags. Es ist dann nur noch über die geänderte Klage zu entscheiden.
- Ist die Klageänderung unzulässig, so wird die geänderte Klage durch Prozessurteil abgewiesen und über die alte Klage entschieden.

## V. Zur Vertiefung

Hemmer/Wüst, ZPO I, Rn. 328 ff.

# Fall 22: Nachträgliche objektive Klagehäufung

***Sachverhalt:***

*B gründete im März eine Ich-AG. Mit Vertrag vom 5. April mietete er von K ein kleines Ladenlokal für monatlich 500,- € an. Gleichzeitig wurde vereinbart, dass er die Ladeneinrichtung zum Preis von 3.500,- € von K erwirbt. Da B alsbald von der Konsumflaute heimgesucht wurde, kam er nicht dazu, die Ladeneinrichtung zu zahlen. K erhob daraufhin vor dem Amtsgericht Klage. Bis zur mündlichen Verhandlung im November waren mittlerweile auch Mietrückstände in Höhe von 2.000,- € aufgelaufen. Diese macht K im Termin zusätzlich geltend. B entgegnet daraufhin, die Miete sei sowieso viel zu hoch und K ein kapitalistischer Ausbeuter. Dann überlegt sich B, dass es angesichts einer drohenden Pfändung oder Räumungsklage doch besser wäre, auf Zeit zu spielen, und erklärt daher, dass er vor dem Amtsgericht dazu nicht verhandeln wolle.*

***Frage:*** *Wie wird das Gericht entscheiden, wenn es sämtliche Belehrungen ordnungsgemäß vorgenommen hat?*

## I. Einordnung

Dass ein Kläger gegen einen Beklagten mehrere prozessuale Ansprüche geltend machen kann, ist selbstverständlich.

Bringt er die verschiedenen Streitgegenstände bereits mit seiner ersten Klageschrift ins Verfahren ein, so liegt eine anfängliche objektive Klagehäufung vor.

Wird ein zusätzlicher selbständiger Anspruch erst im Laufe des Verfahrens erhoben, so stellt dies eine nachträgliche objektive Klagehäufung dar. Unter welchen Voraussetzungen eine solche möglich ist, wird uneinheitlich beurteilt.

## II. Gliederung

**1. Zulässigkeit der Klage**

- **Antrag 1**: ordnungsgemäße Klageerhebung, § 253 I ZPO (+)
- **Antrag 2**: ordnungsgemäße Klageerhebung, §§ 261 II 1. Alt., 297 I S. 3 ZPO (+)

**(P):** **Klageänderung**, § 263 ZPO, bei nachträglicher Klagehäufung ⇨ (+) nach BGH

**(P):** **Sachliche Zuständigkeit des AG** zusammengerechneter Streitwert, §§ 5 1.Hs., 260 ZPO zwar 5.500,- €, damit Fall des § 506 ZPO

⇨ rügelose Sacheinlassung des B, § 39 ZPO, trotz Belehrung nach § 504 ZPO

**2. Zulässigkeit der Klagehäufung, § 260 ZPO**

(+), bereits inzident geprüft im Rahmen der sachlichen Zuständigkeit, § 5 ZPO

**3. Begründetheit der Klage**

## III. Lösung

### 1. Zulässigkeit der Klage

K macht zwei prozessuale Ansprüche gegen B geltend, Kaufpreiszahlung und Mietzahlung.

**hemmer-Methode:** Oftmals übersieht man eine Klagehäufung in der Klausur bzw. macht sich gar keine Gedanken dazu. Zeigen Sie dem Korrektor aber möglichst früh, dass Sie die Behandlung mehrerer prozessualer Ansprüche im Griff haben. So können sie „billige" Punkte sammeln.

#### a) Ordnungsgemäße Klageerhebung

Der Antrag auf Kaufpreiszahlung wurde durch Zustellung der Klageschrift ordnungsgemäß erhoben, § 253 I ZPO.

Der Antrag auf Zahlung der rückständigen Miete wurde erst während der Verhandlung mündlich geltend gemacht. Gem. § 261 II 1.Alt. ZPO ist dies möglich durch Erklärung zur Protokoll, § 297 I S. 3 ZPO.

**hemmer-Methode:** Wenn die Prüfung mehrerer Ansprüche weitgehend parallel verläuft, kann man die Zulässigkeit zur Vermeidung etwaiger Wiederholungen einheitlich abhandeln. Nur dort, wo es wirklich Differenzen gibt, sind diese anzusprechen. Ein Gespür für den richtigen Klausuraufbau entwickeln Sie am besten durch intensives Training, z.B. im Hemmer-Klausurenkurs.

#### b) Klageänderungstheorie

Durch die Erhebung des Antrags auf Mietzinszahlung wurde ein neuer selbständiger Streitgegenstand in den Prozess eingeführt. Damit liegt eine nachträgliche Klagehäufung vor.

Ob dies ohne Einschränkungen möglich ist oder ob nicht vielmehr die Voraussetzungen der Klageänderung, § 263 ZPO, gegeben sein müssen, ist umstritten.

Nach einer Ansicht sind Klageänderung und Klagehäufung grundverschieden. Daher bestünde überhaupt kein Bedürfnis für eine (analoge) Anwendung von § 263 ZPO. Der Kläger könnte genauso gut eine neue Klage wegen des zweiten Streitgegenstandes erheben, gegen die sich der Beklagte auch nicht zur Wehr setzen könnte. Durch die Gebührendegression hätte der Beklagte vielmehr sogar Vorteile durch die Klagehäufung.

Der BGH sieht dagegen die nachträgliche objektive Klagehäufung als Klageänderung i.S.d. § 263 ZPO an. Der Prozess erhalte einen neuen Streitgegenstand, worauf der Beklagte mit einer neuen Verteidigung antworten müsse.

Dadurch werde sein Vertrauen darauf, dass es im laufenden Prozess nur um den geltend gemachten Anspruch gehe, unterlaufen. Zudem ist es erforderlich, dass der Beklagte neue Fristen zur Verteidigung hinsichtlich des neuen Streitgegenstands erhält. Um ihn zu schützen, ist daher seine Zustimmung erforderlich, § 263 1.Alt. ZPO, wenn keine Sachdienlichkeit, § 263 2.Alt. ZPO oder ein Fall des § 264 ZPO vorliegt.

**hemmer-Methode:** Findet keine Änderung des Klagegrundes statt, sondern wird nur der Antrag erweitert (z.B. statt 10.000,- € nun 15.000,- € Verzugsschaden), so liegt eine Klageerweiterung vor. Diese ist nach § 264 Nr.2 ZPO stets zulässig.

Die besseren Gründe sprechen dafür, der Rechtsprechung zu folgen.

Zum einen ist auch nach dieser Ansicht die grundsätzliche notwendige Einwilligung des Beklagten wegen der weit zu verstehenden Sachdienlichkeit oftmals entbehrlich. Andererseits ist es auch keine Zumutung für den Kläger, eine neue Klage zu erheben, wenn er einen gänzlich neuen Streitstoff gegen den Beklagten vorbringt. Das Gericht kann dann die Verfahren immer noch nach § 147 ZPO verbinden.

### c) Zulässigkeit der Klageänderung, § 263 ZPO

Nach der Klageänderungstheorie ist der Antrag des K auf Mietzahlung, mit dem ein anderer Lebenssachverhalt vorgetragen wird, nur zulässig, wenn die Voraussetzungen des § 263 ZPO vorliegen.

Eine ausdrückliche Einwilligung des B gem. § 263 I 1.Alt. ZPO liegt zwar nicht vor, doch kommt es darauf gar nicht an, da die Einwilligung nach § 267 ZPO unwiderlegbar vermutet wird. Zumindest in dem B sich zur Höhe der Miete geäußert hat, verhandelte er zur Hauptsache. Eine spätere Rüge ist völlig unbeachtlich.

Außerdem ist die nachträgliche Klagehäufung hier auch sachdienlich.

Der neue Streit beruht ebenso wie der bisherige auf dem am 5. April zwischen den Parteien geschlossenen Vertrag.

Eine Klärung in diesem Verfahren ist als prozessökonomisch anzusehen. Sie dient dem Rechtsfrieden und kann unter Nutzung des bisherigen Streitstoffs erfolgen.

Die nachträgliche objektive Klagehäufung ist damit zulässig.

**hemmer-Methode:** Liegen die Voraussetzungen des § 263 ZPO nicht vor, so ist der neue Antrag durch Prozessurteil abzuweisen und sachlich nur über den alten Antrag zu entscheiden.

### d) Sachliche Zuständigkeit des Amtsgerichts

Der anfänglich erhobene Antrag auf Kaufpreiszahlung hat einen Streitwert von 3.500,- €, nach §§ 23 Nr.1, 71 I GVG war damit das Amtsgericht zuständig.

**hemmer-Methode:** § 23 Nr.2a GVG kommt hier nicht zur Anwendung, da es sich nicht um Wohnraum handelt. Für die örtliche Zuständigkeit gilt allerdings § 29a I ZPO. Dort kommt es nur darauf an, dass ein Mietverhältnis über Räume vorliegt, nicht zwingend über Wohnraum.

Eine spätere Änderung der zuständigkeitsbegründenden Umstände hat dann grundsätzlich keine Auswirkung mehr gem. § 261 III Nr.2 ZPO.

#### aa) Nachträgliche sachliche Unzuständigkeit, § 506 ZPO

Etwas anderes könnte sich aber nach § 506 ZPO ergeben. Nach dieser Vorschrift muss das Amtsgericht sich auf Antrag einer Partei für unzuständig erklären, wenn durch eine Erweiterung des Klageantrags die Zuständigkeit des Landgerichts eintritt.

Bei der nachträglichen objektiven Klagehäufung gilt § 506 ZPO entgegen dem Wortlaut nicht nur in den Fällen des § 264 Nr.2, 3 ZPO, sondern auch dann, wenn der neue Streitgegenstand auf einem anderen Klagegrund basiert.

Durch den im Laufe des Verfahrens erhobenen Anspruch auf Mietzahlung, der einen separaten Streitwert von 2.000,- € besitzt, erhöhte sich der Streitwert der gesamten Klage gem. § 5 1.Hs. ZPO auf 5.500,- €. Die beiden Ansprüche sind zusammenzurechnen, da die Voraussetzungen des § 260 ZPO gegeben sind und damit eine zulässige objektive Klagehäufung vorliegt.

**hemmer-Methode:** Bei § 5 1.Hs. ZPO sind zwingend die Voraussetzungen des § 260 ZPO zu prüfen, da nur dann eine Zusammenrechnung stattfinden kann. Dies wird gern übersehen, kommentieren Sie es sich also entsprechend. Liegen die Voraussetzungen des § 260 ZPO offensichtlich vor, dann können Sie sich an dieser Stelle aber so kurz wie hier fassen.

Tritt ein Fall des § 506 ZPO ein, so hat das Amtsgericht gem. § 504 ZPO die Parteien darüber zu belehren.

Beantragt eine daraufhin die Verweisung an das Landgericht, § 281 I ZPO, so ist der gesamte Rechtsstreit –und nicht nur der später erhobene Anspruch– zu verweisen.

Wenn die Erklärung des B, er möchte zu den Mietzahlungen nicht vor dem Amtsgericht verhandeln, beachtlich ist, wird daher die komplette Klage inklusive des Antrags auf Kaufpreiszahlung zum Landgericht verwiesen. Die Mehrkosten müsste K auch dann tragen, wenn er in der Hauptsache obsiegt, § 281 III S. 2 ZPO.

**bb) Rügelose Einlassung, § 39 ZPO**

Allerdings könnte die Zuständigkeit des Amtsgerichts für den gesamten Rechtsstreit über § 39 S. 1 ZPO begründet worden sein. Als B erklärte, er wolle nicht vor dem Amtsgericht verhandeln, hatte er sich bereits zur Höhe der Miete geäußert.

Damit lag bereits ein Verhandeln zur Hauptsache vor, das Amtsgericht wurde dadurch zuständig.

Dies gilt jedoch gem. § 39 S. 2 ZPO dann nicht, wenn die Belehrung nach § 504 ZPO unterblieb. Im vorliegenden Fall wurden aber alle Belehrungen korrekt durchgeführt.

**hemmer-Methode:** § 506 ZPO soll vor der Erschleichung der Zuständigkeit des Amtsgerichts schützen. Da dort wegen des fehlenden Anwaltszwangs auch rechts-unkundige Personen verhandeln können, müssen diese, um dem Schutzzweck gerecht zu werden, auf die Folgen eines rügelosen Verhandelns hingewiesen werden, § 504 ZPO. § 39 S. 2 ZPO stellt dann konsequenterweise sicher, dass ohne die Belehrung auch nach § 39 S. 1 ZPO die Zuständigkeit nicht begründet wird.

Infolge rügeloser Einlassung ist das Amtsgericht zuständig, § 39 S. 1 ZPO.

Die Klage ist zulässig.

**2. Zulässigkeit der objektiven Klagehäufung, § 260 ZPO**

Die Voraussetzungen des § 260 ZPO liegen vor, insbesondere findet jeweils das Urteilsverfahren statt und es besteht kein Verbindungsverbot.

**hemmer-Methode:** Ob man diesen Punkt nochmals kurz anspricht, wenn man ihn schon bei § 5 ZPO inzident geprüft hat, ist sicherlich Geschmacksfrage.
So können Sie aber zeigen, dass Sie wissen, dass es sich bei § 260 ZPO gerade nicht um eine Zulässigkeitsvoraussetzung handelt.

### 3. Begründetheit der Klage

Das Amtsgericht wird sachlich über beide Anträge entscheiden.

## IV. Zusammenfassung

- Wird in einen anhängigen Rechtsstreit gem. § 261 II ZPO ein neuer selbständiger Streitgegenstand eingebracht, so liegt eine nachträgliche objektive Klagehäufung vor.
- Dies ist nach der Rechtsprechung nur zulässig, wenn die Voraussetzungen der Klageänderung, § 263 ZPO (analog), gegeben sind.
- Wird ohne Einbringung eines neuen Klagegrundes nur der Antrag geändert, so liegt eine Klageerweiterung vor. Diese ist nach § 264 I Nr.2 ZPO stets zulässig.
- Für nachträgliche objektive Klagehäufung und Klageerweiterung gilt als Ausnahme zu § 261 III Nr.2 ZPO der § 506 ZPO.

# Fall 23: Einseitige Erledigterklärung

***Sachverhalt:***

*Bauunternehmer K reicht am 15.10. Klage gegen seinen Auftraggeber B auf Zahlung von 4.000,- € aus Werkvertrag ein, da dieser trotz mehrfacher Mahnungen bisher nicht geleistet hatte. Die Klage wird dem B am 29.10. ordnungsgemäß zugestellt, der frühe erste Termin wird auf den 7.12. festgesetzt. In der Verhandlung trägt B vor, er habe bereits am 8.11. gezahlt. K hält daraufhin kurz Rücksprache mit seiner Buchhaltung und erklärt dann, dies stimme und damit habe sich die Sache für ihn erledigt. B ist der Auffassung, dies hätte dem K schon früher einfallen können. Jetzt, wo er schon vor Gericht „gezerrt" worden sei, möchte er auch ein klageabweisendes Urteil.*

***Frage:** Wie wird das Gericht entscheiden?*

## I. Einordnung

Wurde auf eine eingeklagte Forderung bereits gezahlt, so ist die Klage im Zeitpunkt der letzten mündlichen Verhandlung unbegründet, da der Anspruch gem. § 362 I BGB erloschen ist.

Geschah die Erfüllung schon vor Rechtshängigkeit, so kann der Kläger die Klage nach § 269 III S. 3 ZPO zurücknehmen. Folge ist eine Kostenentscheidung des Gerichts nach billigem Ermessen.

Ist aber die Rechtshängigkeit durch Zustellung an den Beklagten bereits eingetreten, so muss der Kläger bei einer Klagerücknahme gem. § 269 III S. 2 ZPO grundsätzlich die Kosten tragen.

Erklärt er hingegen die Erledigung, § 91a ZPO, so ist er auf eine Einwilligung des Beklagten angewiesen, damit es zu einer Kostenentscheidung nach billigem Ermessen kommt.

Um dieses missliche Ergebnis abzuwenden, kann der Kläger die Klage einseitig für erledigt erklären.

**hemmer-Methode:** Die einseitige Erledigterklärung ist im Gesetz nicht geregelt, insbesondere ist § 91a ZPO nicht anwendbar. Sie ist jedoch allgemein anerkannt, da es ansonsten zu offensichtlich unbilligen Ergebnissen kommt. Lediglich ihre Rechtsnatur ist umstritten. Diese Konstellation (gleiches Ergebnis bei unterschiedlicher Begründungsmöglichkeit) eignet sich hervorragend für eine Klausur.

## II. Gliederung

**1. Zulässigkeit der Feststellungsklage**

**(P): Zulässigkeit der einseitigen Erledigungserklärung**

⇨ (+), nach h.M. wegen § 264 Nr.2 ZPO stets zulässige Klageänderung in eine Feststellungsklage

**Feststellungsinteresse**, § 256 I ZPO
⇨ (+), da der Kläger ansonsten keine Möglichkeit hat, den Prozess ohne Kostentragung zu beenden

**Sonstige Zulässigkeitsvoraussetzungen**

**2. Begründetheit der Feststellungsklage**

- **Zulässigkeit der ursprünglichen Leistungsklage** zum Zeitpunkt des erledigenden Ereignisses ⇨ (+)
- **Begründetheit der ursprünglichen Leistungsklage** zum Zeitpunkt des erledigenden Ereignisses ⇨ (+)
- **Eintritt eines Erledigungsereignisses** ⇨ (+), durch Zahlung wurde ursprüngliche Leistungsklage unbegründet

## III. Lösung

Die Entscheidung des Gerichts richtet sich nach dem Antrag des Klägers, § 308 I ZPO.

K hat in der mündlichen Verhandlung die Hauptsache für erledigt erklärt.

Erklärt der Kläger die Erledigung im Prozess, so geht er selbst davon aus, dass seine Klage jetzt unzulässig oder unbegründet ist. Er erwartet aber, dass bei der Kostenentscheidung die seiner Ansicht nach zunächst bestehenden Erfolgsaussichten berücksichtigt werden.

Da B nicht zugestimmt hat und kein Fall des § 91a I S. 2 ZPO gegeben ist, liegt keine übereinstimmende Erledigungserklärung, § 91a ZPO, vor. Das Gericht hat somit über den einseitigen Erledigungsantrag des K zu entscheiden. Dieser hat Aussicht auf Erfolg, wenn er zulässig und begründet ist.

### 1. Zulässigkeit der Feststellungsklage

#### a) Zulässigkeit der einseitigen Erledigungserklärung

Wie die einseitige Erledigungserklärung des Gegners prozessual zu behandeln ist, wird nicht einheitlich beurteilt.

#### aa) Klagerücknahmetheorie

Nach einer in der Rechtslehre vertretenen Ansicht handelt es sich bei der einseitigen Erledigungserklärung um eine besondere Form der Klagerücknahme, welche nicht die Kostenfolge des § 269 III S. 2 ZPO auslöse. Dies ist jedoch mit dem eindeutigen Wortlaut des Gesetzes nicht zu vereinbaren.

Auch eine analoge Anwendung des § 269 III S. 3 ZPO kommt nicht in Betracht, da es an einer vergleichbaren Interessenlage fehlt. Im Falle der Rücknahme vor Rechtshängigkeit existierte überhaupt noch keine Klage, im Falle der einseitigen Erledigungserklärung hingegen schon. Dementsprechend hat der Kläger bei dieser auch ein Recht darauf, nicht nur eine Kostenentscheidung nach billigem Ermessen zu erhalten, sondern durch Urteil eine verbindliche Entscheidung über die Erfolgsaussichten der ursprünglichen Klage zu bekommen.

#### bb) Klageänderungstheorie

Die ganz h.M. sieht in der einseitigen Erledigungserklärung eine Klageänderung in eine Feststellungsklage.

Streitgegenstand ist nunmehr die Feststellung, dass die ursprüngliche Klage zulässig und begründet war und durch ein bestimmtes Ereignis nach Rechtshängigkeit unzulässig und/oder unbegründet wurde.

Eine solche Klageänderung, die eine Beschränkung des ursprünglichen Antrags darstellt, ist nach § 264 Nr.2 ZPO stets zulässig.

#### cc) Rechtsinstitut sui generis

In der Rechtslehre wird noch vertreten, eine Klageänderung liege nicht vor, da das festzustellende Erledigungsereignis eine Tatsache und kein Rechtsverhältnis i.S.d. § 256 I ZPO sei.

Danach handle es sich bei der einseitigen Erledigterklärung um ein Rechtsinstitut sui generis. Der Kläger begehre einfach die Entscheidung, dass sich die Hauptsache erledigt habe.

Dies ist jedoch aus Gründen der Rechtssicherheit abzulehnen. Die Klageänderungstheorie hat hinreichende dogmatische Konturen und kann im Gesetzeswortlaut, § 264 Nr.2 ZPO, verortet werden. Ein Bedürfnis für ein Institut sui generis besteht daher nicht.

**hemmer-Methode:** Seien Sie mit der Annahme von „sui generis“ genauso vorsichtig wie mit der von § 242 BGB im materiellen Recht. Nur in bekannten Fallkonstellationen, wo es keine dogmatisch vernünftige Lösung gibt, sollten sie darauf zurückgreifen.

**dd) Ergebnis**

Die Erledigungserklärung des K stellt eine nach § 264 Nr.2 ZPO zulässige Klageänderung dar.

**hemmer-Methode:** Stellt der Kläger nach Vornahme der Klageänderung fest, dass sein ursprünglicher Antrag doch erfolgreich ist, ist eine erneute Klageänderung, mit der der Kläger zu seinem alten Antrag zurückkehren will, unter den Voraussetzungen der §§ 263, 264 ZPO problemlos möglich (BGH, Life&Law 2002, 231 ff.).
Häufig wird man den Hauptantrag aber als Hilfsantrag neben dem Erledigungsantrag aufrechterhalten. Hat eine Erledigung dann nicht stattgefunden, kann ohne weiteres über den Hauptantrag entschieden werden.

Er begehrt nunmehr Feststellung, dass seine zulässige und begründete Klage durch ein erledigendes Ereignis unzulässig und/oder unbegründet wurde.

**b) Feststellungsinteresse, § 256 I ZPO**

Da die geänderte Klage eine Feststellungsklage ist, bedarf es gem. § 256 I ZPO eines besonderen Feststellungsinteresses.

Dieses ist hier darin zu sehen, dass K als Kläger sonst keine Möglichkeit hat, den Prozess ohne Kostentragungspflicht zu beenden.

Bei Aufrechterhaltung des ursprünglichen Antrags würde er den Prozess verlieren und müsste daher nach § 91 ZPO die Kosten tragen. Das gleiche gilt, falls er verzichtet, § 306 ZPO, oder die Klage zurücknimmt, § 269 III S. 2 ZPO.

**hemmer-Methode:** Eine Rücknahme scheidet hier auch deswegen aus, da gem. § 269 I ZPO der Beklagte zustimmen müsste, B aber auf einem streitigen Urteil beharrt.

Eine Kostenentscheidung zu Lasten des Klägers wäre jedoch unvereinbar mit den ursprünglich bestehenden Erfolgsaussichten der Klage.

**c) Sonstige Zulässigkeitsvoraussetzungen**

Die übrigen Zulässigkeitsvoraussetzungen der Feststellungsklage liegen vor.

## 2. Begründetheit der Feststellungsklage

Die Feststellungsklage ist begründet, wenn sich die Leistungsklage des K erledigt hat.

Erledigung der Hauptsache liegt vor, wenn der ursprüngliche Antrag des Klägers durch ein Ereignis nach Eintritt der Rechtshängigkeit gegenstandslos geworden ist.

**hemmer-Methode:** Vor Rechtshängigkeit gibt es schon begrifflich keine Hauptsache, die sich erledigen kann. In diesem Fall gilt vielmehr § 269 III S. 3 ZPO, es ist für den Kläger daher am günstigsten, wenn er die Klage zurücknimmt und einen Kostenantrag gem. §§ 269 III S.3, IV ZPO zu stellen.
Er muss dies allerdings nicht tun, sondern kann ohne Antrag gem. § 269 III S.3, IV ZPO die Kosten der Klagerücknahme selbst tragen und im Rahmen eines eigenständigen Prozesses gegenüber dem Beklagten geltend machen, wenn ihm ein materiell-rechtlicher Anspruch auf Erstattung der Kosten zusteht (z.B. §§ 280 I, II, 286 BGB wegen verzögerter Zahlung), BGH, Life & Law 2013, 502 ff. Dem Kläger fehlt für diesen Weg nicht das Rechtsschutzbedürfnis, weil der Weg über den Antrag gem. §§ 269 III S.3, IV ZPO nicht immer der sicherste ist.

Dies setzt allerdings voraus, dass die Klage im Zeitpunkt des erledigenden Ereignisses zulässig und begründet war.

**hemmer-Methode:** Passen Sie an dieser Stelle auf. Ob die Klage von Anfang an zulässig und begründet war, ist irrelevant. Lediglich im Zeitpunkt des erledigenden Ereignisses muss sie dies gewesen sein. Beispiel: Wird vor einem unzuständigen Gericht geklagt, ist die Klage unzulässig. Stellt der Kläger dann aber einen Verweisungsantrag an das zuständige Gericht, fällt der Unzulässigkeitsgrund weg. Wenn nun danach Erledigung eintritt, war die ursprüngliche Klage *in diesem Zeitpunkt* zulässig.

Als potentielles Erledigungsereignis kommt die Zahlung des B am 8.11. in Betracht. Es ist daher zu prüfen, ob zu diesem Zeitpunkt die Leistungsklage des K zulässig und begründet war.

**hemmer-Methode:** An dieser Stelle kann man hinsichtlich des Aufbaus geteilter Meinung sein. So ist es keineswegs falsch, zuerst zu prüfen, ob tatsächlich ein erledigendes Ereignis vorliegt. Dies bietet sich insbesondere dann an, wenn das Ereignis vor Rechtshängigkeit liegt und damit überhaupt keine Erledigung eingetreten sein kann. Im Regelfall ist es aber besser, wenn man zu Beginn bestimmt, was als *potentielles* Erledigungsereignis in Betracht kommt (ob es *tatsächlich* eines ist, wird weiter unten geklärt) und dann wie hier dreistufig weiterprüft.

### a) Zulässigkeit der Leistungsklage

Die Klage des K auf Zahlung von 4.000,- € war zunächst zulässig, da am 8.11. alle Prozessvoraussetzungen vorlagen.

#### b) Begründetheit der Leistungsklage

Zu diesem Zeitpunkt war die Zahlungsklage auch begründet, da der unbestrittene Anspruch auf Werklohn noch nicht gem. § 362 I BGB durch Erfüllung erloschen war.

#### c) Erledigungsereignis

Die Hauptsache hat sich durch ein Ereignis erledigt, wenn sie durch dieses unzulässig und/oder unbegründet geworden ist.

Man kann zwischen Erledigung in prozessualer und in sachlicher Hinsicht unterscheiden. Prozessuale Erledigungsereignisse sind etwa der Wegfall des Feststellungsinteresses oder der Verlust der Parteifähigkeit.

Als sachliche Erledigungsereignisse kommen die Erfüllung, die Aufrechnung, der Untergang der herausverlangten Sache oder ein außergerichtlicher Vergleich, § 779 BGB, in Betracht.

Durch die Zahlung des B wurde die Werklohnforderung des K erfüllt, § 362 I BGB, und erlosch damit. Die Leistungsklage des K hat sich somit in sachlicher Hinsicht erledigt.

Die zulässige Feststellungsklage des K ist damit auch begründet. Er wird den Prozess gegen B gewinnen.

**hemmer-Methode:** Anders als bei der übereinstimmenden Erledigterklärung ist die Entscheidung des Gerichts über die Feststellungsklage bei der einseitigen Erledigterklärung materiell rechtskräftig.

## IV. Zusammenfassung

- Erklärt der Kläger die Hauptsache einseitig für erledigt, so stellt dies eine nach § 264 Nr.2 ZPO stets zulässige Klageänderung in eine Feststellungsklage dar.
- Der Kläger begehrt, festzustellen, dass seine zulässige und begründete Klage durch ein erledigendes Ereignis nach Rechtshängigkeit unzulässig und/oder unbegründet wurde.
- Das Feststellungsinteresse, § 256 I ZPO, folgt daraus, dass es für den Kläger sonst keine Möglichkeit gibt, den Prozess ohne Kostentragungspflicht zu verlassen.
- Die Klage muss nur im Zeitpunkt des erledigenden Ereignisses zulässig und begründet gewesen sein.
- Fällt der Anlass zur Klageerhebung vor Rechtshängigkeit weg, so greift § 269 III S. 3 ZPO bei Klagerücknahme ein.

## V. Zur Vertiefung

- Hemmer/Wüst, ZPO I, Rn. 343 ff.
- Wird aufgrund eines für vorläufig vollstreckbar erklärten Versäumnisurteils eine Räumungsvollstreckung durchgeführt, und legt der Beklagte Einspruch gegen das VU ein, hat die Räumung nicht die Wirkung eines erledigenden Ereignisses, BGH, Life & Law 2014, 567 ff.

# Fall 24: Klageänderung durch Beschränkung

***Sachverhalt:***

*K hat in den letzten Jahren an der Börse durch Aktien- und Derivategeschäfte viel Geld verloren. Nach längeren Gesprächen mit seinem Anwalt R ist er nunmehr zu der Gewissheit gekommen, dass seine Bank B an allem Schuld sei. Schließlich habe sie ihn nicht vor jedem potentiell verlustbringenden Geschäft aufs Neue in einem fünfstündigen Gespräch aufgeklärt. K verklagt daraufhin die B auf Schadensersatz in Höhe von 560.000,- €. Der Prozess läuft allerdings gar nicht gut. R überzeugt den K, dass dies nur daran liege, dass der Richter und der Bankdirektor alte Freunde seien. Er rät daher dazu, zur Vermeidung eines abweisenden Urteils über den Gesamtbetrag die Klage doch auf 1.000,- € zu ermäßigen und es mit dem Rest später nochmals vor einem anderen Gericht zu probieren. K ist einverstanden. R stellt daher in der nächsten, nunmehr dritten mündlichen Verhandlung, den entsprechenden Antrag. Die B meint entrüstet, so einfach könne sich K ja nun wirklich nicht aus dem Prozess stehlen und verlangt vollumfängliche Klageabweisung.*

***Frage:*** *Wie wird das Gericht entscheiden?*

## I. Einordnung

Wird der Klageantrag beschränkt, so ändert sich der Streitgegenstand. Es liegt ein Fall des § 264 Nr.2 ZPO vor.

Hätte das Gericht nun tatsächlich nur noch über den reduzierten Antrag zu entscheiden, so würde auch lediglich dieser Teil der materiellen Rechtskraft zugeführt, § 322 I ZPO. Der Rest vom ursprünglich eingeklagten Betrag wäre damit aus dem Prozess entfernt und könnte zum Gegenstand einer neuen Klage gemacht werden.

Ob dies ohne weiteres möglich ist, ist umstritten.

## II. Gliederung

**1. Zulässigkeit der geänderten Klage**

- **Ordnungsgemäße Erhebung**
  ⇨ (+), §§ 261 II 1.Alt, 297 I S. 3 ZPO
- **Sachliche Zuständigkeit** des LG
  ⇨ (+), § 261 III Nr.2 ZPO
- **(P): Zulässigkeit der Klageänderung**
  ⇨ (+) Fall des § 264 Nr.2 ZPO,
  **Problem:** Beschränkung hier gleichzeitig teilweise Klagerücknahme, so dass kumulativ § 269 ZPO Anwendung findet.
- ⇨ Zustimmung zur Rücknahme hinsichtlich des Differenzbetrages liegt nicht vor, d.h. über Restbetrag muss trotzdem entschieden werden, da Rechtshängigkeit fortbesteht.

**2. Zulässigkeit der ursprünglichen Klage**

**3. Begründetheit der ursprünglichen Klage**

## III. Lösung

Das Gericht wird nur noch über den neuen Antrag des K entscheiden, wenn eine zulässige Klagebeschränkung vorliegt.

### 1. Zulässigkeit der geänderten Klage

#### a) Ordnungsgemäße Klageerhebung

Durch Erklärung der Klagebeschränkung in der mündlichen Verhandlung wurde der neue Antrag ordnungsgemäß erhoben, §§ 261 II 1.Alt., 297 I S. 3 ZPO.

Insbesondere war der K durch R vor dem Landgericht ordnungsgemäß vertreten, § 78 I ZPO.

#### b) Sachliche Zuständigkeit

Zwar fällt der neue Antrag nach §§ 71 I, 23 Nr.1 GVG in die Zuständigkeit der Amtsgerichte, da er jedoch eine Beschränkung der schon rechtshängigen Hauptsache darstellt, bleibt das Landgericht gem. § 261 III Nr.2 ZPO zuständig.

**hemmer-Methode:** Hinter dieser Regelung (sog. perpetuatio fori) steht der Gedanke der Verfahrensökonomie. Es soll das Gericht, welches sich bereits mit der Sache beschäftigt hat, entscheiden. Bei einer Verweisung des Verfahrens müsste sich das andere Gericht in den Fall erst wieder komplett einarbeiten, was zu einer unnötigen Verzögerung des Prozesses führen würde.

#### c) Zulässigkeit der Klageänderung

Der ursprüngliche Antrag auf Zahlung von Schadensersatz in Höhe von 560.000,- € wird auf 1.000,- € reduziert. Eine Änderung des Klagegrundes liegt nicht vor.

Damit handelt es sich um einen Fall des § 264 Nr.2 ZPO, also eine stets zulässige Klageänderung.

#### d) Bezogen auf Rest: Klagerücknahme, Verzicht oder Erledigung?

§ 264 Nr.2 ZPO erklärt jedoch nur die Änderung für zulässig, sagt jedoch nichts darüber, was mit dem den jetzigen Teil übersteigenden ursprünglichen Klageteil passiert.

Im Falle einer Klagebeschränkung ist durch Auslegung zu ermitteln, was im Hinblick auf den Rest geschehen soll. Theoretisch denkbar wären Verzicht, Klagerücknahme oder einseitige Erledigungserklärung.

Lässt der Kläger erkennen, dass er unberechtigt oder irrtümlich zu viel verlangt hat, so ist hinsichtlich des Differenzbetrages von einer <u>Klagerücknahme</u> auszugehen. § 269 ZPO ist damit neben § 264 Nr.2 ZPO anwendbar.

Wurde der Anspruch des Klägers teilweise erfüllt und deswegen die Klage beschränkt, so ist dies als <u>Erledigterklärung</u> in Höhe des Erfüllungsbetrages anzusehen.

Erkennt der Kläger, dass er mit dem Restbetrag keinen Erfolg haben kann, weil die Forderung nie bestand, ist auch die Auslegung als <u>Verzicht</u> denkbar.

#### Auslegung im vorliegenden Fall

Vorliegend – und das wird die Regel sein – ergibt sich, dass eine Klagerücknahme gewollt ist (und kein Verzicht). Denn bei Klagerücknahme besteht die Möglichkeit, ggfs. später erneut klagen zu können (z.B. wenn sich die Beweissituation verbessert hat).

Aufgrund des Prozessverhaltens des K ist bezüglich der Differenz zwischen 560.000,- € und 1.000,- € von einer Klagerücknahme auszugehen. Eine Erfüllung durch B ist nicht eingetreten (keine Erledigterklärung) und auch ein endgültiger Verzicht auf die Restforderung ist nicht ersichtlich (kein Verzicht, § 306 ZPO). § 269 ZPO ist daher neben § 264 Nr.2 ZPO anzuwenden.

### e) Hier Teilrücknahme, daher § 269 I ZPO relevant

Daher ist vorliegend neben § 264 Nr.2 ZPO die Vorschrift des § 269 I ZPO zu prüfen.

Für eine wirksame Klagerücknahme bedürfte er aber, da bereits die dritte mündliche Verhandlung stattfindet, der Zustimmung des Beklagten, § 269 I ZPO. Diese für entbehrlich zu befinden, nur weil die Klagerücknahme als Klagebeschränkung „getarnt" wird, ist weder sinnvoll noch interessengerecht.

Das Einwilligungserfordernis in § 269 I ZPO besteht aus guten Gründen. Da durch die Klagerücknahme die Rechtshängigkeit beendet wird, kann der Kläger den zurückgenommenen Betrag später erneut einklagen. Genau vor einem solchen endlosen Prozessieren soll derjenige, der einmal verklagt wurde, geschützt werden. Wenn schon zur Sache verhandelt wurde, dann hat der Beklagte auch ein Recht auf ein klageabweisendes Urteil, welches durch seine materielle Rechtskraft, § 322 I ZPO, für eine Beendigung des Rechtsstreits geeignet ist.

Der Kläger, der erst im Laufe des Verfahrens merkt, dass er ursprünglich zu viel gefordert hat, ist hingegen in aller Regel nicht schutzwürdig. Er hat den Streit begonnen, daher muss er von Anfang an damit rechnen, in vollem Umfang zu unterliegen.

Es ist ihm daher nicht zuzugestehen, dass er über die Klagebeschränkung ohne Einwilligung des Beklagten einen Teil seiner Forderung aus dem Prozess „hinausretten" kann.

**hemmer-Methode:** Der vorliegende Fall ist ein krasses Beispiel. Denken Sie jedoch in der Klausur immer an die Problematik, auch wenn überhaupt kein Missbrauchsversuch vorliegt. Werden zum Beispiel 1.000,- € zuzüglich 12 % Zinsen eingeklagt, der Zinsantrag aber dann auf 8 % reduziert, so ist neben § 264 Nr.2 ZPO auch hier § 269 I ZPO anzuwenden. Hinsichtlich von 4 % Zinsen muss die Klage also zurückgenommen werden.

Da die nach § 269 I ZPO erforderliche Einwilligung nicht vorliegt, ist trotz § 264 Nr.2 ZPO über den gesamten ursprünglichen Anspruch zu entscheiden.

### 2. Zulässigkeit der ursprünglichen Klage

Da die Klagerücknahme unwirksam ist, ist über den Teil der Ausgangsklage streitig zu entscheiden.

**hemmer-Methode:** Dies ist ja gerade Sinn und Zweck des Einwilligungserfordernisses nach § 269 I ZPO. In der Regel wird der ursprünglichen Klage dann nicht stattgegeben werden können; andernfalls würde der Kläger sie wohl kaum zurücknehmen wollen bzw. der Beklagte hätte bei bestehenden Erfolgsaussichten wohl kein Problem damit, der Rücknahme zuzustimmen.

Es ist somit über die gesamte ursprüngliche Klage, Schadensersatz in Höhe von 560.000,- € streitig zu entscheiden.

Vom Vorliegen der Prozessvoraussetzungen kann ausgegangen werden, zumal schon mehrfach mündlich verhandelt wurde.

**hemmer-Methode:** Ein Teilversäumnisurteil nach §§ 330, 333 ZPO kommt gegen K nicht in Betracht, auch wenn er in diesem Termin nur noch zur geänderten Klage verhandelt. Ein teilweises Nichtverhandeln (bezüglich des Rests) liegt nämlich nur dann vor, wenn ein selbständiger Teil eines Anspruchs betroffen ist. Davon kann hier nicht ausgegangen werden, weil es um eine einheitliche Anspruchsgrundlage geht.

### 3. Begründetheit des ursprünglichen Antrags

Ob dem K ein Anspruch auf Schadensersatz in Höhe von 560.000,- € zusteht, beurteilt sich nach materiellem Recht.

Nach dem bisherigen Prozessverlauf ist ein in vollem Umfang stattgebendes Urteil nicht wahrscheinlich.

**hemmer-Methode:** Normalerweise würde man auf den Betrag beschränken, den man dann auch (sicher) bekommen kann. Im Urteil würde eine Verurteilung in diesem Umfang stattfinden und bezogen auf den Rest – wegen fehlender Einwilligung des Beklagten – eine Abweisung erfolgen.

## IV. Zusammenfassung

- Reduziert der Kläger nur seinen Antrag, so liegt eine Klagebeschränkung nach § 264 Nr.2 ZPO vor.
- Allein durch die Erklärung der Klagebeschränkung wird die Rechtshängigkeit der übrigen Klage nicht beseitigt. Hinsichtlich dieser sind spezielle Normengruppen (insbesondere Klagerücknahme) einschlägig.
- Ergibt sich, dass der Kläger ursprünglich unberechtigt oder irrtümlich zu viel beantragt hat und beschränkt er deswegen die Klage, so ist von einem Teilverzicht auszugehen.
- Kann der Kläger den Rest der Forderung nicht beweisen, ist von einer Teilklagerücknahme auszugehen, so dass gem. § 269 I ZPO die Zustimmung des Beklagten erforderlich ist.
- Ohne die nach § 269 I ZPO erforderliche Einwilligung des Beklagten ist nach wie vor über den gesamten Antrag zu entscheiden.

# 3. Abschnitt: Verteidigungshandlungen des Beklagten

## Fall 25: Prozessaufrechnung

***Sachverhalt:***

*K verklagt den B auf Zahlung von 10.000,- € aus Kaufvertrag. B bestreitet die Forderung in der mündlichen Verhandlung vehement. Als er aus den Äußerungen des Richters aber schließt, dass er dennoch verlieren wird, erklärt er die Aufrechnung mit einer Forderung aus unerlaubter Handlung, die ihm gegen den K zustehe. K bestreitet die Forderung und meint, dass eine solche Aufrechnung überdies wegen § 393 BGB nicht in Betracht komme. Das Gericht wertet den Aufrechnungseinwand als Prozessverschleppung, weist ihn als verspätet zurück und verurteilt den B zur Zahlung von 10.000,- €.*

***Frage:*** *Hätte eine Klage des B gegen K auf Schadensersatz wegen unerlaubter Handlung Erfolg, wenn der Anspruch dem Grunde nach vorlag?*

### I. Einordnung

Die Erklärung der Aufrechnung im Prozess hat zwei Wirkungen: Sie ist einmal materiell-rechtliche Willenserklärung, §§ 388 S. 1, 389 BGB, andererseits Prozesshandlung. Daher wird sie als doppelfunktionale Prozesshandlung bzw. Doppeltatbestand bezeichnet. Dies bedeutet jedoch nicht, dass die Wirksamkeit stets einheitlich zu beurteilen ist. So kommt es einerseits auf die Vorschriften über die Willenserklärungen, §§ 104 ff. BGB, an, andererseits auf die allgemeinen Prozesshandlungsvoraussetzungen.

Probleme ergeben sich dann, wenn die Aufrechnung zwar materiell-rechtlich wirksam erklärt wird, im Verfahren aber aus prozessualen Gründen keine Beachtung findet.

Einmal ist fraglich, ob einer erneuten Klage über die Aufrechnungsforderung wegen § 322 II ZPO schon die materielle Rechtskraft des bereits ergangenen Urteils entgegensteht.

Zum anderen könnte die Aufrechnungsforderung auch nach materiellem Recht bereits erloschen sein.

### II. Gliederung

**1. Zulässigkeit der Klage**

**(P): Entgegenstehende Rechtskraft** des ersten Urteils, § 322 II ZPO

⇨ (-), keine Rechtskraftwirkung, wenn die Aufrechnung aus prozessualen Gründen für unzulässig erklärt wird

**2. Begründetheit der Klage**

**(P):** Forderung **durch Aufrechnung** im ersten Prozess bereits **erloschen**

- Im Prozess erklärte Aufrechnung hat auch materiell-rechtliche Wirkungen (**doppelfunktionale Prozesshandlung**)
- Aufrechnung war materiell-rechtlich nicht nach § 393 BGB unzulässig, da nicht gegen, sondern mit Forderung aus unerlaubter Handlung aufgerechnet

- Nach h.M. verliert der Beklagte seine Forderung aber nicht, wenn der Aufrechnungseinwand aus prozessualen Gründen zurückgewiesen wird

## III. Lösung

Die Klage des B gegen K auf Schadensersatz aus unerlaubter Handlung hat Aussicht auf Erfolg, wenn sie zulässig und begründet ist.

### 1. Zulässigkeit der Klage

Problematisch ist einzig, ob der Klage die Rechtskraft des bereits vorliegenden Urteils entgegensteht.

### 2. Entgegenstehende Rechtskraft, § 322 II ZPO?

B hat die Aufrechnung im Prozess geltend gemacht, ist damit aber nicht durchgedrungen.

Der Umfang der Rechtskraft eines Urteils, § 322 I ZPO, betrifft zwar grundsätzlich nur den durch Klage erhobenen Anspruch, nicht aber tatsächliche Feststellungen oder die Entscheidung über Einwendungen und Einreden des Beklagten. Für die Aufrechnung wird jedoch in § 322 II ZPO aus Gründen der Prozessökonomie eine Ausnahme getroffen.

**hemmer-Methode:** § 322 II ZPO ist als Ausnahmevorschrift keiner analogen Anwendung auf andere Einwendungen fähig.

Beruft sich der Beklagte zu seiner Verteidigung auf die Aufrechnung mit einer Gegenforderung gegen die Klageforderung, dann entscheidet das Gericht auch rechtskräftig über Erfolg oder Misserfolg dieser Aufrechnung. Ohne § 322 II ZPO könnte der Beklagte über die Gegenforderung, hinsichtlich derer ja im Rahmen der Aufrechnung eine Entscheidung schon vorliegt, erneut einen Prozess anstrengen.

**hemmer-Methode:** Nach dem Wortlaut betrifft § 322 II ZPO nur den Fall der erfolglosen Aufrechnung („... dass die Gegenforderung nicht besteht,..."). Die Urteilswirkungen können jedoch nicht anders ausfallen, wenn der Beklagte mit seiner Aufrechnung Erfolg hat. Denn mit dieser Abweisung steht dann auch fest, dass Klageforderung und Gegenforderung vor der Aufrechnung bestanden haben und in Höhe der Aufrechnung erloschen sind. § 322 II ZPO ist daher folgendermaßen zu lesen: „...dass die Gegenforderung nicht oder nicht mehr besteht,...").

Die nach § 322 II ZPO angeordnete Rechtskrafterstreckung erfasst aber nicht den Fall, dass das Gericht gar keine Entscheidung über die Begründetheit der Gegenforderung trifft. Wird der Aufrechnungseinwand als prozessual unzulässig oder wegen eines Aufrechnungsverbots zurückgewiesen, so tritt die Rechtskraftwirkung nicht ein.

Im vorliegenden Fall hat das Gericht die Erklärung der Aufrechnung als Prozessverschleppung nach §§ 296 II, 282 ZPO zurückgewiesen, da der Aufrechnungseinwand verspätet erhoben wurde.

**hemmer-Methode:** Eine solche Präklusion verletzt die Partei nicht in ihrem Anspruch auf rechtliches Gehör gem. Art. 103 I GG.

Die Anwendung von § 296 ZPO erfordert ein Verschulden der Partei, nur wenn dieser das verspätete Vorbringen vorwerfbar ist, erfolgt eine Präklusion. Geschah die Zurückweisung zu Unrecht, so können die Angriffs- und Verteidigungsmittel in der Berufung geltend gemacht werden, § 531 I ZPO. Beruht das Urteil gar auf einer wesentlichen Verletzung des § 296 ZPO, so kann das Berufungsgericht das Urteil aufheben und die Sache zurückverweisen, § 538 II S. 1 Nr.1 ZPO.

Da der Aufrechnungseinwand aus prozessualen Gründen für unzulässig erklärt wurde, liegt keine Entscheidung über die Gegenforderung vor. § 322 II ZPO greift daher nicht ein.

**hemmer-Methode:** Anders hingegen, wenn der Beklagte prozessual beachtlich die Aufrechnung erklärt, aber das zugrunde liegende tatsächliche Vorbringen wegen § 296 ZPO unberücksichtigt bleibt oder die Aufrechnungsforderung nicht substantiiert genug dargelegt wird. In diesem Fall wird ihm die Aufrechnungsforderung sachlich und rechtskräftig, § 322 II ZPO, aberkannt. In diesem Fall divergieren zwar materielle Rechtslage und richterliche Erkenntnis, jedoch muss dies als Preis für die materielle Rechtskraft hingenommen werden.

Der Klage des B auf Schadensersatz aus unerlaubter Handlung steht nicht die materielle Rechtskraft des ersten Urteils entgegen.

### 3. Begründetheit der Klage

Da der Anspruch dem Grunde nach vorlag, ist die Klage begründet, wenn er nicht wieder erloschen ist.

### 4. Forderung erloschen durch Prozessaufrechnung?

Die Forderung könnte durch die im ersten Prozess erklärte Aufrechnung erloschen sein, § 389 BGB.

#### a) Prozessuale Theorie

Dies wurde früher mit dem Argument verneint, dass die Prozessaufrechnung nur Prozesshandlung sei und keine materiell-rechtlichen Folgen auslöse. Die Zurückweisung durch das Gericht sei gegenstandslos. Konstruktiv wurde die Prozessaufrechnung dabei als ein Prozessinstitut eigener Art aufgefasst. Der Beklagte stelle mit der Aufrechnung im Prozess nur einen Antrag an das Gericht, durch Gestaltungsurteil die Aufrechnungswirkung herbeizuführen.

Dies überzeugt jedoch nicht. Es ist dogmatisch nicht begründbar, dass eine Aufrechnungserklärung nur deswegen ihrer materiell-rechtlichen Gestaltungswirkung verlustig gehen soll, weil sie im Prozess erklärt wird. Das BGB findet schließlich auch in deutschen Gerichtssälen Anwendung.

#### b) Zivilistische Theorie

Nach heute ganz h.M. ist die Prozessaufrechnung nicht nur Prozesshandlung, sondern hat daneben auch materielle Gestaltungswirkung (sog. doppelfunktionale Prozesshandlung).

Dies hat zur Folge, dass die Aufrechnung, obwohl sie im Prozess als unzulässig zurückgewiesen wird, dennoch nach § 389 BGB zum Erlöschen der Gegenforderung führt.

Obwohl dem B sein Verteidigungsvorbringen nichts nützte, weil es nach §§ 296 II, 282 ZPO zurückgewiesen wurde und er zur Zahlung auf die klägerische Forderung verurteilt wurde, hätte er demnach trotzdem die Schadensersatzforderung aus unerlaubter Handlung verloren.

### c) Materiell-rechtliches Aufrechnungsverbot

Die Wirkung des § 389 BGB war im konkreten Fall auch nicht durch § 393 BGB ausgeschlossen. Diese Vorschrift verbietet nur die Aufrechnung gegen eine Forderung aus unerlaubter Handlung.

Die Forderung des K (Haupt- bzw. Passivforderung), gegen die der B die Aufrechnung erklärte, war aber nur eine Kaufpreisforderung. Die Forderung des B (Gegen-, Aktiv- oder Aufrechnungsforderung) selbst war zwar eine Forderung aus unerlaubter Handlung, aber B rechnete mit dieser gegen die Hauptforderung auf. Dies verbietet § 393 BGB gerade nicht.

**hemmer-Methode:** § 393 BGB soll die Privatrache verhindern. Ohne diese Vorschrift könnte der Gläubiger einer nicht beitreibbaren Forderung dem Schuldner bis zur Höhe dieser Forderung vorsätzlich Schaden zufügen, ohne zivilrechtliche Nachteile befürchten zu müssen.

Da der Aufrechnung im ersten Prozess somit keine materiell-rechtlichen Hindernisse entgegenstanden, wäre nach dem Gesetzeswortlaut von § 389 BGB die Schadensersatzforderung erloschen.

### d) Korrektur des Ergebnisses

Dieses Ergebnis – der Beklagte verliert seine begründete Gegenforderung lediglich aufgrund eines prozessualen Fehlers und muss dennoch voll auf die Klageforderung zahlen – ist aber offensichtlich unbillig.

Es besteht daher Einigkeit, dass dann, wenn der Aufrechnungseinwand ohne nähere Prüfung der Aufrechnung selbst zurückgewiesen wird, die Aufrechnungserklärung auch materiell-rechtlich keine Wirkung haben soll.

Zur Begründung dieses Ergebnisses stellt eine Ansicht auf den allgemeinen Rechtsgedanken von § 139 BGB ab. Weil die Prozessaufrechnung einen Doppeltatbestand darstellt, sei es nur folgerichtig, vom Willen des Beklagten auszugehen, beide Elemente, die materiell-rechtliche Aufrechnungserklärung und den Aufrechnungseinwand als Verteidigungsvorbringen, in ihrer Gültigkeit voneinander abhängig sein zu lassen.

Nach anderer Auffassung wird die Aufrechnung stets nur unter der stillschweigend gesetzten Bedingung abgegeben, dass sie materiell-rechtlich nur gelten solle, wenn sie auch prozessual beachtlich sei. Einer solchen Eventualaufrechnung steht § 388 S. 2 BGB nicht entgegen. Es handelt sich nämlich nur um eine innerprozessuale Bedingung. Überdies wird die Eventualaufrechnung sogar vom Gesetz vorausgesetzt in § 45 III GKG.

**hemmer-Methode:** Dogmatisch wird hier § 388 S. 2 BGB teleologisch reduziert. Bei einer innerprozessualen Bedingung greift der Normzweck – Vermeidung von Rechtsunsicherheit bei der Ausübung von Gestaltungsrechten – gerade nicht ein, da der Eintritt der Bedingung ja im laufenden Prozess geklärt wird.

Eine weitere (zulässige) Bedingung, unter der die Aufrechnung erklärt wird, ist das Bestehen der Hauptforderung. Der Beklagte wird sich zunächst einmal gegen die Klageforderung verteidigen, um die Klage zur Abweisung zu bringen. Seine Forderung wird er nur opfern, wenn das Gericht vom Bestehen der Hauptforderung ausgeht. Wird eine Forderung unter dieser Bedingung aufgerechnet und tritt die Bedingung ein, so geht eine wiederum dagegen gerichtete Gegenaufrechnung des Klägers ins Leere.
Denn die Gegenaufrechnung erfolgt nach Erklärung der Hilfsaufrechnung, so dass im Zeitpunkt der Erklärung der Gegenaufrechnung, die Forderung des Beklagten schon nicht mehr besteht, vgl. KG, Life&Law 2006, 599 ff.

Die Schadensersatzforderung des B ist somit nicht durch die Prozessaufrechnung in dem alten Verfahren gegen K erloschen.

Seine Klage ist somit begründet.

## IV. Zusammenfassung

- Die Prozessaufrechnung ist nach der herrschenden zivilistischen Theorie sowohl Prozesshandlung als auch materiell-rechtliche Willenserklärung mit Gestaltungswirkung, §§ 388 S. 1, 389 BGB. Man spricht daher von doppelfunktionaler Prozesshandlung oder Doppeltatbestand
- Eine Entscheidung über den Aufrechnungseinwand erwächst nach § 322 II ZPO in Rechtskraft.
- Wird die Aufrechnung als prozessual oder materiell-rechtlich unzulässig zurückgewiesen, so wird über die Gegenforderung in der Sache nicht entschieden und die Rechtskrafterstreckung des § 322 II ZPO tritt nicht ein.
- Es ist aus Wertungsgesichtspunkten allgemein anerkannt, dass bei Zurückweisung des Aufrechnungseinwands wegen prozessualer Unzulässigkeit oder einem Aufrechnungsverbot auch die Wirkung des § 389 BGB nicht eintritt, die Gegenforderung also nicht erlischt.

## V. Zur Vertiefung

- Hemmer/Wüst, ZPO I, Rn. 358 ff.
- Musielak, JuS 1994, 817 ff.
- Zur Gegenaufrechnung Life&Law 2006, 599 ff.

# Fall 26: Prozessaufrechnung

***Sachverhalt:***

*Bauunternehmer K führte für die Gemeinde B Sanierungsarbeiten an der örtlichen Schule durch. Unterschiedliche Auffassungen über die Qualität der Arbeiten von K führen letztlich dazu, dass K die B auf Zahlung von 3.000,- € Werklohn vor dem zuständigen AG verklagt. Im Prozess rechnet B mit einer öffentlich-rechtlichen Gebührenforderung in Höhe von 2.500,- € auf. K rügt die Zuständigkeit des Amtsgerichts und bestreitet die Forderung.*

***Frage:*** *Wie wird das Gericht entscheiden, wenn es die Forderung des K als erwiesen ansieht?*

## I. Einordnung

Ob das Amtsgericht über Forderung und Gegenforderung entscheiden wird, ist in zweierlei Hinsicht problematisch.

Einerseits stehen in dem Verfahren jetzt zwei prozessuale Ansprüche in Höhe von insgesamt 5.500,- € im Raum. Im Hinblick auf §§ 23 Nr.1, 71 I GVG und §§ 5, 506 I ZPO könnte das Amtsgericht unzuständig sein.

Andererseits betrifft die Gegenforderung einen Anspruch, für den bei separater Geltendmachung gem. § 40 I VwGO der Verwaltungsrechtsweg eröffnet wäre. Es erscheint daher fraglich, ob das Amtsgericht über eine solche rechtswegfremde Forderung entscheiden darf.

## II. Gliederung

**1. Zulässigkeit der Klage**

Sachliche Zuständigkeit für Forderung des K ⇨ (+), §§ 71 I, 23 Nr.1 GVG

(P): **Auswirkungen der Aufrechnungserklärung** durch B auf sachliche Zuständigkeit

⇨ (-), nach h.M. wird Gegenforderung nicht rechtshängig, damit keine Mehrheit von Ansprüchen und keine Addition nach § 5 ZPO

**2. Begründetheit der Klage**

Hauptforderung (+)

(P): **Aufrechnung mit rechtswegfremder Gegenforderung**

⇨ (-), wenn Gegenforderung bestritten, da § 17 II GVG nicht einschlägig

## III. Lösung

Das Amtsgericht wird in der Sache nur entscheiden, wenn die Klage im Zeitpunkt der letzten mündlichen Verhandlung noch zulässig ist.

### 1. Zulässigkeit der Klage

Bedenken ergeben sich hier lediglich hinsichtlich der sachlichen Zuständigkeit des Amtsgerichts.

## 2. Sachliche Zuständigkeit

### a) Ursprüngliche Klage

Für die von K erhobene Klage auf Zahlung von Werklohn in Höhe von 3.500,- € war das Amtsgericht gem. §§ 71 I, 23 Nr.1 GVG zuständig.

**hemmer-Methode:** Werden Staatshaftungsansprüche, § 839 BGB i.V.m. Art. 34 GG geltend gemacht, so ist nach § 71 II Nr.2 GVG unabhängig vom Streitwert das Landgericht zuständig. Dies wird gern übersehen, kommentieren Sie es sich deshalb im Gesetz entsprechend.

### b) Problematik nach Aufrechnungserklärung

Die Zuständigkeit könnte aber nachträglich entfallen sein, da B die Aufrechnung mit einer Gegenforderung in Höhe von 2.500,- € erklärt hat.

In dem Verfahren stehen damit zwei unterschiedliche Forderungen im Raum. § 5 ZPO besagt nun, dass mehrere prozessuale Ansprüche zusammenzurechnen sind. Würde man diese Vorschrift hier anwenden, ergäbe sich ein Zuständigkeitsstreitwert von insgesamt 5.500,- €. Für diesen wäre gem. §§ 71 I, 23 Nr.1 GVG das Landgericht zuständig.

**hemmer-Methode:** Liegt nur eine Hauptforderung bis 2.500,- € vor, so spielt die nachfolgende Problematik überhaupt keine Rolle. Das Gericht prüft das Bestehen der Gegenforderung wegen § 322 II ZPO nämlich nur bis zur Höhe der Hauptforderung. Bei einer Forderung bis 2.500,- € wird daher auch nur in Höhe von maximal 2.500,- € über die Gegenforderung entschieden, so dass selbst bei Zusammenrechnung nach § 5 ZPO die Zuständigkeit des Amtsgerichts noch gegeben wäre.

Erst im Laufe des Prozesses eintretende Veränderungen der zuständigkeitsbegründenden Umstände haben grundsätzlich keine Auswirkungen mehr, § 261 III Nr.2 ZPO. Jedoch gilt dies nach § 506 ZPO gerade nicht, wenn ursprünglich das Amtsgericht zuständig war und nun eine Zuständigkeit des Landgerichts begründet wurde. Zwar betrifft § 506 ZPO nach dem Wortlaut nicht den Fall der Aufrechnung, doch könnte man insoweit an eine analoge Anwendung denken.

Dies wäre allerdings nur dann nötig, wenn § 5 ZPO hier tatsächlich zur Anwendung kommt. Damit es zu einer Zusammenrechnung nach dieser Vorschrift kommt, müssten mehrere prozessuale Ansprüche vorliegen, die rechtshängig sind. Ein Anspruch, der bei dem Gericht überhaupt nicht rechtshängig geworden ist, kann sich natürlich auch nicht auf dessen Zuständigkeit auswirken.

### c) Rechtshängigkeit der Gegenforderung

Ob hinsichtlich der Forderung, mit der aufgerechnet wird, Rechtshängigkeit eintritt, ist umstritten.

Nach einer Ansicht ergibt sich dies aus der Rechtskraftwirkung des § 322 II ZPO. Wenn das Gericht mit Rechtskraft über die Gegenforderung entscheiden könne, dann müsste diese auch rechtshängig gewesen sein.

Zudem könnte der Beklagte die Gegenforderung sonst parallel in einem anderen Prozess einklagen, ohne dass § 261 III Nr.1 ZPO dem entgegenstehen würde.

Die Rechtsprechung und die herrschende Auffassung in der Rechtslehre stellen dagegen auf den eindeutigen Wortlaut des § 261 I ZPO ab. Nur durch Erhebung der Klage, nicht aber durch ein Verteidigungsmittel wie die Aufrechnung, könne der Streitgegenstand rechtshängig werden. Das zwischen Klageerhebung und Aufrechnung zu differenzieren ist, ergibt sich direkt aus dem Gesetz, § 204 I Nr.1 und Nr.5 BGB, wo für die Hemmung der Verjährung beide Fälle explizit aufgeführt werden. Auch die §§ 269, 265, 263 ZPO, die von der Rechtshängigkeit sprechen, passen nicht für die Aufrechnung. § 322 II ZPO ist demgegenüber eine Ausnahmevorschrift, aus der sich keine Rückschlüsse über die Rechtshängigkeit ziehen lassen.

**hemmer-Methode:** Die Folge der fehlenden Rechtshängigkeit, dass sich u.U. zwei Gerichte mit derselben Forderung befassen müssen, ist eine eher theoretische. In der Praxis wird dies dadurch vermieden, dass ein Gericht den Prozess nach § 148 ZPO aussetzt und die Entscheidung des anderen abwartet.

Da die Gegenforderung somit nicht rechtshängig wurde, kommt eine Anwendung von § 5 ZPO nicht in Betracht.

### d) Rechtsnatur der Prozessaufrechnung

Die Aufrechnung im Prozess ist reine Einwendung.

Sie hat daher neben dem hier diskutierten Fall auch sonst keinen Einfluss auf die Prozessvoraussetzungen der Klage.

**hemmer-Methode:** Auswirkungen ergeben sich aber beim Gebührenstreitwert. Wenn die Aufrechnung nur hilfsweise (für den Fall des Bestehens der Klageforderung) erklärt wird, der Kläger die Gegenforderung aber bestreitet, ist für den Gebührenstreitwert nach § 45 III GKG zusammenzurechnen.

### e) Zwischenergebnis

Das Amtsgericht ist weiterhin sachlich zuständig.

## 3. Begründetheit der Klage

Da die Hauptforderung dem Grunde nach besteht, wovon sich das Gericht durch die Beweisaufnahme überzeugt hat, ist wegen § 322 II ZPO bis zur Höhe der Hauptforderung auch über die Gegenforderung zu entscheiden.

**hemmer-Methode:** Das Bestehen der Hauptforderung kann nicht offen gelassen werden und eine Klageabweisung jedenfalls mit einer wirksamen Aufrechnung begründet werden (so früher die Klageabweisungstheorie). Es muss vielmehr feststehen, ob über die Gegenforderung überhaupt eine rechtskräftige Entscheidung, § 322 II ZPO, ergangen ist oder nicht. Dazu ist es notwendig, zuerst das Bestehen der Klageforderung zu klären (sog. Beweiserhebungstheorie).

Problematisch ist hier, dass die Gegenforderung der B einen öffentlich-rechtlichen Anspruch betrifft. Würde die B diesen eigenständig geltend machen, so wäre nach § 40 I VwGO der Verwaltungsrechtsweg gegeben und das Verwaltungsgericht zuständig.

### a) Prozessuale Voraussetzungen der Aufrechnung

Bei der Aufrechnung müssen nicht die Prozessvoraussetzungen vorliegen, die bei klageweiser Geltendmachung der Gegenforderung zu beachten wären, sondern nur die Prozesshandlungsvoraussetzungen für die Aufrechnungserklärung (Thomas/Reichold, § 145, Rn. 14).

Für die Aufrechnungserklärung durch die B liegen die allgemeinen Prozesshandlungsvoraussetzungen vor.

**hemmer-Methode:** Eine Prozesshandlungsvoraussetzung „Zulässigkeit des Zivilrechtswegs" gibt es nicht (vgl. Thomas/ Reichold, Einl III, Rn. 10 ff.).

Das Ergebnis – das Amtsgericht hat über eine öffentlich-rechtliche Streitigkeit – in der Sache zu entscheiden, mutet aber befremdlich an.

### b) Zulässigkeit der Aufrechnung mit rechtswegfremder Forderung

Nach früher einhelliger Auffassung war eine Aufrechnung mit Ansprüchen einer anderen Rechtswegzuständigkeit nur dann möglich, wenn diese rechtskräftig festgestellt oder unbestritten war. In dieser Konstellation bedarf es ja gerade keiner streitigen Entscheidung über die Gegenforderung mehr.

Durch die Neufassung von § 17 II GVG, nachdem ein Gericht den Rechtsstreit unter allen in Betracht kommenden rechtlichen Gesichtspunkten zu entscheiden hat, wurde dies aber strittig.

Nach einer Ansicht ist daher jetzt zwingend auch über eine rechtswegfremde Gegenforderung zu entscheiden. Der Gesetzgeber wollte durch diese Vorschrift gerade erreichen, dass ein Rechtsstreit vor einem Gericht umfassend geklärt wird.

Dem steht nach der Rechtsprechung und der herrschenden Meinung in der Rechtslehre jedoch schon der Wortlaut von § 17 II GVG entgegen. Die zur Aufrechnung gestellte Gegenforderung ist nämlich gerade kein rechtlicher Gesichtspunkt der Hauptforderung, sondern ein eigenständiger Anspruch. Zwar begründet die Aufrechnung keinen echten neuen Streitgegenstand, da die Gegenforderung nicht rechtshängig wird. Wegen § 322 II ZPO besteht aber eine vergleichbare Interessenlage.

Damit verbleibt es dabei, dass eine rechtswegfremde Gegenforderung nur dann zu berücksichtigen ist, wenn sie bereits rechtskräftig festgestellt oder unbestritten ist.

### c) Ergebnis

Da K die Gegenforderung der B bestritten hat, wird das Amtsgericht nach § 148 ZPO den Prozess aussetzen, bis das Verwaltungsgericht über die öffentlich-rechtliche Gebührenforderung entschieden hat. Das Amtsgericht wird der B eine Frist zur Klageerhebung vor dem Verwaltungsgericht setzen. Bei ergebnislosem Fristablauf wird es den Aufrechnungseinwand nach § 296 II ZPO zurückweisen und der Klage des K ohne Berücksichtigung der Aufrechnung stattgeben.

Die Gegenforderung kann von der B später dann allerdings dennoch im zulässigen Rechtsweg geltend gemacht werden.

## IV. Zusammenfassung

- Durch die Erklärung der Aufrechnung im Prozess wird die Gegenforderung nicht rechtshängig.
- Die Geltendmachung der Aufrechnung ist Einwendung, die keinen Einfluss auf die Prozessvoraussetzungen der Klage hat.
- Die Aufrechnung mit einer rechtswegfremden Gegenforderung ist nur zulässig, wenn diese rechtskräftig festgestellt oder unbestritten ist.
- Die Aufrechnung ist kein rechtlicher Gesichtspunkt der Hauptforderung im Sinne von § 17 II GVG.

## V. Zur Vertiefung

- Hemmer/Wüst, ZPO I, Rn. 358 ff.

# Fall 27: Prozessaufrechnung

***Sachverhalt:***

*In einem Prozess vor dem Landgericht klagte B eine Forderung gegen K in Höhe von 8.000,- € ein. K erklärte hilfsweise die Aufrechnung mit einer Gegenforderung in Höhe von 14.000,- €. Nach Durchführung der Beweisaufnahme war das Gericht davon überzeugt, dass die Hauptforderung in Höhe von 7.500,- € und die Gegenforderung in Höhe von 2.000,- € begründet war. Es verurteilte den K daher auf Zahlung von 5.500,- €. Das Urteil wurde rechtskräftig. Nunmehr erhebt K seinerseits vor dem Landgericht eine Leistungsklage gegen B in Höhe von 12.000,- €, die er auf die im Vorprozess geltend gemachte Gegenforderung stützt.*

***Frage:** Wie ist über die Klage des K zu entscheiden?*

## I. Einordnung

Nur wenn das Gericht bei der im Prozess erklärten Aufrechnung die Hauptforderung für erwiesen ansieht, entscheidet es auch über die Gegenforderung (sog. Beweiserhebungstheorie).

Dann erwächst die Entscheidung über die Gegenforderung, obwohl es sich bei der Aufrechnung nur um eine Einwendung und keine Klage handelt, aber in Rechtskraft, § 322 II ZPO.

**hemmer-Methode:** Dieser Fall stellt eine Vertiefung und Variation der bereits in Fall 25 behandelten Problematik dar. Er soll nochmals deutlich die Reichweite der Rechtskrafterstreckung aufzeigen.

## II. Gliederung

**1. Zulässigkeit der Klage auf Zahlung von 12.000,- €**

Ordnungsgemäße Klageerhebung, § 253 I, II ZPO ⇨ (+)

Zuständigkeit des LG ⇨ (+), §§ 71 I, 23 Nr.1 GVG

**(P): Entgegenstehende Rechtskraft, § 322 II ZPO**

- Entscheidung über die Gegenforderung im Vorprozess nur bis zur Höhe der Hauptforderung ⇨ Hauptforderung im Vorprozess nur i.H.v. 7.500,- € als erwiesen angesehen

⇨ Entscheidung hinsichtlich der Gegenforderung auch nur i.H.v. 7.500,- € (2.000,- € begründet, 5.500,- € unbegründet)

- Klage auf Zahlung von 12.000,- € nur i.H.v. 6.500,- € zulässig, da hinsichtlich des Rests entgegenstehende Rechtskraft, § 322 II ZPO, des Urteils aus dem Vorprozess

**2. Begründetheit der Klage**

## III. Lösung

Über die Klage des K auf Zahlung von 12.000,- € ist sachlich zu entscheiden, wenn sie zulässig ist.

### 1. Zulässigkeit der Klage

Es liegt eine ordnungsgemäße Klageerhebung, §§ 253 I, II ZPO zum sachlich zuständigen Landgericht, §§ 71 I, 23 Nr.1 GVG vor.

### 2. Entgegenstehende Rechtskraft, § 322 II ZPO

K macht dieselbe Forderung geltend, mit der er bereits im rechtskräftig abgeschlossenen Verfahren gegen B die Aufrechnung erklärte. Die Klage könnte daher wegen der entgegenstehenden Rechtskraft des Urteils aus dem Vorprozess zumindest teilweise unzulässig sein.

Zwar erstreckt sich grundsätzlich die Rechtskraft eines Urteils gem. § 322 I ZPO nur auf den durch die Klage geltend gemachten Anspruch und gerade nicht auf die Einwendungen des Beklagten. Davon macht § 322 II ZPO für die Prozessaufrechnung aber eine Ausnahme.

**hemmer-Methode:** Die Ausführungen wurden an dieser Stelle bewusst knapp gehalten (zur Vertiefung vgl. Fall 25).

Die Rechtskraftwirkung des § 322 II ZPO erfasst die Gegenforderung in der geltend gemachten Höhe, allerdings nur bis zur Höhe der Klageforderung. Sie erstreckt sich also nur auf den im Vorprozess berücksichtigten Teil der Forderung des K.

#### a) Berücksichtigte Gegenforderung im Vorprozess

Das Gericht berücksichtigte die Gegenforderung nicht in voller Höhe (14.000,- €) oder in Höhe der Hauptforderung nach dem klägerischen Antrag (8.000,- €), sondern nur in der Höhe, wie es auch die Hauptforderung für begründet ansieht (7.500,- €).

**hemmer-Methode:** Dies ist der entscheidende gedankliche Schritt für die richtige Falllösung.

Nur in Höhe von 7.500,- € wurde daher im Vorprozess über die Gegenforderung entschieden.

**Die Rechtskraftwirkung des § 322 II ZPO erfasst dabei:**

**(1)** die Berücksichtigung in der Höhe, in der die Gegenforderung vom Gericht als begründet angesehen wurde und daher durch die Aufrechnung erloschen ist gem. § 389 BGB (2.000,- €) <u>und</u>

**(2)** die Berücksichtigung in der Höhe, in der die Gegenforderung als unbegründet angesehen wurde (5.500,- €).

**hemmer-Methode:** § 322 II ZPO ist daher folgendermaßen zu lesen ⇨ „...dass die Gegenforderung nicht oder nicht mehr besteht...“.

#### b) Auswirkung auf Folgeprozess

Hinsichtlich der Gegenforderung des K entfaltet das Urteil aus dem Vorprozess in Höhe von 7.500,- € gem. § 322 II ZPO Rechtskraftwirkung. Nur in Höhe des Restbetrages kann erneut geklagt werden.

Der Klage in Höhe von 12.000,- € steht damit bis auf 6.500,- € die materielle Rechtskraft entgegen. In Höhe von 5.500,- € ist die Klage daher unzulässig.

**hemmer-Methode:** Dies ist ein zweiter Knackpunkt der Lösung. Achten Sie hier genau darauf, dass sie den im Vorprozess „verbrauchten“ Betrag nicht von dem nun eingeklagten Betrag (12.000,- €), sondern von der ursprünglichen Höhe (14.000,- €) abziehen. Die Rechnung muss also lauten: komplette Gegenforderung (14.000,- €) abzüglich des im Vorprozess berücksichtigten Teils (7.500,- €) = Restbetrag, der noch eingeklagt werden kann (6.500,- €). Allem, was darüber hinausgeht (12.000 Klageforderung im neuen Prozess – 6.500,- € „unverbrauchte“ Forderung = 5.500,- € überschüssiger/ unzulässiger Betrag), steht der Einwand der materiellen Rechtskraft, § 322 II ZPO entgegen. Und da sage noch jemand, judex non calculat.

#### c) Ergebnis

Die Klage ist nur in Höhe von 6.500,- € zulässig.

### 3. Begründetheit der Klage

Ob die Gegenforderung in Höhe von 6.500,- € tatsächlich noch besteht, ist eine Frage des materiellen Rechts.

## IV. Zusammenfassung

- Das Gericht berücksichtigt die Gegenforderung nur in der Höhe, wie es die Hauptforderung für begründet erachtet.
- Nur auf diesen berücksichtigten Betrag erstreckt sich die Rechtskraftwirkung des § 322 II ZPO.

# Fall 28: Prozessaufrechnung

***Sachverhalt:***

*K und B streiten sich vor dem Landgericht Rostock um Zahlung aus einem Vertrag. K hatte dem B mehrere Maschinen zum Preis von 50.000,- € verkauft, B wegen angeblicher Mängel aber erst 20.000,- € gezahlt. Von den restlichen 30.000,- € macht K im Wege der offenen Teilklage nur 10.000,- € geltend, um das Kostenrisiko vorerst gering zu halten. Im Laufe des Verfahrens erklärt B (prozessual noch rechtzeitig) die Aufrechnung mit einer Gegenforderung in Höhe von 10.000,- €. K bestreitet die Gegenforderung. Für den Fall, dass die Gegenforderung doch besteht, trägt er vorsichtshalber vor, dass die Aufrechnung sich dann auf den nicht eingeklagten Teil seiner Forderung beziehen solle.*

***Frage:*** *Wird die Klage des K Erfolg haben, wenn das Gericht sowohl Hauptforderung als auch Gegenforderung als erwiesen ansieht?*

## I. Einordnung

Gegenüber welchem Teil der Forderung des K die Aufrechnung durch B wirkt, hat auf den Prozessausgang ganz entscheidenden Einfluss.

Bringt die Aufrechnung nämlich den eingeklagten Teil der Hauptforderung zum Erlöschen gem. § 389 BGB, so wird die Klage des K als unbegründet abgewiesen und er trägt die Kosten, § 91 I S. 1 ZPO. Den Restbetrag in Höhe von 20.000,- € muss K notfalls erneut einklagen.

Wirkt dagegen die Aufrechnung gegenüber dem nicht eingeklagten Teil, so hat die Klage des K vollumfänglich Erfolg. Er obsiegt und B trägt die Kosten, § 91 ZPO.

**hemmer-Methode:** Wenn man sich diesen wirtschaftlichen Hintergrund der Problematik klar gemacht hat, kann die Lösung bei einer vernünftigen eigenen Argumentation nicht mehr schief gehen. Ob sie dabei zu dem einen oder anderen Ergebnis kommen, spielt im Ersten Staatsexamen noch keine entscheidende Rolle.

## II. Gliederung

**1. Zulässigkeit der Klage**

Ordnungsgemäße Klageerhebung, § 253 I, II ZPO ⇨ (+)

**2. Begründetheit der Klage**

Hauptforderung bestand (+)

**(P): Erlöschen durch Aufrechnung, § 389 BGB?**

⇨ (+), nach Willen des B sowie der gesetzlichen Tilgungsreihenfolge wirkt Aufrechnung gegen Klageforderung, §§ 396, 366 II BGB

⇨ Klage daher unbegründet.

## III. Lösung

Die Klage des K wird Erfolg haben, wenn sie zulässig und begründet ist.

### 1. Zulässigkeit der Klage

Die Klage müsste ordnungsgemäß erhoben worden sein, § 253 I, II ZPO.

**hemmer-Methode:** Liegt eine Teilklage vor, kann man zu diesem Punkt ruhig ein paar Worte mehr verlieren.

Da ein Zahlungsanspruch rechtlich teilbar ist, bestehen in diesem Falle gegen die generelle Zulässigkeit einer Teilklage keine Bedenken.

Dem Bestimmtheitserfordernis, § 253 II Nr.2 ZPO, wurde von K entsprochen. Er hat dargetan, dass er nur einen Teil seiner angeblich höheren Forderung (30.000,- €) einklagen will und diesen genau bezeichnet (10.000,- €).

Die Klage wurde ordnungsgemäß erhoben, § 253 I, II ZPO.

Die sonstigen Prozessvoraussetzungen liegen vor, die Klage ist zulässig.

## 2. Begründetheit der Klage

Aus dem Vertrag mit B ergab sich eine Forderung des K in Höhe von 10.000.- €, wie nach der Beweisaufnahme feststeht.

Fraglich ist, ob diese wieder erloschen ist. Zum Erlöschen könnte gem. § 389 BGB die im Prozess erklärte Aufrechnung durch B geführt haben. Dass eine Gegenforderung in Höhe von ebenfalls 10.000,- € bestand, ergab sich auch durch die Beweisaufnahme.

### a) Wirkung der Aufrechnung

Problematisch ist allerdings, gegen welchen Teil der Gesamtforderung des K (30.000,- €) die Aufrechnung wirkt.

K hat erklärt, er wolle die Aufrechnung nur gegen den nicht eingeklagten Teilbetrag (20.000,- €) gelten lassen.

#### aa) § 396 BGB

Nach dem materiellen Recht, § 396 S. 1 BGB, kann aber der aufrechnende Teil die Forderungen bestimmen, die gegeneinander aufgerechnet werden sollen.

B will die zur Aufrechnung gestellte Forderung verständlicherweise gegen die eingeklagte Forderung wirken lassen, da er so den Prozess gewinnen kann.

Zwar ist die Bestimmung des Aufrechnenden grundsätzlich maßgebend, etwas anderes gilt jedoch dann, wenn der andere Teil unverzüglich widerspricht, § 396 S. 2 BGB. Indem K im Prozess erklärt, er wolle die Aufrechnung nur gegen den nicht eingeklagten Teil gelten lassen, widerspricht er damit der Bestimmung durch B.

Rechtsfolge ist jedoch nicht, dass nun die Bestimmung des K gilt, sondern es findet § 366 II BGB entsprechende Anwendung.

#### bb) § 366 II BGB

Diese Vorschrift stellt eine gesetzliche Reihenfolge auf, in der die Aufrechnung wirkt. Sowohl die eingeklagte Forderung als auch die Restforderung des K sind beide fällig und bieten beide gleiche Sicherheit.

Damit wirkt die Aufrechnung gegen die Forderung, die dem Aufrechnenden lästiger ist. Dies ist zweifelsohne der eingeklagte Teilbetrag von 10.000,- €.

**hemmer-Methode:** Ein bereits rechtshängige Forderung ist immer die lästigere, da insoweit Kosten und Mühen für die Verteidigung anfallen und die Zwangsvollstreckung droht.

Damit ist genau der eingeklagte Teilbetrag nach § 389 BGB durch die Aufrechnung erloschen.

#### b) Korrektur des Ergebnisses

Die Aufrechnung bei einer Teilklage geht damit voll zu Lasten des Klägers.

Eine Korrektur dieses Ergebnisses, dass z.B. die Aufrechnung anteilig auf eingeklagte und restliche Forderung verteilt wird, erfolgt nach ständiger Rechtsprechung aber nicht.

##### aa) Grundsätzlich keine Korrektur

Danach muss es der Kläger, der einen Teilbetrag seiner Forderung geltend macht, hinnehmen, dass der Beklagte eine Gegenforderung gerade gegen diesen Teilbetrag zur Aufrechnung stellt. Er kann den Beklagten mit der Aufrechnung nicht auf den nicht eingeklagten Teil verweisen.

##### bb) Ausnahmen

Der Beklagte kann allerdings die Gegenforderung dann nicht mehr gegen die Teilforderung des Klägers aufrechnen, wenn eine Partei sie bereits vorher gegen eine andere Forderung oder einen anderen Teil des Anspruchs erklärt hat.

**hemmer-Methode:** Hätte K also vor B die Aufrechnung erklärt mit einem Teil der nicht eingeklagten Forderung (also mit 10.000,- € von den restlichen 20.000,- €) gegen die Forderung des B, so wäre die Aufrechnungserklärung des B ins Leere gelaufen.

Eine Aufrechnung durch den Beklagten ist auch dann nicht mehr möglich, wenn der Kläger in der Klageschrift die Aufrechnung selbst dadurch vornimmt, dass er die Gegenforderung von seinem Gesamtanspruch absetzt und diesen Teil nicht mehr einklagt.

**hemmer-Methode:** Hätte K in seiner Klageschrift erläutert, dass er von den gesamten 30.000,- € vorerst nur 20.000,- € einklagen wolle und von diesen aber bereits wiederum 10.000,- € wegen der Gegenforderung des B abziehe, effektiv also nur noch eine Entscheidung über 10.000,- € begehre, dann wäre die Gegenforderung des B ebenfalls verbraucht gewesen und dessen Aufrechnung ins Leere gegangen.

#### c) Ergebnis

Da ein Ausnahmefall hier offensichtlich nicht vorliegt, bleibt es dabei, dass die Aufrechnung durch B gegen den eingeklagten Teil der Forderung des K wirkt.

Da die Forderung in Höhe von 10.000,- € durch die Aufrechnung gem. § 389 BGB erloschen ist, ist die Klage vollumfänglich unbegründet. Sie wird daher keinen Erfolg haben.

## IV. Zusammenfassung

- Wird nur ein Teil einer Forderung eingeklagt, so kann der Beklagte seine Gegenforderung nach §§ 396, 366 II BGB gerade gegen den eingeklagten Teilbetrag zur Aufrechnung stellen.
- Der Kläger kann dies nur verhindern, indem er vorher seinerseits aufrechnet oder die Gegenforderung in der Klageschrift von seiner Forderung absetzt.

## V. Zur Vertiefung

- BGH, Life&Law 2003, 325 ff.

# Fall 29: Widerklage

***Sachverhalt:***

*K aus Würzburg verklagt B aus Bamberg auf Rückzahlung von 4.500,- € aus Darlehensvertrag vor dem Amtsgericht Bamberg. B erhebt daraufhin in der mündlichen Verhandlung Widerklage, mit der er Zahlung von Schadensersatz wegen unerlaubter Handlung in Höhe von 3.000,- € begehrt. Nach ordnungsgemäßer Belehrung durch das Gericht bestreitet K die Forderung des B und beantragt die Abweisung der Widerklage als unbegründet. Zudem meint er, dass der B ihn wegen diesem Anspruch jedenfalls nicht in der hier erfolgten Art und Weise verklagen könne. Schließlich könne der B ja auch aufrechnen, was wohl eindeutig der einfachere Weg wäre.*

***Frage:*** *Ist die Widerklage zulässig?*

## I. Einordnung

Kommt es zu einem Zivilprozess, so ist der Beklagte im Verfahren nicht auf die Verteidigung beschränkt, sondern er kann zum Gegenangriff übergehen und seinerseits Klage gegen den Kläger erheben. Diese Klage wird als Widerklage bezeichnet, die Parteien als Widerkläger und Widerbeklagter.

Die Widerklage bietet dem Beklagten die Möglichkeit, in der ohnehin streitigen Angelegenheit unter Einbeziehung bisher vom Kläger nicht eingebrachter Ansprüche und Gesichtspunkte „reinen Tisch zu machen". Sie dient damit der endgültigen Streitbeilegung und der Vermeidung widersprüchlicher Entscheidungen.

Wegen dieser Funktionen wird die Widerklage von der ZPO privilegiert: sie kann in der mündlichen Verhandlung ohne Einreichung eines Schriftsatzes erhoben werden, § 261 II 1.Alt. ZPO, und es existiert ein besonderer örtlicher Gerichtsstand, § 33 ZPO.

**hemmer-Methode:** Für die Prüfung der Widerklage in der Klausur bestehen zwei gleichwertige Aufbaumöglichkeiten. Entweder prüfen Sie zuerst die
I. Zulässigkeit von 1. Klage und 2. Widerklage und dann die II. Begründetheit von 1. Klage und 2. Widerklage
oder Sie prüfen erst die
I. Klage hinsichtlich 1. Zulässigkeit und 2. Begründetheit und dann die II. Widerklage bezüglich 1. Zulässigkeit und 2. Begründetheit.
Entscheidend ist nur, dass Sie Ihre Prüfungsreihenfolge verdeutlichen (am besten durch entsprechende Überschriften) und konsequent durchhalten.

## II. Gliederung

**1. Allgemeine Prozessvoraussetzungen der Widerklage**

- **Ordnungsgemäße Klageerhebung**, §§ 261 II 1.Alt., 297 I ZPO ⇨ (+),
- **Sachliche Zuständigkeit** des Amtsgerichts, §§ 71 I, 23 Nr.1 GVG ⇨ (+), da nach § 5 2.Hs. ZPO keine Addition von Klage und Widerklage beim Zuständigkeitsstreitwert

- **Örtliche Zuständigkeit** ⇨ (+), zwar nicht nach § 33 ZPO mangels Konnexität der Streitgegenstände von Klage und Widerklage, aber durch rügelose Einlassung, § 39 ZPO
- **Rechtsschutzbedürfnis** ⇨ (+), da bei Widerklage der Beklagte/Widerkläger in jedem Fall eine rechtskräftige Entscheidung über seine Forderung erhält

**2. Besondere Prozessvoraussetzungen der Widerklage**

- **(P): Konnexität als besondere Prozessvoraussetzung** ⇨ (-) nach h.L.;
  a.A. BGH, dann aber Heilung nach § 295 ZPO
- **Rechtshängigkeit** der Klage (+)
- **Parteiidentität** (+)
- **Dieselbe Prozessart** (+)

## III. Lösung

Die Widerklage des B ist zulässig, wenn alle allgemeinen und besonderen Prozessvoraussetzungen vorliegen.

### 1. Allgemeine Prozessvoraussetzungen

Wie bei jeder Klage müssen bei der Widerklage zunächst die allgemeinen Prozessvoraussetzungen vorliegen.

#### a) Ordnungsgemäße Klageerhebung

Die Widerklage kann wie jede andere Klage auch nach §§ 253 I, 271 I ZPO durch Einreichung einer Klageschrift und deren Zustellung erhoben werden.

Darüber hinaus ist es möglich, sie allein durch Geltendmachung in der mündlichen Verhandlung durch Erklärung der Anträge zu Protokoll zu erheben, §§ 261 II 1.Alt, 297 I ZPO.

B hat daher die Widerklage ordnungsgemäß erhoben.

#### b) Sachliche Zuständigkeit des Amtsgerichts

In dem Verfahren zwischen K und B sind nun zwei prozessuale Ansprüche anhängig, nämlich Rückzahlung aus Darlehen in Höhe von 4.500,- € und Schadensersatz aus unerlaubter Handlung in Höhe von 3.000,- €.

Würde man die Streitwerte addieren, so wäre nach §§ 71 I, 23 Nr.1 GVG die sachliche Zuständigkeit des Landgerichts begründet. Wegen §§ 506, 504 ZPO stünde der nachträglichen sachlichen Unzuständigkeit des Amtsgerichts auch nicht § 261 III Nr.2 ZPO entgegen.

Für den Zuständigkeitsstreitwert findet sich jedoch in § 5 2.Hs. ZPO die eindeutige Regelung, dass eine Zusammenrechnung der Streitwerte von Klage und Widerklage nicht stattfindet[9].

Maßgebend für die sachliche Zuständigkeit ist vielmehr der höhere Streitwert. Dies sind hier 4.500,- €.

Damit ist das Amtsgericht nach §§ 71 I, 23 Nr.1 GVG sachlich zuständig.

**hemmer-Methode:** Zwei Problemfälle zur sachlichen Zuständigkeit bei der Widerklage müssen Sie noch kennen: **Fall 1.** Wird am Amtsgericht eine Widerklage mit einem Streitwert von mehr als 5.000,- € erhoben, so findet § 506 ZPO direkte Anwendung.

---

9 Zur Ermittlung des Gebührenstreitwerts wird dagegen gem. § 45 I S. 1 GKG sehr wohl addiert.

Das Amtsgericht hat dann nach § 504 ZPO, der hier anwendbar ist (im Gesetz kommentieren!) über seine Unzuständigkeit zu belehren und auf Antrag den gesamten Rechtsstreit zu verweisen. Das Landgericht ist dann an den Verweisungsbeschluss gebunden, §§ 506 II, 281 II S. 4 ZPO. **Fall 2.** Wird bei einer Klage am Landgericht eine Widerklage mit einem Streitwert von nicht mehr als 5.000,- € erhoben, so besteht Einigkeit, dass das Landgericht auch für diese zuständig ist. Zur Begründung dieses Ergebnisses wird auf den Grundsatz der Prozessökonomie und auf § 10 ZPO a.F. abgestellt.

### c) Örtliche Zuständigkeit des Amtsgerichts Bamberg

#### aa) Allgemeiner Gerichtsstand

Das Amtsgericht Bamberg ist für die Widerklage gegen den K aus Würzburg nicht nach §§ 12, 13 ZPO zuständig.

#### bb) Besonderer Gerichtsstand, § 33 ZPO

In Bamberg könnte jedoch der besondere Gerichtsstand der Widerklage, § 33 ZPO, begründet sein, wo B den K ebenfalls verklagen könnte, § 35 ZPO.

Das Gericht der Klage ist nach § 33 I ZPO aber nur dann für die Widerklage zuständig, wenn ein Zusammenhang zwischen Widerklage und Klage bzw. Verteidigungsvorbringen besteht. Dieser Zusammenhang ist prozessualer Natur und betrifft nicht nur den rechtlichen, sondern auch einen wirtschaftlichen Zusammenhang.

Er deckt sich weitgehend mit der von § 273 BGB geforderten Konnexität, entscheidend kommt es also auf einen einheitlichen Lebenssachverhalt an.

**hemmer-Methode:** Mehrfachlernen vermeiden! Notieren Sie sich den § 273 BGB über das Wort „Zusammenhang“ in § 33 I ZPO.

Ein rechtlicher oder wirtschaftlicher Zusammenhang ist selbst bei der gebotenen weiten Auslegung im vorliegenden Fall zwischen der Klage des K aus Darlehen und der Widerklage des B aus unerlaubter Handlung nicht ersichtlich. Die Ansprüche resultieren gerade nicht aus demselben einheitlichen Lebensverhältnis.

Das Amtsgericht Bamberg ist daher nicht nach § 33 I ZPO örtlich zuständig.

#### cc) Rügelose Einlassung, § 39 ZPO

Die Zuständigkeit könnte hier aber durch rügelose Sacheinlassung des K begründet worden sein, § 39 ZPO.

Indem K die mit der Widerklage geltend gemachte Forderung bestritt und die Abweisung der Widerklage beantragte, hat er zur Sache verhandelt, vgl. § 137 I ZPO.

Die Rechtsfolge des § 39 S. 1 ZPO tritt allerdings gem. § 39 S. 2 ZPO nur dann ein, wenn nach § 504 ZPO belehrt wurde. Hier wurde K vom Amtsgericht Bamberg ordnungsgemäß vor dem Beginn der Verhandlung zur Widerklage belehrt.

Da K sich dennoch zur Sache einließ, wurde das Amtsgericht Bamberg örtlich zuständig, § 39 ZPO.

#### d) Rechtsschutzbedürfnis

Möglichweise fehlt dem B aber das Rechtsschutzbedürfnis für die Widerklage.

**hemmer-Methode:** Lassen Sie sich vom Sachverhalt leiten. Normalerweise wird im Rahmen der Zulässigkeit das Rechtsschutzbedürfnis überhaupt nicht angesprochen. Wenn jedoch die Parteien explizit etwas dazu vortragen, müssen Sie dies auch in der Lösung verwerten.
Der Aufgabensteller möchte dann zu diesem Punkt Ausführungen lesen.

Unter Rechtsschutzbedürfnis versteht man das berechtigte Interesse des Klägers, zur Erreichung des begehrten Rechtsschutzes ein Zivilgericht in Anspruch zu nehmen. Bei einer Leistungsklage liegt dieses grundsätzlich vor. Eine Ausnahme besteht aber dann, wenn der Kläger sein Rechtsschutzziel auf einfacherem und billigerem Weg erreichen kann.

**hemmer-Methode:** Dies ist nichts, was Sie speziell für die ZPO lernen müssen. Transferieren Sie Ihre Kenntnisse aus dem Verwaltungsrecht, von dort dürfte Ihnen exakt dieselbe Problematik bekannt sein.

K wendet ein, dass es für den B ein einfacherer Weg wäre, seine Forderung zu realisieren, wenn er mit ihr gegen den Darlehensanspruch im Prozess aufrechnet.

Die Rechtskraft des Urteils erstreckt sich nach § 322 II ZPO auch auf die Prozessaufrechnung.

Allerdings ist zu beachten, dass bei Nichtbestehen der Klageforderung die Prozessaufrechnung und auch die Rechtskraftwirkung des § 322 II ZPO leer läuft. Durch die Widerklage erhält der Beklagte/Widerkläger dagegen in jedem Fall eine rechtskräftige Entscheidung über die von ihm eingebrachte Forderung.

Dies genügt für das Bestehen eines Rechtsschutzbedürfnisses.

**hemmer-Methode:** Wenn der Beklagte Zweifel hinsichtlich des Bestehens der Klageforderung hat, so ist es die beste Verteidigungsmöglichkeit, wenn er die Eventualaufrechnung für den Fall des Bestehens der Klageforderung erklärt und hilfsweise die Widerklage für den Fall der Unbegründetheit der Klageforderung.

Das Rechtsschutzbedürfnis für die Widerklage des B liegt vor.

### 2. Besondere Prozessvoraussetzungen

#### a) Konnexität

Ob der in § 33 I ZPO erwähnte Zusammenhang überhaupt eine besondere Prozessvoraussetzung ist oder nur eine Voraussetzung für das Bestehen des besonderen Gerichtsstands, ist umstritten.

**hemmer-Methode:** Es wird nicht bezweifelt, dass § 33 ZPO einen besonderen Gerichtsstand gewährt. Dies ergibt sich unmittelbar aus dem Gesetz. Allein umstritten ist, ob es daneben noch die besondere Prozessvoraussetzung der Konnexität gibt.

#### aa) Rechtsprechung

Nach der Auffassung des BGH regelt § 33 ZPO nicht nur einen besonderen Gerichtsstand der Widerklage, sondern begründet mit dem Erfordernis der Konnexität zusätzlich eine besondere Prozessvoraussetzung der Widerklage.

#### bb) Rechtslehre

Die h.L. beurteilt § 33 ZPO demgegenüber lediglich als besonderen Gerichtsstand der Widerklage, ohne darüber hinaus eine besondere Prozessvoraussetzung zu konstruieren.

Für diese Ansicht kann zum einen der Wortlaut des § 33 ZPO angeführt werden. In der Vorschrift heißt es nicht „... kann eine Widerklage *nur* erhoben werden, wenn...“. Das Wörtchen *nur* fehlt gerade.

Zum anderen spricht die systematische Stellung des § 33 ZPO (im 2. Titel des 1. Abschnitts des 1. Buchs der ZPO) dafür, dass es sich dabei lediglich um eine Vorschrift betreffend der örtlichen Zuständigkeit handelt.

#### cc) Ergebnis

Der überzeugenden Rechtslehre ist zu folgen. Schließlich setzt das Gesetz selbst in § 145 II ZPO die Möglichkeit einer nichtkonnexen Widerklage voraus.

Ein rechtlicher oder wirtschaftlicher Zusammenhang zwischen Klage und Widerklage ist nicht besondere Prozessvoraussetzung für die Widerklage.

**hemmer-Methode:** Dass sich der BGH zu dieser Frage ausdrücklich äußerte, liegt schon einige Zeit zurück (BGH, NJW 1975, 1228). In letzter Zeit gab es dazu keine Entscheidung.

Eine Rechtsprechungsänderung wäre daher gut vorstellbar angesichts der überzeugenden Argumente der Rechtslehre.

Doch selbst wenn man der Auffassung des BGH folgt, so folgt daraus im konkreten Fall nicht die Unzulässigkeit der Widerklage des B.

Das Fehlen der Konnexität wurde dann gem. § 295 ZPO dadurch geheilt, dass K rügelos zur Sache verhandelte.

**hemmer-Methode:** Mit einer solchen „selbst wenn“ - Argumentation können Sie in der Klausur den Sachverhalt optimal „ausschlachten“ und dem Korrektor zeigen, dass Sie in der Lage sind, zu allen Problemen souverän Stellung zu nehmen.

### b) Rechtshängigkeit der Klage

Eine Widerklage mit ihren prozessualen Vergünstigungen ist nur zulässig, soweit zum Zeitpunkt der Klageerhebung eine Klage bereits rechtshängig ist. Es kommt dabei nicht darauf an, dass alle Prozessvoraussetzungen der Klage vorliegen, diese mithin selbst zulässig ist. Sie darf nur noch nicht zurückgenommen, rechtskräftig entschieden oder in sonstiger Weise erledigt sein.

Als B die Widerklage erhob, lag eine rechtshängige Klage des K vor.

**hemmer-Methode:** Nach Rechtshängigkeit der Widerklage ist diese vom Fortbestand der Klage unabhängig. Eine spätere Klagerücknahme macht die Widerklage nicht unzulässig. Die rechtshängige Klage ist quasi nur ein „Sprungbrett“ für die Widerklage.

#### c) Parteiidentität

Zwischen den Parteien der Klage und Widerklage muss Identität bestehen. Nur dem ursprünglichen Kläger, der den Rechtsstreit initiiert hat, kann es zugemutet werden, gerade vom ursprünglich Beklagten privilegiert in Anspruch genommen zu werden.

K und B sind sowohl Parteien der Klage als auch der Widerklage.

#### d) Dieselbe Prozessart

Zwischen Klage und Widerklage darf kein Verbindungsverbot bestehen, es muss also dieselbe Prozessart vorliegen.

**hemmer-Methode:** Unzulässig wäre etwa schon nach dem Gesetzeswortlaut des § 595 I ZPO die Widerklage gegenüber einer Klage im Urkundenprozess. Der umgekehrte Fall – Urkundenwiderklage gegen Klage im ordentlichen Verfahren – soll allerdings zulässig sein (BGH, LL 2003, 20). Die Klausurrelevanz dieser Problematik dürfte aber begrenzt sein.

Hier werden sowohl Klage als auch Widerklage im ordentlichen Verfahren geltend gemacht.

### 3. Ergebnis

Da sowohl die allgemeinen als auch die besonderen Prozessvoraussetzungen der Widerklage vorliegen, ist diese zulässig.

## IV. Zusammenfassung

- Damit eine Widerklage zulässig ist, müssen sowohl die allgemeinen als auch besondere Prozessvoraussetzungen vorliegen.
- Zur Bestimmung der sachlichen Zuständigkeit werden die Streitwerte von Klage und Widerklage nicht zusammengerechnet, § 5 2.Hs. ZPO.
- § 33 ZPO eröffnet einen besonderen Gerichtsstand, wenn zwischen Klage und Widerklage bzw. Verteidigungsvorbringen ein rechtlicher oder wirtschaftlicher Zusammenhang besteht.
- Die Möglichkeit der Prozessaufrechnung nimmt der Widerklage nicht das Rechtsschutzbedürfnis.
- Die Konnexität, § 33 ZPO, ist keine besondere Sachurteilsvoraussetzung (a.A. BGH).

## V. Zur Vertiefung

- Hemmer/Wüst, ZPO I, Rn. 368 ff.

# Kapitel III: Versäumnisverfahren

## Fall 30: Säumnis des Beklagten

***Sachverhalt:***

*K aus München reicht beim Amtsgericht Hamburg eine Klage gegen den B aus Hamburg auf Kaufpreiszahlung in Höhe von 3.000,- € ein. Die Klageschrift wird dem B am 12.10. zugestellt, gleichzeitig ergeht Ladung zur Güteverhandlung am 28.10. unter Anordnung des persönlichen Erscheinens der Parteien. B, der sehr erbost ist, dass man ihn vor Gericht zerrt, denkt nicht daran, sich „mit einem Bayern" gütlich zu einigen. Er erscheint deswegen nicht zum Gütetermin. Das Gericht geht daher unmittelbar in die streitige Verhandlung über. Der Anwalt des K stellt den Sachantrag aus der Klageschrift und meint, da der B nicht da sei, könne man die Angelegenheit wenigstens schnell hinter sich bringen.*

***Frage:** Wie wird das Gericht entscheiden?*

### I. Einordnung

Wenn eine Partei nicht vor Gericht erscheint, muss das Verfahren trotzdem weitergehen. Ansonsten könnte man einen Prozess allein durch Nichtstun torpedieren und so dem Gegner die Möglichkeit eines Urteils entziehen.

Die ZPO regelt die Folgen der Säumnis einer Partei in den §§ 330 ff. ZPO.

**hemmer-Methode:** Sind im ersten Termin beide Parteien säumig, so ruht das Verfahren nach § 251a ZPO.

Auf Antrag der anderen Partei kann ein sog. Versäumnisurteil (VU) ergehen. Für ein solches ist charakteristisch, dass es gegen die säumige Partei gerade aufgrund der Säumnis ergeht. Es weist hinsichtlich seiner Voraussetzungen eine Reihe von Besonderheiten gegenüber einem normalen Urteil auf.

**hemmer-Methode:** Bei Säumnis einer Partei kann es auch zu einem sog. unechten VU kommen. Dieses stellt ein streitiges Endurteil dar, welches nicht aufgrund, sondern nur „bei Gelegenheit" der Säumnis wegen Unzulässigkeit oder Unschlüssigkeit der Klage ergeht.

### II. Gliederung

**1. Zulässigkeit eines VU gegen den Beklagten, § 331 ZPO**

Prozessantrag des Klägers ⇨ (+), liegt hier konkludent im Sachantrag

**Säumnis des Beklagten**

- **(P): Termin zur notwendigen mündlichen Verhandlung** ⇨ (+), zwar nicht der Gütetermin, § 278 II ZPO, aber die sich nach § 279 I S. 1 ZPO unmittelbar anschließende mündliche Verhandlung
- **Säumnis des Beklagten** ⇨ (+), da kein Erscheinen und Verhandeln nach Aufruf am richtigen Ort in richtiger Art und Weise

Vertagungsgrund gem. § 337 ZPO (-)
Erlasshindernis gem. § 335 I ZPO (-)

**2. Zulässigkeit der Klage**

Vorliegen der allgemeinen Prozessvoraussetzungen (+)

**3. Schlüssigkeit der Klage**

Als zugestanden anzusehendes tatsächliches Vorbringen des Gegners rechtfertigt den Klageantrag

## III. Lösung

Das Gericht wird ein Versäumnisurteil gegen den Beklagten erlassen, § 331 ZPO, wenn die prozessualen Voraussetzungen vorliegen und die Klage zulässig und schlüssig ist.

**hemmer-Methode:** Hier lässt sich auch ein anderer Aufbau gut vertreten.
1. Zulässigkeit der Klage,
2. Zulässigkeit eines VU,
3. Schlüssigkeit der Klage.
Argument für eine solche Prüfungsreihenfolge ist, dass es bei einer unzulässigen Klage auf die Säumnis gar nicht mehr ankommt, da dann ein klageabweisendes Prozessurteil ergeht. In der Klausur wird Ihnen allerdings kaum der Fall begegnen, dass eine Partei säumig und die Klage dennoch unzulässig ist. Damit wäre nämlich so ziemlich jedes prozessuale und materielle Problem in ein Hilfsgutachten katapultiert, was vom Aufgabensteller keinesfalls gewollt sein wird.

### 1. Zulässigkeit eines VU

Das Gericht wird auf den Antrag des Klägers hin das VU erlassen, wenn der Beklagte säumig ist und weder ein Vertagungsgrund, § 337 ZPO, noch ein Erlasshindernis, § 335 ZPO, vorliegen.

**hemmer-Methode:** Statt eines VU kann der Gegner auch eine Entscheidung nach Aktenlage, § 331a S. 1 ZPO, beantragen. Eine solche darf nach §§ 331a S. 2, 251a II ZPO aber nur ergehen, wenn bereits in einem früheren Termin mündlich verhandelt wurde.

#### a) Prozessantrag

Grundsätzlich muss der Gegner einen Prozessantrag auf Erlass eines Versäumnisurteils und zusätzlich die Sachanträge stellen.

Ein ausdrücklicher VU-Antrag des Klägervertreters liegt hier nicht vor, er stellte lediglich den Sachantrag.

Die Auslegung kann jedoch ergeben, dass der Sachantrag stillschweigend zugleich den Prozessantrag auf ein Versäumnisurteil enthält, bei dem Sachantrag im Verhandlungstermin ist dies in der Regel immer der Fall[10]. Berücksichtigt man zudem die Bemerkungen des Klägeranwalts nach der Stellung der Sachanträge, so ergibt sich, dass hier ein VU nach § 331 ZPO gewollt ist.

Das VU wurde daher konkludent durch die Stellung der Sachanträge beantragt.

#### aa) Säumnis des Beklagten

Eine Partei ist säumig, wenn sie im Termin zur notwendigen mündlichen Verhandlung vor dem Prozessgericht nicht erscheint oder nicht verhandelt.

[10] BGHZ 37, 79, 83.

### bb) Termin zur mündlichen Verhandlung

Ein Termin in diesem Sinne ist ein früher erster Termin, § 275 ZPO oder ein Haupt-, § 279 ZPO, bzw. Fortsetzungstermin, § 332 ZPO.

Das Gericht hatte hier lediglich einen Gütetermin, § 278 II, III ZPO, angesetzt. In einem solchen darf ein VU nicht ergehen.

Wenn eine Partei zum Gütetermin unentschuldigt nicht erscheint, kann das Gericht jedoch nach § 279 I S. 1 ZPO sogleich in den Haupttermin übergehen. Hier nun ist es möglich, ein VU zu erlassen.

### cc) Nichterscheinen des Beklagten

Eine Partei ist dann säumig, wenn sie bei Aufruf der Sache in richtiger Art und Weise, § 220 I ZPO, und am richtigen Ort, § 219 ZPO, nicht erscheint.

B war in der mündlichen Verhandlung, die sich an den Gütetermin anschloss, nicht anwesend.

**hemmer-Methode:** Ist die Partei anwesend, dann muss sie zur Abwendung einer Säumnis auch verhandeln, § 333 ZPO. Für ein Verhandeln ist hier aber anders als bei § 39 ZPO bereits die Erklärung zu Zulässigkeitsfragen ausreichend (vgl. den Wortlaut beider Vorschriften). Zu beachten ist noch, dass ein Nichtverhandeln im Anwaltsprozess, § 78 ZPO, auch dann vorliegt, wenn nur die Partei persönlich erscheint. Dieser fehlt es an der Postulationsfähigkeit.

Die Säumnis des Beklagten B ist vorliegend gegeben.

### b) Kein Vertagungsgrund, § 337 ZPO

Ein Versäumnisurteil darf gem. § 337 1.Alt. ZPO dann nicht ergehen, wenn die vom Vorsitzenden bestimmten Fristen zu kurz bemessen waren. Eine Fristbestimmung durch das Gericht, etwa eine Abkürzung nach § 226 ZPO, liegt aber hier schon gar nicht vor. Auf die unveränderten gesetzlichen Fristen findet § 337 1.Alt. ZPO hingegen keine Anwendung.

Nach § 337 2.Alt. ZPO ist ein Vertagungsgrund auch dann gegeben, wenn eine Partei an ihrem Nichterscheinen kein Verschulden trifft. Wenn eine Partei bewusst nicht zum Gütetermin kommt, obwohl ihr persönliches Erscheinen nach §§ 278 III, 141 ZPO angeordnet wurde, so fehlt sie verschuldet in dem sich nach § 279 I ZPO im Regelfall anschließenden Haupttermin.

**hemmer-Methode:** Kommentieren Sie sich, soweit zulässig, den § 85 II ZPO an das Wort „Verschulden" in § 337 2.Alt. ZPO. Einen Rechtsanwalt trifft z.B. dann Verschulden, wenn er bei kurzfristiger, nicht vorhersehbarer Verhinderung am pünktlichen Erscheinen (unüblicher Verkehrsstau) nicht alles Zumutbare unternimmt (Anruf übers Handy), um das Gericht noch so rechtzeitig zu verständigen, dass es vertagen kann.

Ein Vertagungsgrund nach § 337 ZPO liegt damit nicht vor.

**hemmer-Methode:** Ein VU trotz Vorliegen eines Vertagungsgrundes ist rechtswidrig, auch wenn das Gericht die ihm zugrunde liegenden Tatsachen nicht kannte.

#### c) Kein Erlasshindernis, § 335 ZPO

Läge einer der in § 335 I Nr.1-3 ZPO bezeichneten Fälle vor, wäre der Antrag des K auf Erlass eines VU durch Beschluss zurückzuweisen.

Ein solches Erlasshindernis ist aber nicht ersichtlich, insbesondere wurde rechtzeitig geladen, § 335 I Nr.2 ZPO. Die zwischen der Zustellung der Klageschrift und dem Termin zur mündlichen Verhandlung liegende Einlassungsfrist war hier länger als die nach § 274 III S. 1 ZPO mindestens geforderten zwei Wochen.

#### d) Ergebnis

Die Prozessvoraussetzungen für den Erlass eines VU liegen vor.

### 2. Zulässigkeit der Klage

Ein Versäumnisurteil ist immer ein Sachurteil, also der vollen materiellen Rechtskraft nach § 322 ZPO fähig. Nach dem Grundsatz des Vorrangs der Sachurteilsvoraussetzungen darf es bei Unzulässigkeit der Klage nicht ergehen.

Die allgemeinen Prozessvoraussetzungen für die Klage des K liegen aber vor, sie ist zulässig.

### 3. Schlüssigkeit der Klage

Da ein VU gegen den Beklagten nach § 331 ZPO beantragt ist, muss die Klage weiterhin schlüssig sein.

**hemmer-Methode:** Ergeht ein VU gegen den Kläger, § 330 ZPO, wird dies gerade nicht geprüft. Wenn dieser nicht erscheint, so ist darin ein Verzicht auf den zuvor geltend gemachten Anspruch zu sehen. Es ergeht ein abweisendes Sachurteil mit voller Rechtskraftwirkung, selbst wenn die Klage evident schlüssig und das Beklagtenvorbringen evident unerheblich ist.

Schlüssigkeit liegt vor, wenn das tatsächliche Vorbringen des Klägers, welches nach § 331 I S. 1 ZPO als wahr unterstellt wird, den Klageantrag rechtfertigt. Der Kläger muss also alle anspruchsbegründenden Tatsachen behaupten.

Zu möglichen Einwendungen des Beklagten muss er sich nicht äußern. Vielmehr ist dies sogar gefährlich für ihn, da er durch den Vortrag nachteiligen Sachverhalts in Form der sog. inkorporierten Einreden (etwa der klägerische Vortrag, dass der Beklagte sich auf Verjährung berufen habe) seine Klage selbst unschlüssig machen kann.

**hemmer-Methode:** In der Klausur müssen Sie im Rahmen der Schlüssigkeitsprüfung umfassend die materielle Rechtslage prüfen. Dies stellt regelmäßig den Schwerpunkt der Arbeit dar.

Ob die Klage des K schlüssig ist, hängt also davon ab, ob sein Vortrag nach materiellem Recht den geltend gemachten Anspruch rechtfertigt.

## IV. Zusammenfassung

- Erscheint oder verhandelt eine Partei im Termin zur mündlichen Verhandlung nicht, so kann auf Antrag des Gegners ein Versäumnisurteil ergehen, wenn keine Vertagungsgründe oder Erlasshindernisse bestehen.

- Ein „echtes“ VU liegt nur vor, wenn es gerade aufgrund der Säumnis gegen die säumige Partei ergeht.
- Ist die Klage dagegen unzulässig oder unschlüssig, so ergeht ein sog. „unechtes VU“. Dieses stellt ein streitiges Endurteil dar.
- Eine Klage ist schlüssig, wenn das klägerische Vorbringen, seine Wahrheit unterstellt, den Klageantrag rechtfertigt.

## V. Zur Vertiefung

- Hemmer/Wüst, ZPO I, Rn. 387 ff.
- Zu der Frage des Verschuldens bzgl. des Nichterscheinens: Life&Law 2006, 389 ff.

# Fall 31: Einspruch gegen 1. Versäumnisurteil

***Sachverhalt:***

*K lässt durch seinen Anwalt R bei dem zuständigen Landgericht am 14.06. eine Klage gegen B auf Zahlung von 13.500,- € einreichen. Das Gericht ordnet das schriftliche Vorverfahren an. Die Klageschrift sowie die Aufforderung zur Verteidigungsanzeige nebst ordnungsgemäßer Belehrung werden dem B am 21.06. zugestellt. B übersendet dem Gericht daraufhin am 25.06. ein Schreiben, indem er „die unverschämte Forderung" des K abstreitet und ankündigt, „sich vor Gericht schon angemessen zu wehren". Am 07.07. beantragt R ein Versäumnisurteil, welches am 12.07. vom Richter erlassen und der Geschäftsstelle zur Zustellung übergeben wird. Das Urteil wird dem B am 14.07. zugestellt und dem K persönlich am 15.07., welcher es am 20.07. seinem Rechtsanwalt übergibt. Nach Erhalt des Versäumnisurteils eilt B sofort zu einem Rechtsanwalt. Dieser legt*

***a)*** *am 30.07.*

***b)*** *am 16.07.*

*Einspruch gegen das Versäumnisurteil ein.*

***Frage:*** *Wie wird das Gericht entscheiden?*

## I. Einordnung

Gegen ein Versäumnisurteil (VU) kann man sich nur mit einem speziellem Rechtsbehelf, dem Einspruch, §§ 338 ff. ZPO, wehren. Darauf ist den Anforderungen des § 232 ZPO entsprechend hinzuweisen. Die Vorschrift regelt ab 01.01.2014 allgemein eine Rechtsbehelfsbelehrung. In diesem Zuge ist § 338 S.2 ZPO weggefallen, der dies für den Einspruch explizit regelte.

Der Einspruch führt bei Zulässigkeit dazu, dass der Prozess in den Stand vor der Säumnis zurückversetzt wird, § 342 ZPO. Das Verfahren findet vor dem Prozessgericht seinen normalen Fortgang, als wäre nie ein Versäumnisurteil erlassen worden.

**hemmer-Methode:** Das VU selbst wird durch den Einspruch nicht beseitigt, es kann jedoch durch ein späteres Endurteil im Prozess aufgehoben werden, vgl. § 343 ZPO.

Aus Anwaltssicht sollte man daher die Aufhebung des VU mitbeantragen.

Die Prüfung des Einspruchs richtet sich nach § 341 ZPO. Wenn dieser zulässig ist, kommt es wegen § 342 ZPO für die weitere Entscheidung des Gerichts nur noch auf die Hauptsache an.

**hemmer-Methode:** Begehen Sie daher nie den Kardinalfehler und prüfen Sie die Begründetheit des Einspruchs. Dies kann Ihrer Klausur bei einem strengen Korrektor sofort den „Todesstoß" versetzen.

Der Einspruch ist kein Rechtsmittel wie Berufung oder Revision. Er hat keinen Devolutiveffekt, bringt den Rechtsstreit also nicht in eine höhere Instanz.

Dies beruht auf folgender Überlegung:

Die Überprüfung einer Entscheidung durch das Prozessgericht selbst hat regelmäßig deshalb keine Aussicht auf Erfolg, da dieses bereits eine umfassende Begründetheitsprüfung vorgenommen hat, aufgrund derer es sich sein Urteil gebildet hat.

Da vor Erlass eines Versäumnisurteil aber lediglich eine Schlüssigkeitsprüfung stattfindet, wurde auch noch nicht geprüft, ob die Sache tatsächlich begründet ist. Die Erfolgsaussichten nach Einspruch sind daher auch vor dem Prozessgericht nicht geschmälert.

## II. Gliederung

**1. Zulässigkeit des Einspruchs**

**Statthaftigkeit**, § 338 ZPO

**(P): Kein Rechtsbehelf auf Vorrat!**

- Variante a) ⇨ (+), VU im schriftlichen Vorverfahren, § 331 III ZPO, erst vollständig existent nach Zustellung an beide Parteien, § 310 III S. 1 ZPO;

⇨ fehlerhafte Zustellung an K, § 172 I S. 1 ZPO, aber durch Übergabe an R geheilt, § 189 ZPO

- Variante b) ⇨ (+) zwar VU noch nicht existent, aber nach h.M. genügt eine wirksame Zustellung für Einspruch

**Frist**, § 339 ZPO

- Variante a) ⇨ (+), Fristbeginn erst mit letzter Zustellung; gem. § 189 ZPO ab Übergabe von K an R am 20.07.
- Variante b) ⇨ (+), mangels wirksamer (!) Zustellung an K überhaupt noch kein Fristlauf

**Form**, § 340 I, II ZPO (+)

**2. Zulässigkeit der Klage**

Vorliegen der allgemeinen Prozessvoraussetzungen

**3. Begründetheit der Klage**

## III. Lösung

### 1. Zulässigkeit des Einspruchs

Der Einspruch ist zulässig, wenn er an sich statthaft sowie frist- und formgerecht eingelegt ist, § 341 I S. 1 ZPO.

**hemmer-Methode:** Bei der Prüfung der Zulässigkeit des Einspruchs hilft Ihnen der Gesetzeswortlaut (ausnahmsweise) einmal wirklich weiter. Markieren Sie sich den § 341 ZPO deutlich, damit Sie ihn im Eifer des Gefechts auch finden und notieren Sie sich zu den einzelnen Prüfungspunkten die zugehörigen Paragraphen („statthaft“ ⇨ § 338 ZPO; „Form“ ⇨ § 340 I, II ZPO; „Frist“ ⇨ § 339 ZPO).

#### a) Statthaftigkeit des Einspruchs

Der Einspruch ist statthaft für die säumige Partei gegen ein echtes (technisch erstes[11]) Versäumnisurteil, § 338 ZPO. Es muss sich also um ein Urteil handeln, dass wegen der Säumnis gegen den Säumigen ergeht.

Die Entscheidung erging hier gegen B, der den Einspruch einlegt. Es handelt sich auch um ein echtes Versäumnisurteil nach § 331 III S. 1 ZPO, da es wegen der Säumnis des B erging.

**hemmer-Methode:** Auf die Frage, ob das VU in gesetzlicher Weise ergangen ist (also ob es überhaupt hätte ergehen dürfen), kommt es nicht an. Dies spielt allenfalls noch bei der Verteilung der Kosten eine Rolle, § 344 ZPO. In der Klausur können Sie dies allenfalls hilfsgutachtlich ansprechen.

---

[11] Zu diesem Begriff vgl. Fall 32.

Im vorliegenden Fall konnte auf den Antrag des Klägers hin ein VU nach § 331 III S. 1 ZPO erlassen werden, da B zwar seine Verteidigung innerhalb der Zwei-Wochen-Frist des § 276 I S. 1 ZPO anzeigte, sich aber bei der Vornahme dieser Prozesshandlung nicht von einem Anwalt vertreten ließ, § 78 I ZPO.

Im Prozessrecht gilt die Regel, dass ein Rechtsbehelf nicht eingelegt werden darf, bevor die anzufechtende Entscheidung endgültig erlassen wurde. Ein Rechtsbehelf auf Vorrat ist nicht zulässig.

Ein VU ist wie jedes andere Endurteil mit der Verkündung erlassen, § 310 I ZPO. Die Verkündung eines Urteils erfolgt regelmäßig in einem nach der Verhandlung separat anberaumten öffentlichen Verkündungstermin.

Bei einem VU, welches nach § 331 III ZPO im schriftlichen Vorverfahren ergeht, wird die Verkündung durch die Zustellung einer Ausfertigung des Urteils ersetzt, § 310 III S. 1 ZPO.

### aa) Variante a) – Einspruch am 30.07.

Fraglich ist, ob am 30.07., als B durch einen Anwalt den Einspruch einlegte, schon ein VU vorlag.

Da im Fall des § 310 III ZPO die Verkündung durch die Zustellung ersetzt wird, ist davon auszugehen, dass das Urteil erst dann vollständig existent ist, wenn es an beide Parteien wirksam zugestellt wurde.

An B wurde das VU am 14.07. zugestellt, an K am 15.07. Die Zustellung an K persönlich war jedoch nach § 172 I S. 1 ZPO unwirksam, da sie nicht an den Prozessbevollmächtigten des K, den Rechtsanwalt R, erfolgte.

**hemmer-Methode:** § 172 ZPO soll sicherstellen, dass der Prozessbevollmächtigte, der den Prozess führt, auch umfassende Informationen über die eingeführten Schriftsätze und Urkunden, über die erlassenen Entscheidungen und vorgenommenen Prozesshandlungen unmittelbar und möglichst schnell erhält. Nur wenn kein Prozessbevollmächtigter bestellt ist, hat die Zustellung an die Partei direkt zu erfolgen, § 172 II S. 3 ZPO.

Als K die Unterlagen am 20.07. seinem Rechtsanwalt R übergab, wurde der Zustellungsmangel aber geheilt nach § 189 ZPO. Ab diesem Zeitpunkt lag daher ein VU vor.

Der Einspruch war daher am 30.07. statthaft.

### bb) Variante b) – Einspruch am 16.07.

Als B durch seinen Anwalt am 16.07. Einspruch einlegte, existierte noch kein VU.

An K war zu diesem Zeitpunkt nämlich das Urteil noch nicht wirksam zugestellt gewesen. K hatte die Entscheidung zwar persönlich erhalten am 15.07., an seinen Rechtsanwalt R wurde sie aber erst am 20.07. weitergeleitet. Die Heilung nach § 189 ZPO trat daher auch erst am 20.07. ein, sie hat keine Rückwirkung.

Strikt nach dem Grundsatz „Kein Rechtsbehelf auf Vorrat!“ wäre daher der Einspruch des B nicht statthaft. Dies würde allerdings zu dem merkwürdigen Ergebnis führen, dass der Rechtsbehelf einer Partei deswegen unzulässig ist, weil bei der Zustellung an die andere Partei ein Verfahrensfehler vom Gericht begangen wurde.

Nach h.M. ist daher der Einspruch in dieser Konstellation auch dann statthaft, wenn zumindest eine der beiden erforderlichen Zustellungen wirksam erfolgt ist.

Begründet wird dies damit, dass durch die erste Zustellung schon der Rechtsschein eines wirksamen Urteils eingetreten ist, sodass für den Einspruchsführer die Berechtigung zu dessen Beseitigung gegeben sein muss. Im Übrigen hat der Einspruchsführer ja in aller Regel auch gar keine Kenntnis, wann und ob tatsächlich wirksam an die gegnerische Partei zugestellt wurde. Die Zulässigkeit seines Rechtsbehelfs darf aber nicht von Umständen abhängen, von denen er keine Kenntnis hat bzw. welche er nicht beeinflussen kann.

Auch der Einspruch am 16.07. ist somit statthaft.

### b) Frist

Der Einspruch muss innerhalb einer Notfrist von zwei Wochen eingelegt werden, § 339 I ZPO. Die Frist beginnt mit der Zustellung.

#### aa) Variante a) – Einspruch am 30.07.

B wurde das VU am 14.07. zugestellt. Nach §§ 222 ZPO, 187 I, 188 II BGB wäre bei Abstellung auf diesen Zeitpunkt die Einspruchsfrist am 28.07. abgelaufen.

Jedoch kann die Frist für einen Rechtsbehelf nicht vor Existenz der Entscheidung, die angegriffen wird, zu laufen beginnen[12]. Da die Verkündung des VU erst mit Heilung der Zustellung an K am 20.07. vollständig ersetzt wurde gem. § 310 III S. 1 ZPO, lag erst ab diesem Zeitpunkt eine wirksame Entscheidung vor. Somit konnte die Frist auch erst ab 20.07. anlaufen.

**hemmer-Methode:** Für den Beginn der Einspruchsfrist gegen ein VU nach § 331 III ZPO ist daher nie die Zustellung an den Einspruchsführer entscheidend, sondern die zeitlich letzte Zustellung. Dies ist eine Stelle, an der sich in der Klausur Zustellungsprobleme wunderbar verstecken lassen.

Der Einspruch am 30.07. erfolgte noch fristgemäß.

#### bb) Variante b) – Einspruch am 16.07.

Da am 16.07. die Frist des § 339 I ZPO mangels Zustellung an K noch überhaupt nicht lief, wurde der Einspruch fristgerecht eingelegt.

### c) Form

Die Einspruchsschrift ist bei dem Prozessgericht einzureichen, § 340 I ZPO, und muss das betreffende VU bezeichnen sowie die ausdrückliche Erklärung, Einspruch einzulegen, § 340 II ZPO, enthalten.

**hemmer-Methode:** Die Einspruchsschrift ist ein bestimmender Schriftsatz, auf den § 130 Nr.6 ZPO nicht anwendbar ist. Auch eine dem § 253 IV ZPO entsprechende Vorschrift fehlt. Daher können an dieser Stelle die „Telefax-Probleme“ noch so verortet werden, dass eine Lösung anhand des Gesetzeswortlauts nicht möglich ist, sondern eine eigene Argumentation erforderlich ist. Vergleichen Sie dazu Fall 10 (Variante Computer-Fax).

[12] BGH, NJW 1994, 3359.

Die Begründung des Einspruchs, § 340 III ZPO, ist dagegen keine Zulässigkeitsvoraussetzung, sondern führt bei Unterlassung „nur“ zu einem Verlust von Angriffs- und Verteidigungsmitteln nach § 296 ZPO.

**hemmer-Methode:** Bei der Berufung ist die Berufungsbegründung, § 520 ZPO, hingegen echte Zulässigkeitsvoraussetzung, arg. § 522 I S. 2 ZPO.

Von einer formgerechten Einlegung des Einspruchs kann hier ausgegangen werden.

#### d) Ergebnis

Der Einspruch ist zulässig. Das Gericht wird einen Termin zur mündlichen Verhandlung bestimmen, § 341a ZPO.

**hemmer-Methode:** Ist der Einspruch unzulässig, so wird er verworfen, § 341 I S. 2 ZPO. Diese Entscheidung stellt ein Endurteil dar, gegen das mit den allgemeinen Rechtsmitteln vorgegangen werden kann. Im Fall des § 341 II ZPO ist dies die sofortige Beschwerde, § 567 I Nr.2 ZPO.

### 2. Zulässigkeit und Begründetheit der Klage

Da der Einspruch zulässig ist, wird der Prozess in die Lage vor Eintritt der Säumnis zurückgesetzt, § 342 ZPO.

Es ist daher nun zu prüfen, ob die Klage zulässig und begründet ist.

**hemmer-Methode:** An dieser Stelle geht nun die Klausur in gewohnten Bahnen weiter. Nochmals: Prüfen Sie nie die Begründetheit des Einspruchs. Kontrollieren Sie auch am Schluss der Klausur, ob sie das nicht zufällig bzw. aus Betriebsblindheit (wo die Zulässigkeit geprüft wird, wird üblicherweise auch die Begründetheit geprüft) geschrieben haben.

## IV. Zusammenfassung

- Gegen ein VU ist der Einspruch, §§ 338 ff. ZPO, der statthafte Rechtsbehelf. Ein zulässiger Einspruch versetzt das Verfahren in den Stand vor der Säumnis, § 342 ZPO.
- Die Prüfung der Zulässigkeit des Einspruchs richtet sich nach § 341 I ZPO.
- Ein VU im schriftlichen Vorverfahren, § 331 III ZPO, wird erst mit wirksamer Zustellung an beide Parteien existent. Für die Statthaftigkeit des Einspruchs genügt allerdings schon eine wirksame Zustellung.
- Die Einspruchsfrist, § 339 I ZPO, läuft bei einem VU nach § 331 III ZPO erst ab der zeitlich letzten Zustellung.

## V. Zur Vertiefung

- Hemmer/Wüst, ZPO I, Rn. 407 ff.

# Fall 32: 2. Versäumnisurteil

***Sachverhalt:***

*K reicht gegen B bei dem zuständigen Amtsgericht Klage auf Darlehensrückzahlung in Höhe von 4.000,- € ein. Der vielbeschäftigte B weiß, dass er das Darlehen schon zurückgezahlt hat. Bis zum anberaumten Verhandlungstermin kommt er aber nicht dazu, die von K ausgestellte Quittung aus seinen Unterlagen herauszusuchen. Da B meint, ohne diese Quittung wäre eine Verteidigung sowieso sinnlos, erscheint er erst gar nicht zur mündlichen Verhandlung. In einem Rechtsratgeber hatte B einmal gelesen, dass es nicht so schlimm wäre, wenn man im Zivilprozess einmal vor Gericht nicht erscheint. Gegen B wird im Termin ein Versäumnisurteil erlassen, welches ihm ordnungsgemäß zugestellt wird.*

*Zwischenzeitlich fand B die Quittung des K und begibt sich nun mit dieser sowie dem Versäumnisurteil zu Rechtsanwalt R. R legt frist- und formgerecht Einspruch ein, wobei er auf die vorhandene Quittung hinweist. Daraufhin beraumt das Gericht einen neuen Verhandlungstermin an. Die sonst stets zuverlässige und einwandfrei arbeitende Sekretärin S des R trägt den Termin jedoch versehentlich eine Woche zu spät im Terminplan des Rechtsanwalts ein. Daher ist dieser in der erneuten Verhandlung nicht anwesend. Das Gericht weist den K auf den Vortrag des B bezüglich der Quittung im Einspruchsschriftsatz hin. K meint, B oder sein Rechtsanwalt müssten schon erscheinen, wenn sie etwas zu sagen hätten. Dann beantragt er ein weiteres Versäumnisurteil.*

***Frage 1:*** *Wird das Gericht ein zweites Versäumnisurteil erlassen?*

***Frage 2:*** *Wie kann B gerichtlich dagegen vorgehen, falls es erlassen wird?*

## I. Einordnung

Das Versäumnisurteil (VU) stellt eine Sanktion für nachlässige Prozessführung dar. Durch den Rechtsbehelf des Einspruchs können die nachteiligen Rechtsfolgen eines VU aber relativ einfach wieder beseitigt werden. Für die säumige Partei bleiben lediglich zusätzliche Kosten bestehen, § 344 ZPO.

Ist eine Partei aber erneut säumig, so ist die Missachtung der Prozessförderungspflicht schwerwiegender. Welche Konsequenzen sich daraus ergeben, wird in diesem Fall aufgezeigt.

## II. Gliederung

**1. Voraussetzungen für Erlass eines 2. VU**

- Prozessantrag (+)
- Zulässiger Einspruch (+)
- **(P): Prüfungsumfang des Gerichts vor Erlass des 2. VU**

\- **Gesetzmäßigkeit des 1. VU**

⇨ (-) nach BGH, da keine dem § 700 VI ZPO vergleichbare Vorschrift und Fernbleiben im Einspruchstermin dem Verzicht auf den Einspruch gleichkommt

- **Nur Säumnis im Einspruchstermin wird überprüft**

⇨ (+), sog. „Kettensäumnis“, da für B erneut niemand anwesend

- Vertagungsgrund gem. § 337 ZPO ⇨ (+), da Verschulden des Büropersonal von R dem B nicht zurechenbar

**2. Rechtsbehelfe gegen 2. VU**

Einspruch
⇨ (-), vgl. § 345 a.E. ZPO

Berufung
⇨ (+), gem. § 514 II ZPO kann aber nur geltend gemacht werden, dass im Einspruchstermin keine schuldhafte Säumnis vorlag

## III. Lösung

### 1. Voraussetzungen für den Erlass eines 2. VU

Das Gericht wird ein 2. VU erlassen, wenn die Voraussetzungen des § 345 ZPO vorliegen.

#### a) Prozessantrag

Voraussetzung für den Erlass eines jeden VU ist ein entsprechender Antrag der gegnerischen Partei.

Einer solcher liegt hier explizit vor.

#### b) Zulässiger Einspruch

Ein 2. VU kommt nur dann in Betracht, wenn der Einspruch des im ersten Termin Säumigen überhaupt zulässig ist.

Ist der Einspruch schon unzulässig, dann kommt nicht § 345 ZPO zur Anwendung, sondern es erfolgt ungeachtet der Säumnis die Verwerfung als unzulässig durch Endurteil, § 341 I S. 2 ZPO. Ein VU ergeht dann also gerade nicht.

**hemmer-Methode:** Die Verwerfung des Einspruchs wird oftmals ohne mündliche Verhandlung erfolgen, § 341 II ZPO. Gleichwohl ist sie natürlich auch im Einspruchstermin, § 341a ZPO, möglich.

#### aa) Statthaftigkeit des Einspruchs, § 338 ZPO

Der Einspruch des B richtete sich gegen ein echtes VU, welches wegen seiner Säumnis gegen ihn ergangen war.

Der Einspruch ist daher statthaft.

#### bb) Frist- und formgerechte Einlegung, §§ 339 I, 340 I, II ZPO

Der Einspruch erfolgte innerhalb der Zwei-Wochen-Frist des § 339 I ZPO und in der von § 340 I, II ZPO vorgeschrieben Form.

#### cc) Zwischenergebnis

Ein zulässiger Einspruch liegt vor. Damit findet § 345 ZPO Anwendung, ein 2. VU kommt in Betracht.

#### c) Prüfungsumfang des Gerichts

#### aa) Gesetzmäßigkeit des 1. VU

Umstritten ist, inwieweit das Prozessgericht vor Erlass eines 2. VU nachprüft, ob das 1. VU in gesetzlicher Weise ergangen ist.

Ein VU ist in gesetzlicher Weise ergangen, wenn bei Schluss der ersten mündlichen Verhandlung sämtliche prozessualen und sachlichen Voraussetzungen für ein VU vorlagen.

**hemmer-Methode:** Die Frage nach der Gesetzmäßigkeit des 1. VU ist die Frage danach, ob das 1. VU hätte ergehen dürfen. Zu den Voraussetzungen für den Erlass eines VU nach § 331 ZPO vgl. Fall 30.

Da hier ein VU gegen den Beklagten, § 331 ZPO, erging, müssten die besonderen Prozessvoraussetzungen für den Erlass eines VU vorgelegen haben und die Klage zudem zulässig und schlüssig gewesen sein.

**(1) E.A.: Prüfung der Gesetzmäßigkeit des 1. VU**

Nach früher fast einhellig und auch jetzt noch stark vertretener Ansicht sind all diese Punkte tatsächlich vor Erlass eines 2. VU zu prüfen.

Begründet wird dies mit der Restitutionswirkung des § 342 ZPO. Danach wird das Verfahren in genau den Stand zurückversetzt, den es vor Säumnis der Partei hatte. Ein erneutes VU dürfe daher nur dann ergehen, wenn die Klage auch zulässig und schlüssig sei.

Würde dies nicht geprüft, könne es vorkommen, dass ein Richter sehenden Auges, z.B. bei evidenter Unschlüssigkeit der Klage, ein Urteil erlassen müsste, welches zur wahren Rechtslage erkennbar in Widerspruch stehe.

Dies wäre mit der Bindung des Richters an Recht und Gesetz unvereinbar und könne nicht Sinn und Zweck einer gesetzlichen Regelung sein.

**hemmer-Methode:** Führt man das Argument der Restitutionswirkung des § 342 ZPO konsequent fort, so kommt es nur noch auf die Zulässigkeit und Schlüssigkeit der Klage an, aber gerade nicht mehr auf das tatsächliche Vorliegen der besonderen Prozessvoraussetzungen für das 1. VU. Denn der Prozess wird ja gerade in den Stand vor der Säumnis zurückversetzt.

**(2) BGH: Keine Prüfung der Gesetzmäßigkeit des 1. VU**

Nach Auffassung des BGH, dem sich ein Teil der Rechtslehre angeschlossen hat, ist die Gesetzmäßigkeit des 1. VU gerade nicht vor Erlass eines 2. VU i.S.d. § 345 ZPO zu prüfen.

**Umkehrschluss aus § 700 VI ZPO**

Dies ergibt sich zum einen daraus, dass der Gesetzgeber für den Einspruch gegen ein VU keine dem § 700 VI ZPO entsprechende Regelung getroffen hat. Diese Vorschrift besagt, dass ein Einspruch gegen einen Vollstreckungsbescheid, welcher gem. § 700 I ZPO einem 1. VU gleichsteht, nur dann zu verwerfen ist, wenn der mit dem Vollstreckungsbescheid verfolgte Anspruch zulässig und schlüssig geltend gemacht wurde. Da in den §§ 338 ff. ZPO eine vergleichbare Norm nicht existiert, lässt sich im Umkehrschluss folgern, dass es bei dem Einspruch gegen ein 1. VU nicht auf dessen Gesetzmäßigkeit ankommt.

Dieses Ergebnis steht im Einklang mit Sinn und Zweck des § 700 VI ZPO. Bei einem Vollstreckungsbescheid, der gem. § 20 Nr.1 RPflG vom Rechtspfleger erlassen wird, ist nämlich anders als im Versäumnisverfahren das Bestehen des Anspruchs noch nicht geprüft worden, vgl. § 691 I Nr.2 ZPO.

Der Erlass des Vollstreckungsbescheids setzt nur voraus, dass der Antragsgegner nicht rechtzeitig Widerspruch gegen den Mahnbescheid eingelegt hat, § 699 I S. 1 ZPO.

Vor dem Erlass eines VU wird hingegen schon die Zulässigkeit und Schlüssigkeit der Klage von einem Richter geprüft. Eine nochmalige Überprüfung ist daher auch nach dem Grundsatz des rechtlichen Gehörs nicht erforderlich.

### § 345 ZPO als lex specialis zu § 342 ZPO

Zum anderen sei § 345 ZPO gerade eine lex specialis zu § 342 ZPO. Das erneute Fernbleiben von der mündlichen Verhandlung steht der Sache nach einem Verzicht auf den Einspruch gleich. Die Restitutionswirkung des § 342 ZPO trete daher gerade nicht ein bei erneuter Säumnis.

Nach dem Wortlaut des § 345 ZPO („Versäumnisurteil, durch das der Einspruch verworfen wird") findet keine Prüfung der Gesetzmäßigkeit des 1. VU, sondern nur der Zulässigkeit des Einspruchs statt.

### VU als Sanktion für mangelhafte Prozessführung

Würde vor Erlass des 2. VU die Zulässigkeit und Schlüssigkeit der Klage noch einmal vollständig geprüft werden, so käme auch die Sanktionswirkung eines VU nicht vollständig zur Geltung.

War nämlich eine Partei schon einmal säumig, so ist sie anschließend zu besonders sorgfältiger Prozessführung angehalten. Ist sie dennoch ein zweites Mal säumig, so ist sie nicht schutzwürdig.

### (3) Zwischenergebnis

Aufgrund der überzeugenden Argumente ist der zuletzt erörterten Ansicht des BGH zu folgen. Vor Erlass eines 2. VU wird daher die Gesetzmäßigkeit des 1. VU nicht überprüft.

**hemmer-Methode:** Der Hinweis des Gerichts an K bezüglich der Rückzahlungsquittung war daher eigentlich überflüssig.
Selbst wenn K nun vortragen würde, dass das Darlehen schon zurückgezahlt sei, so spielt dies für den Erlass des 2. VU nach Ansicht des BGH keine Rolle.
Denn die Schlüssigkeit der Klage wird gerade nicht mehr überprüft.

### bb) Säumnis im Einspruchstermin

Selbstverständlich ist aber vor Erlass des 2. VU zu prüfen, ob der Einspruchsführer in einem Termin i.S.d. § 345 ZPO überhaupt säumig ist.

Der Einspruchsführer darf im Einspruchstermin nicht anwesend sein bzw. darf nicht verhandeln.

Hier war bereits ein VU ergangen, gegen das ein zulässiger Einspruch von B eingelegt wurde. Im daraufhin anberaumten Termin, § 341a ZPO, war B wiederum säumig. Der Einspruchstermin ist nach dem Wortlaut von § 345 ZPO ein Termin i.S.d. Vorschrift. Es liegt damit ein Fall der für den Erlass eines 2. VU nötigen sog. „Kettensäumnis" vor.

**hemmer-Methode:** Wenn nach einem 1. VU schon zur Sache verhandelt worden war und erst dann eine Vertagung erfolgte, liegt kein Termin i.S.d. § 345 ZPO vor.

Es ergeht dann erneut ein sog. technisch erstes VU, gegen welches der Einspruch zulässig ist.

### d) Vertagungsgrund, § 337 ZPO

Ferner darf kein Erlasshindernis, § 335 I ZPO, und kein Vertagungsgrund, § 337 ZPO, vorliegen. Ein Erlasshindernis, § 335 I ZPO ist hier nicht ersichtlich.

Allerdings könnte ein Vertagungsgrund gem. § 337 ZPO vorliegen. Dies wäre dann der Fall, wenn die Partei ohne ihr Verschulden am Erscheinen verhindert ist.

#### aa) Verschulden der Partei selbst

B selbst trifft kein Verschulden am Nichterscheinen. Er hat einen Rechtsanwalt bevollmächtigt und kann davon ausgehen, dass dieser die entsprechenden Termine wahrnimmt.

#### bb) Verschulden des Prozessbevollmächtigten, § 85 II ZPO

Allerdings wird dem B ein Verschulden des R zugerechnet, § 85 II ZPO. Dieser nahm den Termin aber nur deswegen nicht wahr, da ihn seine Sekretärin falsch im Terminplan eingetragen hatte. Dass R dies schuldhaft veranlasst hätte, ist nicht ersichtlich. Auch trifft den R kein eigenes Organisations- oder Überwachungsverschulden, da die S sonst stets einwandfrei arbeitete. Es bestand kein vernünftiger Anlass, die von ihr eingetragenen Termine nochmals zu kontrollieren.

#### cc) Verschulden des Büropersonals des Prozessbevollmächtigten

Zwar kann dem B das Verschulden seines Prozessbevollmächtigten über § 85 II ZPO zugerechnet werden, nicht aber das von dessen Bürokräften. § 278 BGB findet hier keine Anwendung.

Den B als Partei trifft daher kein Verschulden am Nichterscheinen.

Damit liegt ein Vertagungsgrund vor.

### e) Ergebnis

Da ein Vertagungsgrund vorliegt, wird das Gericht kein 2. VU erlassen.

**hemmer-Methode:** Dieses Ergebnis ist natürlich nur ein theoretisches. In der Praxis wird das Gericht keine Kenntnis vom Vertagungsgrund, § 337 ZPO, haben und daher das 2. VU erlassen.

## 2. Rechtsbehelf gegen 2. VU

Erlässt das Gericht trotz Vorliegen eines Vertagungsgrundes ein 2. VU nach § 345 ZPO, so ist dieses zwar nicht gesetzmäßig, steht aber als Vollstreckungstitel, vgl. § 708 Nr.2 ZPO, im Raum.

**hemmer-Methode:** Ob das Gericht Kenntnis vom Vertagungsgrund hatte oder nicht, spielt für die Frage der Gesetzmäßigkeit des VU keine Rolle.

#### a) Einspruch, § 338 ZPO

Ein erneuter Einspruch gegen das 2. VU ist nach dem eindeutigen Wortlaut des § 345 ZPO nicht statthaft.

#### b) Berufung, § 514 ZPO

Ein 1. VU kann nicht mit der Berufung angegriffen werden, § 514 I ZPO.

Gegen das 2. VU ist andererseits nur die Berufung statthaft, § 514 II ZPO. Jedoch kann die Berufung nur darauf gestützt werden, dass keine schuldhafte Säumnis bei Erlass des 2. VU vorlag. Die Gesetzmäßigkeit des 1. VU kann mit der Berufung nicht mehr überprüft werden.

**hemmer-Methode:** Die Ansicht des BGH zum Prüfungsumfang des Prozessgerichts bei Erlass des 2. VU führt in Verbindung mit § 514 II ZPO zu einem „Gleichlauf der Prüfungsrahmen". Dieses Ergebnis ist ein Grundsatz des Berufungsrechts und von der Rechtsprechung beabsichtigt.

B kann gerade geltend machen, dass ein Fall der schuldhaften Säumnis nicht vorlag. Damit hätte eine Berufung gegen das 2. VU Aussicht auf Erfolg.

## IV. Zusammenfassung

- Vor Erlass eines 2. VU gem. § 345 ZPO wird die Gesetzmäßigkeit des 1. VU nicht überprüft.
- Das Prozessgericht prüft lediglich, ob der Einspruch zulässig ist, § 341 ZPO, und sog. „Kettensäumnis" vorliegt.
- Gegen ein 2. VU ist der Einspruch nicht statthaft, § 345 a.E. ZPO, sondern nur die Berufung, § 514 II ZPO.
- Die Berufung kann nur darauf gestützt werden, dass bei Erlass des 2. VU kein Fall der schuldhaften Säumnis vorlag. Die Gesetzmäßigkeit des 1. VU wird nicht überprüft.

## V. Zur Vertiefung

- Hemmer/Wüst, ZPO I, Rn. 417 ff.
- BGH, Life&Law 1999, 640 ff.; 2012, 127 ff.

# Kapitel IV: Die Beteiligung Mehrerer am Rechtsstreit

## Fall 33: Streitgenossenschaft

***Sachverhalt:***

*Kurz nachdem E an K1 und K2 einen Pkw für 5.000,- € verkauft hatte, starb er. Wegen zahlreicher gravierender und unbehebbarer Mängel erklären K1 und K2 den Rücktritt vom Kaufvertrag und verlangen Rückzahlung der 5.000,- € von den Erben des E, B1 und B2. Diese haben die Erbschaft gemeinsam angenommen, eine Auseinandersetzung fand bisher noch nicht statt. Nachdem die außergerichtlichen Verhandlungen zwischen den Parteien gescheitert sind, erhebt K1 gegen B1 und B2 Klage auf Zahlung der 5.000,- € aus dem Nachlass des E an sich und K2 gemeinsam. Im Haupttermin erscheint nur B1 und verhandelt. K1 beantragt daraufhin ein Versäumnisurteil gegen B2.*

***Frage:*** *Wird das Versäumnisurteil ergehen?*

### I. Einordnung

Im Zivilprozess gibt es nur zwei Parteien, die sich als Kläger und Beklagter gegenüber stehen. Auf jeder Parteiseite können aber mehrere Personen am Rechtsstreit teilnehmen. Man spricht dann von subjektiver Klagehäufung oder Streitgenossenschaft (SG).

Die SG bedeutet lediglich, dass mehrere Prozesse zu gemeinschaftlicher Verhandlung und Beweisaufnahme zusammengefasst werden. Man unterscheidet zwischen einfacher und notwendiger SG.

Die einfache SG, §§ 59 ff. ZPO, wird vom Gesetz aus Gründen der Prozessökonomie zugelassen. Sie ist aber nicht zwingend, es könnten auch separate Prozesse geführt werden.

In den Konstellationen der notwendigen SG, § 62 ZPO, ist dies gerade nicht möglich, weil aus rechtlichen Gründen eine einheitliche Entscheidung gegenüber den Streitgenossen nötig ist.

**hemmer-Methode:** Kommen in einer Klausur mehr als zwei Personen vor, die klagen bzw. verklagt werden, so sind gedanklich stets folgende Fragen zu klären:

1. Liegt überhaupt eine Streitgenossenschaft vor?
2. Ist diese Streitgenossenschaft zulässig?
3. Welche Wirkungen ergeben sich für den Prozess?

### II. Gliederung

**1. Zulässigkeit der Klage**

**(P): Prozessführungsbefugnis des K1**

⇨ (+), **keine notwendige Streitgenossenschaft**, § 62 ZPO, zwischen K1 und K2, da Rücktritt gemeinsam ausgeübt und jetzt Zahlungsklage, § 432 BGB

**2. Zulässigkeit eines VU gegen B2, § 331 ZPO**

Prozessantrag des Klägers ⇨ (+)

**(P): Säumnis von B2**

⇨ (-), § 62 I ZPO, da zwischen B1 und B2 notwendige Streitgenossenschaft, § 2059 II BGB

## III. Lösung

Dafür dass ein Versäumnisurteil (VU) gegen B2 ergehen kann, ist zunächst erforderlich, dass die Klage des K1 zulässig ist und die besonderen Prozessvoraussetzungen für ein VU gegen den Beklagten, § 331 ZPO, vorliegen. Ferner müsste die Klage auch schlüssig sein.

**hemmer-Methode:** Die Prüfung der Zulässigkeit der Klage vor den Erlassvoraussetzungen für ein VU ist möglich, vgl. Fall 30 (hemmer-Methode unter III. Lösung). Dieser Aufbau wurde hier aus klausurtaktischen Gründen gewählt.

### 1. Zulässigkeit der Klage

Problematisch ist allein, ob K1 zur Geltendmachung des Anspruchs **prozessführungsbefugt** ist.

Dies wäre nicht der Fall, wenn das streitgegenständliche Recht ihm und K2 gemeinsam zustehen würde und nur von beiden gemeinsam geltend gemacht werden könnte. Es läge dann eine materiell-rechtlich notwendige SG vor, ein Einzelner hätte allein nicht das Recht, den Prozess als Partei im eigenen Namen zu führen.

**hemmer-Methode:** Merken Sie sich, dass die notwendige SG in der Zulässigkeit der Klage unter dem Prüfungspunkt „Prozessführungsbefugnis" zu behandeln ist.

Eine notwendige SG liegt etwa vor bei Gesamthandsklagen (z.B. Ehegatten in Gütergemeinschaft, § 1450 I S. 1 BGB; mehrere Testamentsvollstrecker, § 2224 I S. 1 BGB) oder bei der Klage der OHG-Gesellschafter auf Ausschluss eines Mitgesellschafters, § 140 HGB.

**hemmer-Methode:** Ist bei einer Gesamthandsgemeinschaft einem Gesamthänder durch Gesetz die Prozessführungsbefugnis eingeräumt (z.B. einem Miteigentümer durch § 1011 BGB oder einem Miterben durch § 2039 BGB) dann ist dieser gerade prozessführungsbefugt (Fall der gesetzlichen Prozessstandschaft) und es liegt keine materiell-notwendige SG vor.

K1 und K2 kauften den Wagen gemeinsam von E. Der Rücktritt, § 437 Nr.2 BGB i.V.m. §§ 434, 326 V, 323 BGB kann als Gestaltungsrecht nur von beiden (Mit-)Käufern gemeinsam ausgeübt werden.

Dies geschah allerdings, sowohl K1 und K2 erklärten den Rücktritt, § 349 BGB.

K1 klagt nach erfolgtem Rücktritt unmittelbar auf Rückzahlung des Kaufpreises. Streitgegenstand der Klage ist daher keinesfalls der Rücktritt, der nur eine inzident zu entscheidende Vorfrage darstellt, sondern der Zahlungsanspruch.

Mangels Anhaltspunkten für eine Gesellschaft kann hier von einer Bruchteilsgemeinschaft von K1 und K2 hinsichtlich des Pkw ausgegangen werden. Sie sind daher Mitgläubiger, § 432 BGB, hinsichtlich des Zahlungsanspruchs[13].

---

13 Vgl. Palandt, § 432, Rn. 2.

§ 432 II BGB zeigt deutlich, dass bei Mitgläubigerschaft keine materiellrechtlich notwendige SG vorliegt. Eine einheitliche Entscheidung gegenüber allen Mitgläubigern ist danach gerade nicht zwingend.

Gem. § 432 I S. 1 BGB kann K1 allein Leistung an sich und K2 gemeinsam fordern. Er ist damit prozessführungsbefugt.

Seine Klage ist somit zulässig.

**hemmer-Methode:** Die passive Prozessführungsbefugnis braucht hier nicht problematisiert zu werden, da ohnehin sowohl B1 und B2 verklagt werden. Wird allerdings bei einer Gesamthandsschuld (die Gesamthänder können den Anspruch nur gemeinsam erfüllen) nur ein Gesamthänder verklagt, so ist die Klage bereits unzulässig.

### 2. Zulässigkeit eines VU gegen B2, § 331 ZPO

Ein Antrag auf Erlass eines VU wurde von K1 gestellt.

Fraglich ist, ob bezüglich B2 **Säumnis** vorliegt.

B2 selbst war zur Verhandlung nicht erschienen. Er könnte aber durch den anwesenden und verhandelnden B1 als vertreten angesehen werden, wenn zwischen B1 und B2 eine notwendige SG besteht, vgl. § 62 I a.E. ZPO.

Läge hingegen nur eine einfache SG vor, so hat das Verhandeln eines Streitgenossen keine Auswirkung auf die Säumnis des anderen, vgl. § 61 a.E. ZPO.

**hemmer-Methode:** Die Säumnis eines von mehreren Klägern oder Beklagten ist eine weitere Stelle, an der sich die Prüfung einer Streitgenossenschaft gut in die Klausur integrieren lässt.

Es ist daher zu klären, ob zwischen B1 und B2 eine SG besteht und welcher Art diese ist.

#### a) Entstehung der SG

Eine SG kann bereits <u>anfänglich</u> durch Klageerhebung entstehen, wenn in der Klageschrift mehrere klagende oder beklagte Personen benannt wurden.

Weiterhin ist sie <u>nachträglich</u> möglich durch den Beitritt weiterer Personen auf Kläger- oder Beklagtenseite sowie durch die Verbindung mehrerer Prozesse gem. § 147 ZPO, wenn an diesen verschiedene Personen auf Kläger- oder Beklagtenseite beteiligt sind.

Hier richtete K1 die Klage von Beginn an gegen B1 und B2. Damit liegt eine anfängliche SG vor.

#### b) Einfache oder notwendige SG

Problematisch ist, ob zwischen B1 und B2 eine einfache oder eine notwendige SG vorliegt.

##### aa) Einfache SG

Eine einfache SG, §§ 59, 60 ZPO, liegt vor, wenn eine gemeinsame Verhandlung unter prozessökonomischen Gesichtspunkten sinnvoll ist. Dies ist etwa dann der Fall, wenn die Kläger oder Beklagten in Rechtsgemeinschaft bezüglich des materiellen Rechts stehen, § 59 1. Alt. ZPO (z.B. Gesamtschuldnerschaft) oder die Berechtigung/Verpflichtung aus demselben rechtlichen/tatsächlichen Grunde herrührt, § 59 2.Alt. ZPO (z.B. einheitlicher Vertrag, mehrere Geschädigte einer unerlaubten Handlung).

**hemmer-Methode:** Als Auffangtatbestand umfasst § 60 ZPO sowohl die Fälle des § 59 ZPO als auch andere, wo letztlich eine gemeinsame Verhandlung sinnvoll erscheint. Obwohl in der Praxis als Grundlage der einfachen SG oftmals nur §§ 59,60 ZPO angeführt werden, sollten Sie in der Klausur auf eine möglichst genaue Einordnung achten.

Bei der einfachen SG kann und muss unter Umständen sogar die Entscheidung für und gegen die einzelnen SG verschieden ausfallen, § 61 ZPO.

**bb) Notwendige SG**

Ist aus Rechtsgründen hingegen nur eine einheitliche Entscheidung gegen alle Streitgenossen möglich, so liegt eine notwendige SG, § 62 ZPO, vor. Eine einheitliche Entscheidung kann deswegen notwendig sein, weil das streitgegenständliche Recht mehreren Personen auf Kläger- oder Beklagtenseite gemeinsam zusteht und nur von allen oder gegenüber allen geltend gemacht werden kann (materiell-rechtlich notwendige SG, § 62 I 2.Alt. ZPO) oder wenn bei aufeinander folgender Durchführung mehrerer Prozesse gegen die einzelnen Streitgenossen Rechtskrafterstreckung eintreten würde (prozessrechtlich notwendige SG, § 62 I 1.Alt. ZPO).

**cc) Klage gegen Miterben**

K1 macht einen Anspruch gegen B1 und B2 als Miterben des E geltend, zwischen denen eine Erbengemeinschaft, § 2032 BGB, besteht.

**(1) Gesamtschuld- und Gesamthandsklage**

In einem solchen Fall hat der Gläubiger bis zur Teilung ein Wahlrecht. Er kann die Miterben sowohl als Gesamtschuldner, § 2058 BGB (Gesamtschuldklage) als auch die Erbengemeinschaft im Wege der Gesamthandsklage, § 2059 II BGB, verklagen.

Werden die Miterben als Gesamtschuldner verklagt, so besteht zwischen ihnen nur eine einfache SG.

Bei der Gesamthandsklage hingegen muss die Entscheidung einheitlich ausfallen, da diese auch nur gemeinschaftlich über Nachlassgegenstände verfügen können, § 2040 I BGB. Es liegt damit eine materiell-rechtlich notwendige SG vor.

**hemmer-Methode:** Grundsätzlich besteht bei Klagen gegen die Mitglieder einer Gesamthandsgemeinschaft zwischen diesen nur eine einfache SG. Nur bei Vorliegen einer Gesamthandsschuld handelt es sich um eine materiell-rechtlich notwendige SG.

**(2) Auslegung**

Es ist daher im Wege der Auslegung zu bestimmen, welche Klage K1 hier erhoben hat.

Bei der Gesamtschuldklage kann der Gläubiger einen Titel erhalten, mit dem er in das Privatvermögen des Erben vollstrecken kann. Da der Erbe jedoch vor Teilung des Nachlasses die Einrede aus § 2059 I BGB hat, ist die praktische Bedeutung eines solchen Titels gering.

Mit der Gesamthandsklage kann hingegen ein Titel erreicht werden, mit dem in den Nachlass vollstreckt werden kann, § 2059 II BGB, § 747 ZPO.

K1 hat seine Klage explizit auf Zahlung aus dem Nachlass gerichtet. Damit macht er hinreichend deutlich, dass er B1 und B2 nicht als Gesamtschuldner, sondern als Erbengemeinschaft verklagen will.

Er hat somit Gesamthandsklage erhoben.

**hemmer-Methode:** Die Gesamthandsklage ist etwa dann sinnvoll, wenn eine Teilung auf absehbare Zeit nicht zu erwarten ist und der Nachlass werthaltig genug ist.

Da eine Gesamthandsklage gegen B1 und B2 erhoben wurde, handelt es sich bei diesen um notwendige Streitgenossen.

**b) Auswirkungen der notwendigen SG**

Da eine notwendige SG vorliegt, führt die Säumnis eines Streitgenossen nicht zu einem VU gegen ihn. Er wird vielmehr als durch die anwesenden Streitgenossen vertreten angesehen, § 62 I a.E. ZPO.

**hemmer-Methode:** Der Sinn dieser Regelung ist es, unterschiedliche Entscheidungen zu verhindern. Ansonsten könnte gegen B2 ein VU nach § 331 ZPO ergehen, gegen B1 würde die Klage aber abgewiesen. Genau dieses Ergebnis könnte aber eintreten, wenn es sich nur um einfache Streitgenossen handelt.

**c) Ergebnis**

Da B2 somit nicht als säumig anzusehen ist, darf auch kein VU gegen ihn ergehen.

## Exkurs: Klausuraufbau bei einfacher SG

Wie gezeigt wurde, kann die notwendige SG eine Rolle spielen bei der Zulässigkeit der Klage im Rahmen der aktiven oder passiven Prozessführungsbefugnis oder bei den Voraussetzungen für den Erlass eines VU.

Bei der einfachen SG handelt es sich hingegen nicht um ein Problem der Zulässigkeit der Klage. Läge eine einfache SG nämlich nicht vor, so würde es lediglich zur Prozesstrennung, § 145 ZPO, kommen.

Daher ist die Zulässigkeit und Begründetheit der Klage hinsichtlich jedes Streitgenossen auch separat zu beurteilen.

Diese subjektive Klagehäufung ist genau wie die objektive Klagehäufung, § 260 ZPO, zwischen Zulässigkeit und Begründetheit anzusprechen. Für die gemeinsame Verhandlung müssen zusätzlich zur Zulässigkeit der Streitgenossenschaft nach §§ 59, 60 ZPO außerdem die Voraussetzungen des § 260 ZPO vorliegen.

Damit ergibt sich folgende

**Prüfungsreihenfolge bei der einfachen SG:**

1. Zulässigkeit der Klagen
2. Zulässigkeit der subj. Klagehäufung
   a) §§ 59, 60 ZPO
   b) § 260 ZPO (analog)
3. Begründetheit der Klagen

Der gleiche Aufbau ist in den Fällen der (recht seltenen) prozessrechtlich notwendigen SG, § 62 I 1.Alt. ZPO, zu wählen.

**Exkurs Ende**

## IV. Zusammenfassung

- Stehen auf Kläger- oder Beklagtenseite mehrere Personen, so spricht man von Streitgenossenschaft oder subjektiver Klagehäufung.
- Bei der einfachen SG, §§ 59, 60 ZPO, handelt es sich um eine eher lockere Verbindung mehrerer Klagen aus prozessökonomischen Gründen. Diese Form der SG ist daher im Grundsatz wie die objektive Klagehäufung zu prüfen.
- Die Entscheidung kann und muss unter Umständen sogar gegenüber verschieden einfachen Streitgenossen auch unterschiedlich ausfallen.
- Ist nur eine einheitliche Entscheidung gegenüber allen Streitgenossen möglich, so handelt es sich um eine notwendige SG, § 62 ZPO. Das Erfordernis der einheitlichen Entscheidung kann sich aus prozessrechtlichen oder materiellrechtlichen Gründen ergeben.
- Wenn bei materiell-rechtlich notwendigen SG nicht alle klagen oder verklagt werden, so ist die Klage mangels aktiver bzw. passiver Prozessführungsbefugnis unzulässig.
- Die Prozesshandlungen eines notwendigen Streitgenossen haben auch Wirkung gegenüber den anderen.

## V. Zur Vertiefung

- Hemmer/Wüst, ZPO I, Rn. 440 ff.
- Schriever, Life&Law 2000, 590 ff., 664 ff.

# Fall 34: Gewillkürter Parteiwechsel

***Sachverhalt:***

*Während einer Wirtshausschlägerei mit mehreren Beteiligten wird K verletzt. Er verklagt daraufhin den B1 auf Schadensersatz und Schmerzensgeld. Nach der Befragung von drei Zeugen stellt sich heraus, dass nicht B1, sondern B2 dem K die Verletzungen zufügte. K erklärt daraufhin, dass er die Klage nunmehr gegen B2 richte. B1 begrüßt diesen „Sinneswandel".*

***Frage:*** *Ist die Klage gegen B2 zulässig? Kann dieser gegebenenfalls eine Wiederholung der Beweisaufnahme verlangen?*

## I. Einordnung

Wird der Kläger oder der Beklagte durch einen Dritten ausgetauscht, so liegt ein sog. Parteiwechsel vor.

Das Gesetz selbst regelt einige Fälle des Parteiwechsels, z.B. bei Tod der Partei, §§ 239 ff. ZPO, oder bei Veräußerung eines Grundstücks, wenn ein dingliches Recht im Streit steht, § 266 ZPO. Man spricht hier von einem gesetzlichen Parteiwechsel.

Wesentlich praxisrelevanter ist der gewillkürte Parteiwechsel. Da dieser jedoch im Gesetz nicht erwähnt wird, sind seine Voraussetzungen und Auswirkungen umstritten.

**hemmer-Methode:** Der Parteiwechsel ist ein Unterfall der Parteiänderung. Um eine solche handelt es sich auch bei der sog. Parteierweiterung, wenn auf Kläger- oder Beklagtenseite eine oder mehrere Personen hinzutreten.

Der Parteiwechsel ist von der bloßen Berichtigung der Parteibezeichnung abzugrenzen. Nach dem im Zivilprozess geltenden rein formellen Parteibegriff ist Partei, wer in der Klageschrift als Beklagter bezeichnet wird.

Ist durch Auslegung erkennbar, dass tatsächlich jemand anders verklagt werden soll, so kann bloße Berichtigung erfolgen. Maßgebend ist dabei das Schutzbedürfnis des zur Verteidigung gezwungenen Zustellungsadressaten. Bei der Berichtigung korrigiert das Gericht einfach die Parteibezeichnung auf dem Aktendeckel. Dies setzt allerdings voraus, dass die Identität derjenigen Partei gewahrt bleibt, die durch die Bezeichnung erkennbar getroffen werden soll.

## II. Gliederung

**1. Zulässigkeit der Klage gegen B2**

**Zulässigkeit des gewillkürten Parteiwechsels**

- **(P): Rechtsnatur dieses Prozessinstituts** ⇨ BGH: Klageänderungstheorie, § 263 ZPO analog
- Antrag des Klägers ⇨ (+)
- Zustimmung des alten Beklagten ⇨ (+), § 269 I ZPO analog
- Sachdienlichkeit ⇨ (+)

**Ordnungsgemäße Erhebung**

⇨ (+), nach Zustellung der bisherigen Klageschriftsätze an B2, §§ 253, 271 I ZPO

**2. Bindung des B2 an bisherige Prozessergebnisse**

Bei Zustimmung ⇨ (+)

**(P): keine Zustimmung**

⇨ (+), nach Rspr. Bindung in 1. Instanz auch bei Sachdienlichkeit

## III. Lösung

### 1. Zulässigkeit der Klage gegen B2

Die Klage gegen B2 ist zulässig, wenn ein wirksamer gewillkürter Parteiwechsel gegeben ist und alle sonstigen Prozessvoraussetzungen vorliegen.

#### a) Zulässigkeit des gewillkürten Parteiwechsels

Da eine gesetzliche Regelung nicht existiert, sind die Zulässigkeitsvoraussetzungen stark umstritten.

#### aa) Theorie der Regelungslücke

Nach in der Rechtslehre vertretener Auffassung handelt es sich bei dem gewillkürten Parteiwechsel um ein Rechtsinstitut sui generis.

Es bedarf nach dieser Ansicht zunächst einer Erklärung des Klägers, dass die Klage nur noch gegen den neuen Beklagten gerichtet sei.

Weiterhin ist nach Beginn der mündlichen Verhandlung analog § 269 I ZPO die Zustimmung des alten Beklagten erforderlich, da dieser die Möglichkeit haben muss, zu seinem Schutz gegen den Kläger eine rechtskräftige Klageabweisung zu erlangen.

Die Zustimmung des neuen Beklagten sei in erster Instanz nie erforderlich, da auch sonst der Beklagte vor Klageerhebung nicht um seine Zustimmung zu bitten ist.

#### bb) Klageänderungstheorie

Die Rechtsprechung des BGH und ein Teil der Rechtslehre behandeln den gewillkürten Parteiwechsel wie eine Klageänderung.

Auch danach bedarf es zunächst einer entsprechenden Erklärung des Klägers.

**hemmer-Methode:** Ein gewillkürter Parteiwechsel durch Erklärung des Beklagten ist nicht möglich. Eine dahingehende Einlassung ist völlig unbeachtlich, da es dem Beklagten nicht zusteht, den Prozess dadurch zu beenden, dass er meint, von diesem Kläger nicht mehr verklagt werden zu wollen.

Liegt eine solche vor, lässt das Gericht den Parteiwechsel bei Sachdienlichkeit, § 263 ZPO, zu. Die Sachdienlichkeit beurteilt sich unter prozessökonomischen Gesichtspunkten.

Es ist daher erforderlich, dass der alte Streitstoff eine verwertbare Entscheidungsgrundlage bleibt und eine endgültige Streitbeilegung zu erwarten ist.

**hemmer-Methode:** Missbrauchen Sie Ihr Gehirn nicht als Festplatte. Die Definition der Sachdienlichkeit ist, da ebenfalls § 263 ZPO zur Anwendung kommt, exakt dieselbe wie bei der Klageänderung.

Wegen des § 269 I ZPO zu entnehmenden allgemeinen Rechtsgedankens, dass dem Beklagten der Anspruch auf abschließende Sachentscheidung nicht ohne seine Zustimmung genommen werden kann, ist jedoch auch hier die Zustimmung des alten Beklagten erforderlich. Sie kann jedoch ausnahmsweise dann entbehrlich sein, wenn ihre Verweigerung rechtsmissbräuchlich ist.

Die Zustimmung des neuen Beklagten für die Zulässigkeit des gewillkürten Parteiwechsels ist in erster Instanz ebenfalls überhaupt entbehrlich.

### cc) Ergebnis

Wie erkennbar ist, unterscheiden sich die Theorie der Regelungslücke und die Klageänderungstheorie hinsichtlich der bloßen Zulässigkeit des gewillkürten Parteiwechsels kaum.

Nach beiden Ansichten ist der von K erklärte Parteiwechsel zulässig, da die Äußerung des B1 als Zustimmung auszulegen ist.

Die nach der Klageänderungstheorie erforderliche Sachdienlichkeit liegt hier vor, da zumindest Teilidentität des Streitstoffes von altem und neuem Prozessabschnitt besteht.

**hemmer-Methode:** Die Kosten des ausgeschiedenen B1 trägt K gem. § 269 III S. 2 ZPO analog. Nach § 269 IV ZPO kann B1 durch Antrag sofort einen Beschluss über diese Rechtsfolge erwirken.

### b) Sonstige Prozessvoraussetzungen

Damit die Klage gegen B2 zulässig ist, müssten ferner die allgemeinen Prozessvoraussetzungen vorliegen.

Insbesondere müsste die **Klage ordnungsgemäß erhoben** worden sein.

K erklärte hier in der mündlichen Verhandlung, dass er die Klage nun gegen B2 richte. Die Rechtshängigkeit dieser Klage tritt nicht bereits nach § 261 II ZPO ein, da bisher kein Prozess gegen B2 geführt wurde. Vielmehr wird das Gericht die bisherigen Klageschriftsätze mit Verfügungen nach §§ 272 ff. ZPO an den B2 zustellen, § 271 I ZPO. Daraufhin ist die Klage dann ordnungsgemäß erhoben, § 253 I ZPO.

**hemmer-Methode:** Die materiellrechtlichen Folgen der Rechtshängigkeit gegen den neuen Beklagten (z.B. verschärfte Haftung, Hemmung der Verjährung) treten erst ab der Klageerhebung gegenüber diesem und nicht schon rückwirkend ab Prozessbeginn ein.

Vom Vorliegen der sonstigen Prozessvoraussetzungen kann ausgegangen werden.

### c) Ergebnis

Die Klage gegen B2 ist nach Zustellung der bisherigen Klageschriftsätze ordnungsgemäß erhoben.

## 2. Bindung des B2 an bisherige Prozessergebnisse

Von der Frage nach der generellen Zulässigkeit des gewillkürten Parteiwechsels ist die Problematik zu unterscheiden, ob der neue Beklagte auch an die bisherigen Prozessergebnisse gebunden ist.

So wäre es für K1 im vorliegenden Fall sehr günstig, wenn B2 die bereits erfolgte Beweisaufnahme gegen sich gelten lassen müsste.

### a) Vorhandene Zustimmung zu gewillkürtem Parteiwechsel

Sofern der neue Beklagte dem Parteiwechsel zustimmt, was für dessen Zulässigkeit an sich unerheblich ist, bindet ihn dies auch an die bisherigen Prozessergebnisse.

Eine Zustimmung des B2 ist hier in Anbetracht des bisherigen Ergebnisses der Zeugenvernehmung aber nicht zu erwarten.

### b) Fehlende Zustimmung

Erfolgt keine Zustimmung, so ist umstritten, inwieweit die bisherigen Prozessergebnisse bei einem Verfahren in erster Instanz fortgelten.

#### aa) Keine Bindung

Nach einer Auffassung tritt bei fehlender Zustimmung eine Bindung des neuen Beklagten nicht ein. Mit Hinblick auf Art. 103 I GG bestehe der Grundsatz, dass niemand ohne seine Zustimmung einen laufenden Rechtsstreit übernehmen muss, wenn er an dessen Lage und bisherigen Ergebnisse, die ohne ihn zustande gekommen sind, gebunden werden soll.

Eine Ausnahme sei nur dann zu machen, wenn die neue Partei schon bisher maßgeblichen Einfluss auf die Führung des Prozesses gehabt hat, z.B. bei dem Übergang von der Klage gegen die OHG auf die Klage gegen den prozessführenden Gesellschafter.

#### bb) Bindung

Nach anderer Ansicht in der Rechtslehre tritt stets eine Bindung ein, da die Parteiauswechslung die sachliche Prozesssubstanz unberührt lasse und diese daher fortwirke.

Die Rechtsprechung, die den gewillkürten Parteiwechsel als Klageänderung behandelt, lässt eine Bindung bereits bei Sachdienlichkeit i.S.d. § 263 ZPO eintreten.

**hemmer-Methode:** Bei einem gewillkürten Parteiwechsel in der Berufungsinstanz ist nach allen Ansichten die Zustimmung des neuen Beklagten für eine Bindung erforderlich, da diesem ansonsten eine Tatsacheninstanz genommen würde. Lediglich wenn die Zustimmung rechtsmissbräuchlich verweigert wird, ist sie als entbehrlich anzusehen.

#### cc) Ergebnis

Folgt man der Rechtsprechung, so ist B2, da die Sachdienlichkeit bereits bei der Frage nach der Zulässigkeit des gewillkürten Parteiwechsels bejaht wurde, an das Ergebnis der bisherigen Beweisaufnahme gebunden.

Dieses Ergebnis wird einerseits der Prozessökonomie gerecht und benachteiligt B2 andererseits auch nicht unangemessen, da er selbstverständlich seinerseits noch den Gegenbeweis antreten kann.

**hemmer-Methode:** In der Klausur ist angesichts des Streits um diese Problematik bei Begründung jedes Ergebnis vertretbar.

## IV. Zusammenfassung

- Tritt eine neue Partei an Stelle einer ausscheidenden Partei in einen Rechtsstreit ein, so liegt ein sog. Parteiwechsel vor. Dass Prozessrechtsverhältnis bleibt dabei erhalten.

- Für die Zulässigkeit des gewillkürten Parteiwechsels auf Beklagtenseite ist nach allen Auffassungen ein entsprechender Antrag des Klägers und analog § 269 I ZPO die Zustimmung des alten Beklagten notwendig.
- Nach h.M. ist der gewillkürte Parteiwechsel bei Sachdienlichkeit i.S.d. § 263 ZPO auch ohne Zustimmung des neuen Beklagten möglich.
- Die Bindung des neuen Beklagten an die bisherigen Prozessergebnisse tritt nach der Rechtsprechung in 1. Instanz schon bei Sachdienlichkeit ein, in der Berufungsinstanz nur bei Zustimmung.

## V. Zur Vertiefung

- Hemmer/Wüst, ZPO I, Rn. 470 ff.
- Thomas/Putzo, vor § 50, Rn. 15, 20 ff.
- Roth, NJW 1988, 2977 ff.

# Fall 35: Streitverkündung

***Sachverhalt:***

*K ließ sein neues Eigenheim nach den Plänen des Architekten B errichten. Der Tischler T wurde u.a. mit Verkleidungsarbeiten am Dachstuhl beauftragt. Als sich nach kurzer Zeit Feuchtigkeitsschäden zeigten, verklagte K den T auf Schadensersatz und verkündete B den Streit. B beteiligte sich nicht an dem Prozess. Der K obsiegte und T wurde durch inzwischen rechtskräftig gewordenes Urteil zur Zahlung von 2.000,- € verurteilt. Nunmehr verklagt K den B auf Schadensersatz in Höhe von 10.000,- €. Er behauptet, die Mängel seien auch eine Folge der fehlerhaften Konstruktion.*

***Frage:*** *Kann das Gericht Schadensersatz in Höhe von 10.000,- € zusprechen?*

## I. Einordnung

Bei der Streitverkündung benachrichtigt eine Partei, die glaubt, im Falle des Unterliegens in einem anhängigen Rechtsstreit einen Regressanspruch gegen einen Dritten zu haben, diesen von dem laufenden Prozess (sog. Vorprozess).

**hemmer-Methode:** Die Partei wird als Streitverkünder, der Dritte als Streitverkündungsempfänger oder (sprachlich falsch) Streitverkündeter bezeichnet.

Durch die Streitverkündung soll für einen Folgeprozess die Nebeninterventionswirkung des § 68 ZPO herbeigeführt werden.

Um den Sinn und Zweck eines solchen Vorgehens zu verstehen, muss man sich die Interessenlage des Streitverkünders vor Augen führen. Wenn etwa der Händler im Vorprozess gegen den Verbraucher verliert, weil ein Sachmangel als erwiesen angesehen wird, so kann der Händler dennoch im Folgeprozess gegen den Lieferanten mit seiner Regressforderung unterliegen, weil er den Sachmangel nicht beweisen kann.

Nach § 322 I ZPO erwachsen die Gründe des Urteils im Vorprozess nämlich nicht in materielle Rechtskraft.

Ein solch missliches Ergebnis soll § 68 ZPO verhindern. Die Bindungswirkung dieser Vorschrift erstreckt sich auf alle im Vorprozess festgestellten Einzeltatsachen und deren rechtliche Beurteilung.

**hemmer-Methode:** In der Klausur lässt sich die Streitverkündung in zweierlei Weise gut einbauen.
**1.** Im Vorprozess, wenn es um die Voraussetzungen für den Erlass eines VU geht: Tritt der Streitverkündete bei, so gilt er als Nebenintervenient, § 74 I ZPO, und kann daher eine Säumnis des Streitverkünders abwenden, § 67 ZPO.
**2.** Im Folgeprozess, wenn es um Tatsachen oder Rechtsfragen geht, die bereits im Vorprozess behandelt wurden: Unabhängig vom Beitritt des Streitverkündeten (vgl. § 74 III ZPO) trifft ihn die Nebeninterventionswirkung des § 68 ZPO. Damit besteht eine Bindung an die Ergebnisse des Vorprozesses.

## II. Gliederung

**1. Zulässigkeit der Streitverkündung im Vorprozess**

- Anhängiger Rechtsstreit ⇨ (+)
- **Formal ordnungsgemäße Vornahme** der Streitverkündung, § 73 ZPO ⇨ (+)
- **Streitverkündungsgrund**, § 72 I 1. Alt. ZPO ⇨ (+), da Alternativverhältnis der Ansprüche gegen T und B

**2. Umfang der Nebeninterventionswirkung, § 68 ZPO**

**(P): Bindung an Schadenshöhe** von 2.000,- €

⇨ (-), da § 68 ZPO nur zuungunsten des Nebenintervenienten wirkt, vgl. § 74 III ZPO („gegen")

## III. Lösung

Möglicherweise kann das Gericht dem K deshalb nicht Schadensersatz in Höhe von 10.000,- € zusprechen, da es aufgrund der Interventionswirkung des § 68 ZPO an die im Vorprozess festgestellte Schadenshöhe von 2.000,- € gebunden ist.

Dazu müsste zunächst im Vorprozess wirksam der Streit an B verkündet worden sein.

### 1. Zulässigkeit der Streitverkündung im Vorprozess

Obwohl B im Vorprozess nicht beigetreten ist und dieser daher ohne Rücksicht auf ihn fortgesetzt wurde, § 74 II ZPO, könnte ihm gegenüber die Nebeninterventionswirkung eingetreten sein, § 74 III ZPO i.V.m. § 68 ZPO.

Voraussetzung dafür ist, dass ihm wirksam der Streit verkündet wurde.

**hemmer-Methode:** Die Bindungswirkung des § 68 ZPO ist eine Sanktion. Sie kann daher einem bisher Unbeteiligten nur „aufgedrängt" werden, wenn dies in der vom Gesetz zugelassenen Art und Weise geschieht.

#### a) Anhängiger Rechtsstreit

Als K dem B den Streit erklärte, war ein Prozess (der Vorprozess zwischen K und T) anhängig, in dem K Partei war.

Ob die Klageschrift dem T bereits vor der Streitverkündung an B zugestellt wurde, ist unerheblich. Der Prozess braucht nämlich nicht rechtshängig zu sein. Es genügt daher, wenn der Kläger gemeinsam mit der Klageschrift die Streitverkündungsschrift einreicht.

**hemmer-Methode:** Es können sogar beide Parteien demselben Dritten den Streit verkünden. Ob und wem er dann beitritt, bleibt ihm überlassen. Die Wirkung des § 68 ZPO tritt aber nur im Verhältnis zur unterlegenen Partei ein.

#### b) Ordnungsgemäße Streitverkündung

Von einer den formellen Erfordernissen des § 73 ZPO entsprechenden Vornahme der Streitverkündung ist hier auszugehen.

**hemmer-Methode:** Wenn im Sachverhalt erkennbar kein Problem angelegt ist, fassen Sie sich in der Klausur kurz. Ein Satz, in dem auf die einschlägige Vorschrift hingewiesen wird, reicht dann aus.

### c) Streitverkündungsgrund

Auf Seiten des Streitverkünders müsste ein Streitverkündungsgrund, § 72 I ZPO, vorgelegen haben.

#### aa) § 72 I 1.Alt. ZPO

Diese Vorschrift ist nicht nur auf Regressansprüche wegen Gewährleistung oder Schadloshaltung anzuwenden, sondern wird großzügig ausgelegt.

Sie umfasst auch Ansprüche aus Alternativverhältnissen, also wenn der Prozessgegner im Vorprozess und der Streitverkündete dem Streitverkünder alternativ auf Schadensersatz haften.

**hemmer-Methode:** Ein Beispiel für diese Fallgruppe ⇨ Der Kläger hat einen Anspruch aus Kaufvertrag gegen B als Vertreter des V oder gegen V direkt, § 164 I, II BGB (nach BGH, NJW 1982, 282).

#### bb) Kein Streitverkündungsgrund

Kein Streitverkündungsgrund liegt hingegen vor, wenn Prozessgegner im Vorprozess und Streitverkündeter kumulativ haften, also bei Gesamtschuldnerschaft, oder wenn bloße Tatsachenalternativität vorliegt.

**hemmer-Methode:** Beispiel für Tatsachenalternativität ⇨ Entweder der Maurer A oder der Maurer B haben durch ihre mangelhafte Arbeit die Risse im Putz verursacht. Die Abgrenzung zur Haftung aus Alternativverhältnissen ist hier nicht einfach.

#### cc) Konkreter Fall

Hier ist es fraglich, ob B und T für die bei den Verkleidungsarbeiten am Dachstuhl aufgetretenen Mängel kumulativ oder alternativ haften.

Wenn Architekt und Tischler hinsichtlich dieser Mängel Gesamtschuldner sind, wäre die Streitverkündung unzulässig gewesen, da sie dann kumulativ haften, § 421 BGB.

Soweit dem Architekten auch die Bauaufsicht obliegt, kann der im Vorprozess geltend gemachte Schaden sowohl auf der mangelhaften Werkleistung des Handwerkers als auch auf der mangelhaften Beaufsichtigung dieser Arbeit durch den Architekten beruhen. Zwischen diesen besteht damit insoweit Gesamtschuldnerschaft, eine Streitverkündung ist unzulässig.[14]

Wenn dem Architekten die Bauaufsicht nicht oblag, dann könnte der Schaden alternativ nur auf der mangelhaften Leistung des Handwerkers oder nur auf der mangelhaften Planung des Architekten beruhen. Die Streitverkündung ist zulässig.[15]

**hemmer-Methode:** Sie müssen diese Konstellation nicht auswendig lernen. Es soll lediglich die Abgrenzung zwischen kumulativer und alternativer Haftung verdeutlicht werden.

Im konkreten Fall ist nicht ersichtlich, dass dem B auch die Bauaufsicht oblag. Das Eigenheim des K wurde lediglich nach seinen Plänen errichtet.

---

[14] BGH, NJW 1978, 643. = jurisbyhemmer

[15] BGH, NJW 1987, 1894. = jurisbyhemmer

Hinsichtlich des im Vorprozess geltend gemachten Schadens – mangelhafte Verkleidung des Dachstuhls – besteht daher nicht zwingend eine kumulative Haftung zwischen B und T.

Vielmehr konnten die Mängel entweder auf einer fehlerhaften Planung des B oder einer nicht ordnungsgemäßen Ausführung des T beruhen. Damit war die Streitverkündung zulässig.

### d) Ergebnis

Dem B wurde im Vorprozess wirksam der Streit verkündet.

### 2. Umfang der Nebeninterventionswirkung, § 68 ZPO

Obwohl der B den Beitritt im Vorprozess ablehnte, vgl. § 74 II ZPO, tritt wegen der wirksamen Streitverkündung die Nebeninterventionswirkung ein, § 74 III ZPO i.V.m. § 68 ZPO.

Diese Bindungswirkung ist der Rechtskraftwirkung ähnlich, aber nicht gleich, weil sie nicht die Entscheidung über den prozessualen Anspruch, sondern die Richtigkeit dieser Entscheidung zum Gegenstand hat.

B muss nun im Folgeprozess alle tatsächlichen und rechtlichen Grundlagen gegen sich gelten lassen, auf denen das Urteil im Vorprozess beruht.

**hemmer-Methode:** Der Umfang der Bindung bezieht sich aber nur auf die tragenden Gründe, bloße Hilfserwägungen (obiter dicta) werden nicht erfasst. Anders verhält es sich aber mit präjudiziellen Rechtsverhältnissen. Diese stehen für den Folgeprozess bindend fest.

Im Vorprozess wurden dem K lediglich 2.000,- € Schadensersatz zugesprochen. Wäre damit auch im Verhältnis zu B bindend festgestellt, dass der Schaden nur diese 2.000,- € betrug, dann wäre die Klage des K abzuweisen.

Wie sich aus dem Wortlaut des § 74 III ZPO ergibt („gegen den Dritten"), besteht die Interventionswirkung aber nur zu<u>un</u>gunsten des Streitverkündeten. Der Streitverkünder ist nicht gehindert, im Folgeprozess einen höheren Schaden geltend zu machen.

**hemmer-Methode:** Dies gilt auch bei der Nebenintervention, § 66 ZPO. Dort wirkt nach der h.M. § 68 ZPO ebenfalls nur zu Lasten des Nebenintervenienten, obwohl eine dem § 74 III ZPO vergleichbare Regelung fehlt.

Das Gericht kann gegebenenfalls Schadensersatz in Höhe von 10.000,- € zusprechen.

## IV. Zusammenfassung

- Die Partei eines anhängigen Rechtsstreits (sog. Vorprozess) kann einem Dritten den Streit verkünden, §§ 72 ff. ZPO, wenn sie glaubt, im Falle ihres Unterliegens einen Regressanspruch gegen diesen zu haben.
- Tritt der Streitverkündungsempfänger dem Vorprozess bei, so wird er Nebenintervenient, § 74 I ZPO i.V.m. §§ 66 ff. ZPO.
- Unterlässt er den Beitritt, § 74 II ZPO, so tritt ihm gegenüber dennoch die Nebeninterventionswirkung ein, § 74 III ZPO i.V.m. § 68 ZPO, wenn die Streitverkündung wirksam war.

- Die Nebenintervention, § 68 ZPO, bindet den Streitverkündeten in einem Folgeprozess an die tragenden tatsächlichen und rechtlichen Feststellungen des Vorprozesses.
- Die Wirkung des § 68 ZPO tritt nur zuungunsten des Streitverkündeten ein, vgl. Wortlaut des § 74 III ZPO.

## V. Zur Vertiefung

- Hemmer/Wüst, ZPO I, Rn. 479 ff.

# Fall 36: Drittwiderklage

***Sachverhalt:***

*Als B aus Würzburg einen Bekannten in Nürnberg besuchen will, nimmt er mit seinem Pkw im Stadtverkehr bei der Suche nach der richtigen Adresse dem K aus Nürnberg die Vorfahrt. Es kommt zum Zusammenstoß, an beiden Fahrzeugen entsteht hoher Sachschaden. K verklagt daraufhin den B auf Schadensersatz vor dem Landgericht Nürnberg. B ist der Ansicht, dass K selbst Schuld sei, da er als Ansässiger auf Ortsunkundige doch besondere Rücksicht zu nehmen habe. Er erhebt daraufhin Widerklage gegen K und dessen Versicherung V, die ihren Sitz in München hat.*

***Frage:*** *Ist die Widerklage gegen V zulässig?*

## I. Einordnung

Eine Widerklage gibt dem Kläger die Möglichkeit, unter erleichterten Voraussetzungen gegen den Kläger in einem bereits anhängigen Prozess seinerseits Klage zu erheben.

**hemmer-Methode:** So ist die Klageerhebung in der mündlichen Verhandlung möglich, § 261 II 1.Alt. ZPO, und es besteht ein besonderer Gerichtsstand, § 33 ZPO.

Diese Privilegierung des Widerklägers ist aber nur gerechtfertigt, wenn der Widerbeklagte bisher schon Partei des Rechtsstreits war.

Wird dagegen ein bisher Unbeteiligter in den Prozess hineingezogen, so spricht man von einer sog. Drittwiderklage. Bei dieser handelt es sich gar nicht um eine echte Widerklage, sondern vielmehr um eine nachträgliche gewillkürte Parteierweiterung.

**hemmer-Methode:** Die Parteierweiterung ist ebenso wie der Parteiwechsel ein Unterfall der Parteiänderung. Die prozessuale Behandlung dieser beiden Institute ähnelt sich daher.

Für die Drittwiderklage sind eine Reihe besonderer Zulässigkeitsvoraussetzungen zu beachten, was sie sehr klausurrelevant macht.

## II. Gliederung

**1. Allgemeine Prozessvoraussetzungen der Drittwiderklage**

**Ordnungsgemäße Klageerhebung**, §§ 253 I, II, 271 ZPO ⇨ (+)

**Örtliche Zuständigkeit** des Landgerichts Nürnberg
⇨ (+), zwar § 33 ZPO nicht anwendbar, da keine „echte“ Widerklage, aber nach § 32 ZPO und § 20 StVG

**2. Besondere Prozessvoraussetzungen der Drittwiderklage**

- Widerklage **auch gegen den Kläger** gerichtet (Ausnahme bei Zession)
- **Streitgenossenschaft** von Kläger und Drittwiderbeklagtem ⇨ (+), gem. § 59 2.Alt. ZPO bei Unfall Halter und dessen Versicherung einfache Streitgenossen

- **(P): Konnexität i.S.d. § 33 ZPO**

⇨ Problematisch, ob gegenüber sämtlichen Widerbeklagten erforderlich

⇨ Jedenfalls (+), da anspruchsbegründende Tatsachen auf demselben Lebenssachverhalt beruhen

- **(P): Klageänderungstheorie**

⇨ Sachdienlichkeit i.S.d. § 263 ZPO ⇨ (+)

## III. Lösung

Die Klage gegen die V ist zulässig, wenn die allgemeinen sowie die besonderen Prozessvoraussetzungen für die Drittwiderklage vorliegen.

### 1. Allgemeine Prozessvoraussetzungen

Da die Drittwiderklage keine echte Widerklage ist, wird der Widerkläger auch nicht privilegiert[16].

Es müssen daher zunächst dieselben Zulässigkeitsvoraussetzungen vorliegen, als wenn B die V isoliert verklagen würde.

### a) Ordnungsgemäße Klageerhebung

Gegen den Drittwiderbeklagten kann die Klage nicht in der mündlichen Verhandlung zwischen Kläger/Widerbeklagtem und Beklagtem/Widerkläger gem. § 261 II 1.Alt. ZPO erhoben werden, da dieser nicht Partei dieses Prozesses ist.

Wie auch sonst muss eine Klageschrift, die den Erfordernissen des § 253 II ZPO genügt, zugestellt werden, §§ 253 I, 271 ZPO. Es ist davon auszugehen, dass dies hier geschehen ist.

**hemmer-Methode:** Schreiben Sie sich an solchen Stellen, wo vom Aufgabensteller erkennbar kein Problem verortet wurde, ja nicht aus der Klausur heraus.

### b) Örtliche Zuständigkeit

Fraglich ist, ob das Landgericht Nürnberg für die Klage gegen die V auch örtlich zuständig ist.

§ 33 ZPO, nach dem ein besonderer Gerichtsstand in Nürnberg begründet wäre, ist nicht anwendbar, da die Drittwiderklage gerade keine „echte“ Widerklage ist.

Der allgemeine Gerichtsstand der V liegt an ihrem Sitz in München, § 17 ZPO.

Möglicherweise kann B aber auch am Ort der unerlaubten Handlung, § 32 ZPO bzw. § 20 StVG, klagen. Dies wäre Nürnberg.

Ein Organ der V selbst hat aber keine unerlaubte Handlung begangen, sondern nur der Versicherungsnehmer K.

In der Rechtsprechung ist allerdings anerkannt, dass der Geschädigte seinen Direktanspruch aus § 3, 3a PflVG i.V.m. § 115 I S.1 Nr.1 VVG gegen die Versicherung am besonderen Gerichtsstand nach § 32 ZPO geltend machen kann. Gleiches gilt für § 20 StVG.

**hemmer-Methode:** Diese Sonderkonstellation tritt nur beim Verkehrsunfall auf. Existiert dagegen kein allgemeiner oder besonderer Gerichtsstand für die Klage gegen den Drittwiderbeklagten an dem Ort, wo Kläger und Beklagter prozessieren, so bedarf es einer Gerichtsstandsbestimmung gem. §§ 36, 37 ZPO.

---

16 BGH seit NJW 1991, 2838. = jurisbyhemmer

Liegen deren Voraussetzungen nicht vor (insbesondere die des § 36 I Nr.3 ZPO) ist nach neuer Rechtsprechung des BGH aber § 33 ZPO analog anzuwenden, um eine Zersplitterung der Prozesse zu verhindern. Jedenfalls für einen Fall der isolierten Drittwiderklage hat der BGH das entschieden (BGH, Life&Law 2011, 88 ff.).

Das Landgericht Nürnberg ist nach §§ 32 ZPO, 20 StVG örtlich zuständig.

### 2. Besondere Prozessvoraussetzungen der Drittwiderklage

Die besonderen Zulässigkeitsvoraussetzungen der Drittwiderklage sind umstritten.

#### a) Rechtslehre

Nach einer Ansicht handelt es sich bei der Drittwiderklage um eine reine Parteierweiterung. Die Zulässigkeit einer solchen beurteile sich allein nach §§ 59, 60 ZPO.

#### b) Rechtsprechung

Auch nach dem BGH handelt es sich bei der Drittwiderklage um einen Fall der Parteierweiterung. Für die Zulässigkeit einer solchen kommt es nach der Klageänderungstheorie der Rechtsprechung aber auf die Sachdienlichkeit i.S.d. § 263 ZPO an.

Weiterhin stellt der BGH eine Reihe besonderer Zulässigkeitsvoraussetzungen auf.

**hemmer-Methode:** In der Klausur sollten Sie die Zulässigkeit der Drittwiderklage ebenso wie der BGH prüfen, da Sie dadurch die Möglichkeit haben, auf wesentlich mehr Problempunkte einzugehen.

##### aa) Widerklage auch gegen Kläger

Damit eine Drittwiderklage zulässig ist, muss grundsätzlich auch Widerklage gegen den Kläger erhoben werden. Eine isolierte Drittwiderklage ist grds. nicht statthaft.

**hemmer-Methode:** Nicht notwendigerweise muss die Widerklage und Drittwiderklage vom Beklagten erhoben werden. Es ist auch möglich, dass auf Seiten des Beklagten ein Streitgenosse beitritt (gewillkürte Parteierweiterung!) und den Kläger sowie einen Dritten verklagt. In einem Sonderfall hat der BGH (NJW 2001, 2094) sogar die isolierte Drittwiderklage zugelassen. Sie wurde erhoben gegen den Zedenten der Klageforderung und deckte sich mit dem Gegenstand der hilfsweise gegenüber der Klage des Zessionars zur Aufrechnung gestellten Forderung. Dies wurde bestätigt durch BGH Life&Law 2007, 522 ff.

B hat hier neben der V auch den K verklagt.

Eine Widerklage gegen den Kläger liegt damit vor.

##### bb) Streitgenossenschaft zwischen Kläger und Drittwiderbeklagtem

Durch die Drittwiderklage kommt es zu einer Parteierweiterung (subjektive Klagehäufung) auf der Klägerseite.

Daher müssen der Kläger/Widerbeklagte und der Drittwiderbeklagte zumindest einfache Streitgenossen, §§ 59, 60 ZPO sein.

#### (1) Notwendige Streitgenossenschaft

Bei der Klage gegen Kfz-Halter und dessen Versicherung könnte sogar eine prozessrechtlich-notwendige Streitgenossenschaft, § 62 I 1.Alt. ZPO, vorliegen.

Eine solche besteht, wenn bei aufeinander folgender Durchführung mehrerer Prozesse Rechtskrafterstreckung eintreten würden, z.B. bei § 325 I ZPO.

Von der Rechtsprechung[17] wird in diesem Fall dennoch das Vorliegen einer prozessrechtlich-notwendigen Streitgenossenschaft abgelehnt, da die Rechtskrafterstreckung nur einseitig wirkt.

#### (2) Einfache Streitgenossenschaft

Allerdings liegt eine einfache Streitgenossenschaft, § 59 2.Alt. ZPO, zwischen K und V vor. Sie sind aus demselben tatsächlichen Grund verpflichtet, da die gegen sie geltend gemachten Ansprüche aus dem einen geschehenen Unfall resultieren.

Zwischen Kläger und Drittwiderbeklagtem besteht daher eine Streitgenossenschaft.

#### (3) Konnexität gegenüber sämtlichen Widerbeklagten

Nach der bisherigen Rechtsprechung des BGH ist zudem Konnexität i.S.d. § 33 ZPO gegenüber sämtlichen Widerbeklagten erforderlich.

**hemmer-Methode:** Geht man von der Prämisse aus, dass die Drittwiderklage überhaupt nicht die Privilegierungen der „echten“ Widerklage genießt, so erscheint es als inkonsequent, die tatbestandlichen Voraussetzungen einer Norm zu prüfen, deren Rechtsfolge letztlich nicht zur Anwendung kommt. Da sich der BGH schon längere Zeit nicht mehr mit diesem Problem befassen musste, ist hier eine Änderung der Rechtsprechung durchaus vorstellbar.

Ein prozessualer Zusammenhang zwischen der Klage und der Widerklage als auch der Drittwiderklage ist hier gegeben.

Die geltend gemachten Ansprüche beruhen auf demselben Unfall von K und B in Nürnberg. Sowohl die anspruchsbegründenden Tatsachen für Klage als auch Widerklage können diesem einheitlichen Lebenssachverhältnis entnommen werden.

Damit ist Konnexität i.S.d. § 33 ZPO gegeben.

### cc) Sachdienlichkeit

Schließlich muss die Erhebung der Drittwiderklage sachdienlich entsprechend § 263 ZPO sein.

Es ist zu prüfen, ob der vorhandene Streitstoff eine verwertbare Entscheidungsgrundlage bei der gemeinsamen Verhandlung der Klagen bildet und damit die endgültige Streitbeilegung gefördert wird.

Wenn Pflichtversicherter und Versicherer wegen eines Haftpflichtfalls gleichzeitig verklagt werden, so ist dies aus dem Gesichtspunkt der Prozesswirtschaftlichkeit, wonach ohnehin kein kleinlicher Maßstab anzulegen ist, sehr begrüßenswert, da der Streitstoff identisch ist.

Sachdienlichkeit analog § 263 ZPO liegt damit vor.

---

[17] Thomas/Putzo, § 62, Rn. 8 m.w.N.

Soweit der Drittwiderbeklagte in erster Instanz nicht ohnehin zustimmt, ist er aufgrund der Sachdienlichkeit auch an die bisherigen Prozessergebnisse gebunden.

**hemmer-Methode:** Bei der Frage nach der Bindung an die bisherigen Prozessergebnisse stellt sich dieselbe Problematik wie bei dem gewillkürten Parteiwechsel (vgl. ausführlich Fall 34). Merken Sie sich dies am besten folgendermaßen: Parteiwechsel und Parteierweiterung sind Unterfälle der Parteiänderung. Bei dieser ist nach dem BGH die Klageänderungstheorie anzuwenden.

### c) Ergebnis

Da sowohl nach Rechtslehre als auch Rechtsprechung sämtliche allgemeinen und besonderen Zulässigkeitsvoraussetzungen vorliegen, ist die Drittwiderklage des B gegen die V zulässig.

## IV. Zusammenfassung

- Richtet der Beklagte eine Widerklage nicht nur gegen den Kläger, sondern verklagt er gleichzeitig auch einen Dritten, so spricht man von einer sog. Drittwiderklage.
- Die Drittwiderklage ist keine „echte“ Widerklage, da der Dritte bisher nicht Partei des Prozesses war. Sie ist daher nicht nach § 33 ZPO privilegiert.
- Für die Zulässigkeit der Drittwiderklage müssen zunächst die allgemeinen Prozessvoraussetzungen vorliegen.
- Der Beklagte muss auch gegen den Kläger Widerklage erheben. Die isolierte Drittwiderklage ist grundsätzlich unzulässig. Ausnahme: Zession
- Kläger und Drittwiderbeklagter müssen zumindest einfache Streitgenossen sein.
- Gegenüber sämtlichen Widerbeklagten muss Konnexität i.S.d. § 33 ZPO vorliegen.
- Da die Drittwiderklage eine Parteierweiterung darstellt, muss nach der Klageänderungstheorie zudem Sachdienlichkeit entsprechend § 263 ZPO gegeben sein.

## V. Zur Vertiefung

- Hemmer/Wüst, ZPO I, Rn. 385a ff., 475 ff.
- Zur Isolierten Drittwiderklage: BGH Life&Law 2007, 522 ff.

# Kapitel V: Beweisprobleme

## Fall 37: Beweismittel

***Sachverhalt:***

*B ist Mieter des K. Da er in einer anderen Stadt eine neue Arbeit findet, kündigt er seine Wohnung fristgerecht zum 30.09. mittels*

***1.*** *einfachem Brief,*

***2.*** *Einwurf-Einschreiben,*

***3.*** *Einschreiben mit Rückschein.*

*Im Dezember verlangt K von B die Miete für die Monate ab Oktober. B antwortet darauf entrüstet, dass er doch gekündigt habe. Eine solche Nachricht habe er nie erhalten, entgegnet K. Da B die Zahlung weiter verweigert, erhebt K eine zulässige Klage.*

***Frage:*** *Hat die Klage Aussicht auf Erfolg?*

### I. Einordnung

In der Praxis hängt der Ausgang eines Prozesses häufig nicht von schwierigen Rechtsfragen ab, sondern von der Beweisbarkeit der dem Fall zugrunde liegenden Tatsachen.

Nach dem im Zivilprozess geltenden Verhandlungs- bzw. Beibringungsgrundsatz ist es Sache der Parteien, diejenigen Tatsachen vorzutragen und zu beweisen, die das Gericht seiner Entscheidung zugrunde legen soll.

**hemmer-Methode:** Im Straf- und Verwaltungsprozess gilt dagegen der Untersuchungs- bzw. Ermittlungsgrundsatz. Der fragliche Sachverhalt wird hier von Amts wegen ermittelt (Prinzip der materiellen Wahrheit).

Soweit nicht das Gesetz eine spezielle Regelung trifft, hat jede Partei die Tatsachen darzulegen, die ihr zum Vorteil gereichen.

Gesetzliche Regelungen finden sich häufig im materiellen Recht, so z.B. § 476 BGB (vgl. zu dieser sehr relevanten Vorschrift BGH Life&Law 2006, 6 ff.; 219 ff.).

Wer eine Rechtsfolge für sich in Anspruch nimmt, hat daher die rechtsbegründenden und rechtserhaltenden Tatsachen zu behaupten und zu beweisen, der Gegner die rechtshindernden, rechtsvernichtenden und rechtshemmenden.

**hemmer-Methode:** Wiederholen Sie die Einordnung von Einwendungen und Einreden anhand der Skripten BGB-AT II und III.

## II. Gliederung

### 1. Beweis des Zugangs eines einfachen Briefes

**Zeugenbeweis**, §§ 373 ff. ZPO
⇨ **(-)**, nicht Erfolg versprechend, da Briefträger sich in aller Regel nicht an einen bestimmten Brief erinnern wird

**Anscheinsbeweis**
⇨ **(-)**, Zugang einer Briefsendung kann nicht als typischer Geschehensablauf angesehen werden; zudem Wertung des § 130 BGB

### 2. Beweis des Zugangs eines Einwurf-Einschreibens

- **Zeugenbeweis**, §§ 373 ff. ZPO, durch Vernehmung des Briefträgers ⇨ (-)
- **Augenscheinsbeweis**, §§ 371 ff. ZPO, durch Vorlage des Ein- und Auslieferungsbelegs ⇨ (-), tatsächlicher Zugang daraus nicht ersichtlich
- **Urkundenbeweis**, §§ 415 ff. ZPO, durch Auslieferungsbeleg ⇨ (-), als Privaturkunde, § 416 ZPO, nur Beweiswert wie Augenscheinsobjekt
- **(P): Anscheinsbeweis des Auslieferungsbelegs ⇨ (-)**
  nach Rspr. wegen mangelhafter Handhabung der Auslieferungsdokumentation in der Praxis

### 3. Beweis des Zugangs von Einschreiben mit Rückschein

**Urkundenbeweis**, §§ 415 ff. ZPO, mit Rückschein
⇨ (+) dahingehend, dass ein Brief zuging, hinsichtlich des tatsächlichen Inhalts dann Vermutung

## III. Lösung

Die Klage des K hat Aussicht auf Erfolg, wenn ihm ein Anspruch aus § 535 II BGB gegen B zusteht.

Nach der Grundregel der Beweislastverteilung hat jede Partei die für sie günstigen Tatsachen zu behaupten und zu beweisen.

K muss daher zunächst vortragen, dass ein Mietvertrag, § 535 BGB, zwischen ihm und B bestand. Damit hat er seiner Darlegungslast genügt.

Ob K die Existenz eines wirksamen Mietvertrages auch noch beweisen muss, hängt davon ab, ob dies bestritten wird. Sofern die Gegenpartei nicht ausdrücklich und zulässig, §§ 138 III, IV ZPO, bestreitet, bedarf es nämlich überhaupt keines Beweises. Die Tatsache steht dann fest.

**hemmer-Methode:** Dies ist eine unmittelbare Folge des Verhandlungsgrundsatzes. Wollen die Parteien über bestimmte Tatsachen nicht streiten, dann wird darüber nicht gestritten. Das Gericht hat sie als gegeben hinzunehmen.

Dass ein Mietvertrag mit K bestand, wird hier von B nicht in Zweifel gezogen. Damit bedarf diese Tatsache keines Beweises mehr.

B seinerseits trägt die für ihn günstige rechtsvernichtende Einwendung der Kündigung vor. Eine Kündigung als empfangsbedürftige Willenserklärung ist nur dann wirksam, wenn sie dem Empfänger zugeht, § 130 BGB. K erklärt, er hätte nie eine Kündigung erhalten. Somit ist der Zugang strittig und bedarf des Beweises.

### 1. Beweis des Zugangs eines einfachen Briefes

Fraglich ist, ob es B gelingen wird, den Zugang der Kündigung zu beweisen, wenn er diese mittels einfachen Briefes an K gesandt hat.

Die Beweiserhebung erfolgt grundsätzlich nach §§ 355 ff. ZPO im förmlichen Verfahren des Strengbeweises.

**hemmer-Methode**: Weitere Beweisarten sind der Freibeweis (insbesondere bei der Prüfung der Prozessvoraussetzungen) und die Glaubhaftmachung (hauptsächlich im Arrestverfahren und bei der einstweiligen Verfügung).

Das Beweisverfahren wird von der beweisführungsbelasteten Partei durch Beweisantrag eingeleitet. Die Beweisaufnahme bedarf der Anordnung durch das Gericht. Dies erfolgt i.d.R. durch formlosen Beweisbeschluss.

Als Beweismittel kommen Augenschein, Zeugen, Sachverständige, Urkunden und Parteivernehmung in Betracht. Bei der Beweiswürdigung ist das Gericht nach § 286 I ZPO grundsätzlich frei.

#### a) Zeugenbeweis, §§ 373 – 401 ZPO

Der Zeuge sagt über Wahrnehmungen von Tatsachen aus, die er in der Vergangenheit gemacht hat.

B könnte beantragen, den Briefträger, der im Gebiet des K die Post austrägt, als Zeugen zu vernehmen, § 373 ZPO.

Die Erfolglosigkeit eines solchen Unterfangens ist aber evident. Ein Postbote, der schon am Tag mehrere hundert Sendungen zustellt, wird sich kaum an den Einwurf eines bestimmten Briefes bei einer bestimmten Person vor geraumer Zeit erinnern.

**hemmer-Methode:** Anders ist dies natürlich zu beurteilen, wenn man den Brief im Beisein eines Zeugen in den Briefkasten einwirft. Idealerweise sollte dieser Zeuge dann auch vorab Kenntnis von dem Inhalt des Schreibens haben und auch bezeugen können, dass genau dieses Schreiben dann auch eingeworfen wurde.

#### b) Anscheinsbeweis (prima facie)

Der Anscheinsbeweis ist dadurch gekennzeichnet, dass das Gericht von feststehenden tatsächlichen Ereignissen auf andere Tatsachen schließt, die nach der Lebenserfahrung regelmäßig damit verbunden sind. Einem solchen Schluss liegen Erfahrungssätze aus einem sich häufig wiederholenden typischen Geschehensablauf zu Grunde.

**hemmer-Methode:** Folge eines solchen Anscheinsbeweises ist es nicht, dass nun der Gegner den vollen Beweis des Gegenteils führen müsste. Es reicht aus, wenn er konkrete Tatsachen behauptet und beweist, aus denen sich die Möglichkeit eines atypischen Geschehensablaufs ergibt (sog. Erschütterung des ersten Anscheins).

Vorausgesetzt, B könnte die Absendung des Briefes beweisen (etwa durch einen Zeugen), wäre daraus möglicherweise zu folgern, dass dieser auch zugegangen ist. Fraglich ist deshalb, ob ein Erfahrungssatz dahingehend besteht, dass ein bei der Post aufgegebener einfacher Brief auch tatsächlich zugeht.

#### c) Absendung eines Briefes per Post als Anscheinsbeweis für Zugang?

Dagegen spricht, dass es auch unter normalen Verhältnissen immer wieder vorkommt, dass abgeschickte Briefe den Empfänger nicht erreichen. Auch wenn die Verlustquote gemessen an der Gesamtzahl aller Postsendungen äußerst gering ist, kann weder der Zugang noch der Verlust als typischer Geschehensablauf angesehen werden.

Darüber hinaus widerspräche der Beweis des ersten Anscheins für den Zugang allein aufgrund der Aufgabe zur Post der klaren Regelung des § 130 BGB.

Der danach vom Absender zu beweisende Zugang als Wirksamkeitsvoraussetzung seiner Willenserklärung würde bei Zulassung von prima facie praktisch allein durch den bloßen Nachweis der Absendung ersetzt. Dem Empfänger würde dann der in der Regel gar nicht zu führende Beweis aufgebürdet, dass ihm die Sendung nicht zugegangen sei[18].

Allein aus der Absendung eines einfachen Briefes kann daher nicht auf dessen Zugang geschlossen werden.

#### d) Ergebnis

Da weitere Beweismittel nicht ersichtlich sind, dürfte es dem B nicht gelingen, den Zugang seiner Kündigung zu beweisen.

Die Klage des K hat damit Aussicht auf Erfolg.

### 2. Beweis des Zugangs eines Einwurf-Einschreibens

Bei der Aufgabe eines Briefes als Einwurf-Einschreiben in der Postfiliale erhält der Absender einen datierten Einlieferungsnachweis. Nach Eingang beim Empfangspostamt liefert der Zusteller der Deutschen Post das Einschreiben in den Briefkasten des Empfängers aus und dokumentiert dies auf einem Auslieferungsbeleg, welchen der Absender in Kopie anfordern kann.

#### a) Zeugenbeweis, §§ 373 – 401 ZPO

Ein Zeugenbeweis durch Vernehmung des Postboten scheidet hier ebenso wie beim einfachen Brief aus. Selbst wenn der Briefträger einen Auslieferungsbeleg erstellt hat, wird er sich nach einiger Zeit nicht mehr verlässlich an die konkrete Zustellung erinnern können. Auch bei dem Einwurf-Einschreiben handelt es sich um ein alltäglichen Geschäftsvorfall.

#### b) Beweis durch Augenschein, §§ 371 – 372a ZPO

Der Augenscheinsbeweis erfolgt aufgrund unmittelbarer Wahrnehmung beweiserheblicher Tatsachen durch das Gericht.

**hemmer-Methode:** Über den Wortlaut („Augenschein“) hinaus umfasst dieses Beweismittel jegliche Form der Sinneswahrnehmung.

B könnte den Beweis des Zugangs des Einwurf-Einschreibens durch Vorlage des Einlieferungsnachweises und der Kopie des Auslieferungsbelegs antreten.

---

[18] BGHZ 24, 308, 313. = **juris**byhemmer

Jedoch kann das Gericht diesen beiden Augenscheinsobjekten die zu beweisende Tatsache nicht unmittelbar entnehmen. Die Kopie des Auslieferungsbelegs besagt lediglich, dass ein entsprechender Beleg bei der Post existiert. Ob der Postbote den Auslieferungsbeleg zutreffend oder falsch ausgefüllt hat und vor allem, ob er das Einwurf-Einschreiben tatsächlich ausgeliefert hat, besagt die Kopie nicht. Sie stellt lediglich ein Indiz für den Zugang dar.

Die Beweisführung in dieser Form ist ebenfalls nicht aussichtsreich.

### c) Urkundenbeweis, §§ 415 – 444 ZPO

Urkunden unterliegen anders als die bisher angesprochenen Beweismittel nicht in jeder Hinsicht der freien richterlichen Beweiswürdigung nach § 286 I ZPO. Sie erbringen, soweit ihre formelle Beweiskraft nach §§ 415-418 ZPO reicht, vollen Beweis für die Wahrheit der in ihnen beurkundeten Tatsachen.

Bei den beiden Schriftstücken, die B vorlegen kann, müsste es sich um Urkunden handeln.

#### aa) Begriff der Urkunde

Eine Urkunde i.S.d. ZPO ist die Verkörperung einer Gedankenäußerung in Schriftzeichen.

**hemmer-Methode:** Da er auf die Verwendung von Schriftzeichen abstellt und damit sog. Beweiszeichen ausschließt, ist dieser Urkundenbegriff insoweit enger als im Strafrecht.

Sowohl Ein- als auch Auslieferungsbeleg stellen verkörperte Gedankenerklärungen dar.

Zum einen wird die Bestätigung der Annahme durch die Post, zum anderen die Auslieferung dokumentiert.

#### bb) Beweiskraft

Fraglich ist allerdings, ob den Urkunden hier eine gegenüber dem Augenscheinsobjekt höhere Beweiskraft zukommt.

**hemmer-Methode:** Beweiskraft hat eine Urkunde nur, wenn sie echt ist, vgl. §§ 437 ff. ZPO. Wird der Fälschungseinwand erhoben, dann muss der Beweis der Echtheit der Urkunde mit den herkömmlichen Beweismitteln geführt werden, § 440 ZPO.

##### (1) Öffentliche Urkunden, §§ 415, 417, 418 ZPO

Öffentliche Urkunden sind nach der Legaldefinition des § 415 I ZPO nur solche, die von einer Behörde innerhalb ihrer sachlichen Zuständigkeit in der vorgeschriebenen Form errichtet wurden.

Sie begründen vollen Beweis ihres Inhalts bzw. der darin bezeugten Tatsachen.

Allerdings handelt es sich bei der Deutschen Post AG seit ihrer Privatisierung nicht mehr um eine Behörde, sondern um ein privates Unternehmen. Öffentliche Urkunden kann sie nur ausstellen, wenn sie hierfür ausdrücklich beliehen ist. Eine solche Beleihung ist für Zustellungen nach den Prozessordnungen, nicht aber für gewöhnliche Einwurf-Einschreiben gegeben.

Daher handelt es sich bei den Belegen nicht um öffentliche Urkunden.

### (2) Privaturkunden, § 416 ZPO

Bei Urkunden, die keine öffentlichen Urkunden sind, handelt es sich um Privaturkunden.

Gem. § 416 ZPO erbringen sie keinen vollen Beweis dafür, dass die in ihnen beurkundeten Wahrnehmungen oder Vorgänge tatsächlich stattgefunden haben. Sofern sie vom Aussteller unterschrieben wurden, steht lediglich fest, dass die in ihr enthaltenen Erklärungen von ihm abgegeben wurden. Im Übrigen unterliegen sie dem Grundsatz der freien richterlichen Beweiswürdigung.

### cc) Ergebnis

Auch als Privaturkunde wohnt dem Ein- und Auslieferungsbeleg im konkreten Fall damit keine größere Beweiskraft als in der Eigenschaft als Augenscheinsobjekt zu.

Auch die Beweisführung im Wege des Urkundenbeweises ist nicht aussichtsreich.

### d) Anscheinsbeweis (prima facie)

Vielleicht kann aber mit dem Ein- und Auslieferungsbeleg wenigstens der Anscheinsbeweis des Zugangs geführt werden.

### aa) E.A.: Anscheinsbeweis möglich

Nach einer in der Rechtslehre und von unterinstanzlichen Gerichten[19] vertretenen Ansicht begründet der Auslieferungsbeleg bzw. dessen Kopie einen ersten Anschein für den Zugang des Einwurf-Einschreibens.

Bei einer Dokumentation des Zugangs entspreche es der Lebenserfahrung, dass diese erfolgt sei.

Zudem greife das Argument der Risikoverteilung des § 130 BGB hier nicht. Im Falle des Einwurf-Einschreibens beweise der Erklärende (=Absender) gerade mehr als die bloße Absendung, sondern mittels des Auslieferungsbelegs auch den Einwurf durch den Postboten.

### bb) Kein Anscheinsbeweis

Nach wohl herrschender Rechtsprechung[20] begründet jedoch auch der Auslieferungsbeleg keinen Anscheinsbeweis für den Zugang des Einwurf-Einschreibens.

Dies hängt mit der praktischen Handhabung durch die Deutsche Post AG zusammen. Danach ist es zur Minimierung des Arbeitsaufwands durchaus üblich, dass die Auslieferungsbelege bereits in der Postfiliale ausgefüllt werden, bevor der Bote sie austrägt.

Da die Einwurf-Einschreiben vom Briefträger nunmehr wie gewöhnliche Briefe ausgetragen werden, kann auch nur das dort angeführte gelten. Es kann danach nicht als typischer Geschehensablauf angesehen werden, dass der Empfänger tatsächlich den Brief erhält.

**hemmer-Methode:** Hier handelt es sich zugegebenermaßen um eine sehr spezielle Problematik, die aber enorme praktische Bedeutung besitzt. Mangels höchstrichterlicher Klärung dieser Frage ist die andere Ansicht ebenso gut vertretbar.

19 AG Paderborn, NJW 2000, 3723. = jurisbyhemmer

20 LG Potsdam, NJW 2000, 3722. = jurisbyhemmer

Auch durch Vorlage des Auslieferungsbelegs des Einwurf-Einschreibens kann daher nicht der Anscheinsbeweis für den Zugang geführt werden.

#### e) Ergebnis

Bei der Versendung der Kündigung mittels Einwurf-Einschreiben dürfte es dem K ebenfalls nicht gelingen, den Beweis des Zugangs zu führen.

Die Klage des K hat damit wiederum Aussicht auf Erfolg.

### 3. Beweis des Zugangs eines Einschreibens mit Rückschein

Bei dem Einschreiben mit Rückschein hat der Empfänger den Erhalt des Briefes auf einer bei der Sendung befindlichen Postkarte zu quittieren, die an den Absender zurückgesandt wird.

#### a) Urkundenbeweis, §§ 415 – 444 ZPO

Den von K unterschriebenen Rückschein kann B im Wege des Urkundenbeweises als Privaturkunde, § 416 ZPO, einführen.

Damit ist der Beweis erbracht, dass K erklärt hat, einen Brief des B erhalten zu haben.

#### b) Beweiswürdigung

Nach der Durchführung der Beweisaufnahme entscheidet das Gericht im Rahmen der freien Beweiswürdigung, § 286 I ZPO, ob es eine Tatsache als erwiesen ansieht oder nicht.

Das Gericht wird aufgrund der Erklärung des K, er habe einen Brief des B erhalten, dabei zu dem Ergebnis kommen, dass dem K ein Brief des B auch zugegangen ist.

Dass sich darin tatsächlich eine Kündigungserklärung befand, kann K aber immer noch bestreiten.

Entweder kann B dies mit Hilfe eines Zeugen, der bei dem Verschluss des Briefes und der Absendung zugegen war, beweisen oder das Gericht wird ausgehend von der erwiesenen Erklärung des K auch über den Inhalt des Briefes gem. § 286 I ZPO befinden.

Schon die Versendung als Einschreiben mit Rückschein spricht für eine rechtlich bedeutsame und für den Absender wichtige Willenserklärung. Besteht zudem ein zeitlicher Zusammenhang zwischen dem Datum des Rückscheins und der Kündigungsfrist, so wird das Gericht hier von einer Kündigung als Inhalt des Briefes ausgehen.

#### c) Ergebnis

Durch die Verwendung eines Einschreibens mit Rückschein dürfte es dem K am ehesten gelingen, den Beweis des Zugangs der Kündigung zu führen.

## IV. Zusammenfassung

- Im Zivilprozess haben die Parteien die entscheidungserheblichen Tatsachen darzulegen (Verhandlungs- oder Beibringungsgrundsatz).
- Grundsätzlich muss jede Partei die ihr günstigen Tatsachen behaupten und beweisen.

- Nach dem Prinzip des Strengbeweises sind die Parteien dabei an das förmliche Beweisverfahren und die vom Gesetz vorgesehenen Beweismittel gebunden.
- Der Zugang einer Willenserklärung kann bei der Verwendung eines einfachen Briefes oder Einwurf-Einschreibens in der Regel nicht erfolgreich bewiesen werden. Es gibt keinen allgemeinen Erfahrungsgrundsatz, dass ein so abgesendeter Brief auch tatsächlich zugegangen ist.
- Bei der Verwendung eines Einschreibens mit Rückschein kann der Beweis des Zugangs hingegen mit dem Rückschein geführt werden.

## V. Zur Vertiefung

- Hemmer/Wüst, ZPO I, Rn. 489 ff.
- Mankowski, NJW 2004, 1901 ff. (Zugangsnachweis bei E-Mails)

# Fall 38: Beweislast

***Sachverhalt:***

*K verklagt seinen Zahnarzt B wegen eines angeblichen Behandlungsfehlers, der zum Verlust zweier Zähne führte, auf Schadensersatz. Dieser bestreitet schon das Vorliegen eines Behandlungsfehlers. Selbst wenn ein solcher vorliege, sei er außerdem nicht kausal für den Verlust der Zähne. Nachdem das Gericht, wie von K verlangt, die Vorlage der Patientenakte angeordnet hat, stellt sich heraus, dass keine Aufzeichnungen über die ärztliche Behandlung erfolgt sind.*

***Frage:*** *Wie ist die Beweislast aufgrund des bisherigen Prozessverlaufs verteilt?*

## I. Einordnung

Nach dem Grundsatz trägt jede Partei die Beweislast für die tatsächlichen Voraussetzungen der ihr günstigen Rechtsnormen.

Teilweise enthält das materielle Recht aber auch ausdrückliche Beweislastregeln (z.B. §§ 363, 2336 III BGB) oder stellt gesetzliche Vermutungen (z.B. §§ 891, 921, 1006 BGB) auf.

**hemmer-Methode:** Bei einer gesetzlichen Beweislastregelung wird die begünstigte Partei, wenn sie den gesetzlichen Tatbestand vollumfänglich behauptet, vollständig von der Beweislast befreit. Besteht eine gesetzliche Vermutung, so müssen die dieser zugrunde liegenden Tatsachen (z.B. bei § 1006 I BGB der Eigenbesitz) dargelegt und bewiesen werden, nicht hingegen die Rechtsfolge.

Ergibt sich aus der Fassung des Gesetzes ein Regel-Ausnahmeverhältnis („es sei denn", „gilt nicht, wenn"), so ist diejenige Partei beweisbelastet, die sich auf den Ausnahmefall beruft. Dem liegt der allgemeine und auch ohne explizite Formulierung anwendbare Gedanke zugrunde, dass die Beweislast den trifft, der entgegen einer erfahrungsgemäßen Regel eine Ausnahme für sich in Anspruch nimmt.

Zudem haben sich zur Vermeidung unbilliger Ergebnisse richterrechtliche Beweislastregeln durchgesetzt, die dazu führen, dass dem Gegner der an sich beweisbelasteten Partei die Beweislast aufgebürdet wird.

## II. Gliederung

**1. Vertraglicher Schadensersatzanspruch, §§ 280 I, 611 BGB**

- § 280 I S. 2 BGB ⇨ gesetzliche Vermutung nur hinsichtlich Vertretenmüssen
- Nach Grundregel ⇨ K müsste objektive Pflichtverletzung (Behandlungsfehler) und Kausalität für den Schaden selbst beweisen
- **(P): Keine Möglichkeit für K zur Beweisführung mangels Dokumentation** durch B
  - **Beweisvereitelung** ⇨ (+), B hat Dokumentation schuldhaft unterlassen
  - Rechtsfolge ⇨ str., Beweiserleichterung bis Beweislastumkehr

**2. Deliktischer Schadensersatzanspruch, § 823 I BGB**

Rechtsprechung

- **Patient** muss **Rechtsgutsverletzung** durch Verhalten des Arztes (= Behandlungsfehler) sowie **Schaden** beweisen
- Bei **grobem Behandlungsfehler** trifft **Arzt** Beweislast für **fehlende Kausalität**
- Keine Verschuldensvermutung, da der Arzt nur kunstgerechtes Bemühen, keinen Heilerfolg schuldet

⇨ Wegen **fehlender Dokumentation** aber auch hier **Beweislastumkehr**

## III. Lösung

Die Verteilung der Beweislast ist für jeden geltend gemachten Anspruch gesondert zu bestimmen. Ausgangspunkt ist dabei stets die Grundregel, dass jeder die ihm günstigen Tatsachen beweisen muss.

### 1. Vertraglicher Schadensersatzanspruch, §§ 280 I, 611 BGB

Dem K könnte ein Schadensersatzanspruch wegen Pflichtverletzung des Behandlungsvertrages mit B zustehen.

Die Tatsache, dass überhaupt ein Behandlungsvertrag bestand, wird von B nicht bestritten und gilt daher als zugestanden, § 138 III ZPO.

#### a) Vermutung des § 280 I S. 2 BGB

Eine für die Beweislast wichtige Regelung beinhaltet die gesetzliche Vermutung des § 280 I S. 2 BGB.

**hemmer-Methode:** Nach anderer Ansicht handelt es sich nicht um eine gesetzliche Vermutung, sondern eine gesetzliche Beweislastregel (zum Unterschied vgl. die hemmer-Methode in der Einführung zum Fall). Am Ergebnis ändert dies hier nichts.

Nach seinem eindeutigen Wortlaut bezieht sich § 280 I S. 2 BGB aber allein auf das Vertretenmüssen. Die objektive Pflichtverletzung, den Schaden und die Kausalität zwischen diesen beiden Tatbestandselementen muss der Gläubiger selbst beweisen. Kann er dies nicht, nützt ihm auch die Beweislastumkehr hinsichtlich des Vertretenmüssens nicht.

#### b) Pflichtverletzung und Kausalität

Hinsichtlich des Behandlungsfehlers (= Pflichtverletzung) des B sowie dessen Kausalität für den eingetretenen Schaden befindet sich K als medizinischer Laie in akuter Beweisnot.

Eine Beweisführung ist ihm allenfalls dann möglich, wenn er zumindest auf die ärztlichen Aufzeichnungen des B über seine Behandlung zugreifen kann.

##### aa) Dokumentation der Behandlung

K hat die Vorlegung der Aufzeichnungen des B beantragt. Darin liegt konkludent eine Entbindung von der ärztlichen Schweigepflicht.

Der Grundsatz der Waffengleichheit gebiete, so ist in der Rechtsprechung anerkannt, dass der Arzt eine in unmittelbarem zeitlichen Zusammenhang erstellte ordnungsgemäße Dokumentation der Behandlung seinem Patienten vorlegen muss.

Daher hat das Gericht hier nach § 142 ZPO die Vorlegung der Patientenakte angeordnet.

**bb) Beweisvereitelung**

Da B keine Aufzeichnungen über die streitgegenständliche Behandlung angefertigt hat, hilft die Vorlage der Patientenakte dem K nicht weiter.

**hemmer-Methode:** Dass der Einwand, Aufzeichnungen haben nicht stattgefunden bzw. die Unterlagen sind nicht auffindbar, in der Praxis teilweise vom Arzt auch vorgetragen wird, um kein ihn belastendes Beweismaterial in den Prozess einbringen zu müssen, liegt natürlich auf der Hand. Die folgenden Ausführungen sind daher unter dieser Prämisse zu sehen.

Aus dem Behandlungsvertrag traf den Arzt eine Pflicht zur Dokumentation und deren Aufbewahrung. Diese hat K zumindest fahrlässig verletzt.

Wenn jemand seinem beweispflichtigen Gegner die Beweisführung schuldhaft erschwert oder unmöglich macht, so spricht man von Beweisvereitelung. Dass das zugrunde liegende Verhalten bereits vorprozessual geschah, spielt keine Rolle.

**hemmer-Methode:** Explizit geregelt ist das Problem der Beweisvereitelung im Bereich des Urkundsbeweises (vgl. §§ 427, 441 III, 444 ZPO) sowie der Parteivernehmung (vgl. §§ 446, 453 II, 454 I ZPO). Daraus lässt sich ein allgemeiner Grundsatz ableiten.

Die Rechtsfolge der Beweislastumkehr ist gesetzlich nicht geregelt.

Die Rechtsprechung berücksichtigt das beweiserschwerende Verhalten der Partei bei der Beweiswürdigung oder gesteht Beweiserleichterungen zu, indem sie das auf Verschulden beruhende Fehlen eines Beweismittels als Indiz für die zu beweisende Tatsache genügen lässt. Dies kann im Einzelfall bis zu einer Beweislastumkehr führen.

Angesichts des Umstandes, dass B hier grob schuldhaft handelte, indem er überhaupt keine Aufzeichnungen anfertigte, ist dem K die Beweislast nicht mehr zuzumuten. Nur die komplette Beweislastumkehr wird der Interessenlage gerecht.

Die Beweislastumkehr aufgrund der Beweisvereitelung erstreckt sich sowohl auf die Pflichtverletzung als auch deren Kausalität für den Schaden.

**c) Ergebnis**

Hinsichtlich des vertraglichen Schadensersatzanspruchs gestaltet sich die Beweislast folgendermaßen: Da das Vorliegen eines Behandlungsvertrages unbestritten ist, hat K nur noch den Schaden und dessen Höhe zu beweisen. Aufgrund der Beweislastumkehr infolge der Beweisvereitelung hat B zu beweisen, dass er keine Pflichtverletzung begangen hat bzw. diese nicht kausal für den Schaden war. Wegen § 280 I S. 2 BGB hat er weiterhin zu beweisen, dass er eine Pflichtverletzung nicht zu vertreten hat.

**hemmer-Methode:** Ob § 280 I S. 2 BGB überhaupt auf den ärztlichen Behandlungsvertrag anwendbar ist, wird teilweise bestritten. Zum Streitstand vgl. Spindler/Rieckers, JuS 2004, 274 f.; wie hier Palandt/Heinrichs, § 280, Rn. 42.

## 2. Deliktischer Schadensersatzanspruch, § 823 I BGB

Weiterhin könnte dem K ein Schadensersatzanspruch aus § 823 I BGB zustehen.

### a) Rechtsgutsverletzung und Schaden

Dass eine Körperverletzung (=Verlust von zwei Zähnen) und ein Schaden (=Kosten für Zahnersatz) vorliegt, ist offensichtlich und wird von B auch nicht bestritten.

### b) Objektiver Behandlungsfehler und Kausalität

Diese Tatbestandsvoraussetzungen hat grundsätzlich der K zu beweisen.

Insbesondere sowohl die haftungsbegründende als auch die haftungsausfüllende Kausalität ist für den Patienten aber praktisch kaum beweisbar, da bei Eingriffen in lebende Organismen immer Besonderheiten und unberechenbare Entwicklungen denkbar sind.

Nach der Rechtsprechung tritt daher, soweit der Patient einen groben Behandlungsfehler nachweist, eine Beweislastumkehr ein. Der Arzt muss nunmehr die fehlende Ursächlichkeit beweisen.

Um aber den noch erforderlichen Nachweis der groben Pflichtverletzung führen zu können, benötigt der Patient Einblick in die Dokumentation der Behandlung.

Da dies im konkreten Fall nicht möglich ist, greifen wieder die bereits dargestellten Grundsätze der Beweislastvereitelung. Demnach muss B nachweisen, dass kein Behandlungsfehler vorliegt bzw. dieser nicht ursächlich war.

**hemmer-Methode:** Der Fall sollte an dieser Stelle nicht überfrachtet werden. Allerdings müssen Sie sich klarmachen, dass in der Rechtsprechung hinsichtlich des genauen Vorwurfs gegenüber dem Arzt noch differenziert wird: Es gibt zum einen den sog. Befunderhebungsfehler, d.h. die Erhebung medizinisch notwendiger Befunde wird unterlassen. Des Weiteren gibt es den sog. Diagnoseirrtum, d.h. der Arzt zieht aus der (richtigen) Befundung die falschen Schlüsse. Darüber hinaus wiederum gibt es den eigentlichen Behandlungsfehler bei der Behandlung selbst. Die nicht ordnungsgemäße Dokumentation begründet für sich genommen keinen eigenständigen Vorwurf. Hinsichtlich der Beweislast gilt folgendes: beim Befunderhebungsfehler geht der BGH von einer Beweislastumkehr aus. Hierher gehört dann auch eine mangelhafte Dokumentation. Denn die Tatsache, dass nichts dokumentiert wurde, spricht dafür, dass auch nicht entsprechend befundet wurde. Beim Diagnoseirrtum bleibt die Beweislast beim Geschädigten; nur bei groben Fehldiagnosen (genau wie bei den eigentlichen, groben Behandlungsfehlern), geht die Beweislast wiederum zu Lasten des Arztes.

### c) Verschulden

Im Deliktsrecht findet § 280 I S. 2 BGB keine Anwendung.

Bei einer Verteilung der Beweislast nach Gefahren- und Verantwortungsbereichen, wie sie oftmals üblich ist (z.B. bei der Produzentenhaftung) wäre der Arzt für sein fehlendes Verschulden grundsätzlich beweispflichtig.

Nach der Rechtsprechung gilt dies jedoch gerade im Arzthaftungsrecht nicht, weil der Arzt nur kunstgerechtes Bemühen, aber keinen Heilungserfolg schuldet.

An die Pflicht des Klägers zur Substantiierung seines Vortrages dürfen allerdings nur maßvolle geringe Anforderungen gestellt werden.

**hemmer-Methode:** Hinsichtlich des Verschuldens ist somit der Patient formal beweisbelastet, praktisch kommt es aber so gut wie nie vor, dass bei dem Feststehen eines Behandlungsfehlers das Verschulden des Arztes als nicht erwiesen angesehen wird.

Insoweit ist dem K die Beweisführung auch hinsichtlich des Verschuldens des B nicht möglich ist mangels Dokumentation der Behandlung, greift allerdings auch hier die Beweislastumkehr infolge der Beweisvereitelung ein.

#### d) Ergebnis

Bezüglich des deliktischen Schadensersatzanspruchs kommt es ebenfalls zu einer Beweislastumkehr. K hat demnach nur die Tatbestandsmäßigkeit zu behaupten, B muss dann den Entlastungsbeweis führen.

## IV. Zusammenfassung

- Wenn der Gegner der beweisbelasteten Partei die Beweisführung schuldhaft erschwert oder unmöglich macht, liegt eine sog. Beweisvereitelung vor.
- Die Beweisvereitelung führt zu einer Beweiserleichterung, im Einzelfall bis zur Beweislastumkehr.
- Fertigt ein Arzt über die Behandlung eines Patienten keine ordnungsgemäße Dokumentation an oder legt er diese im Prozess nicht vor, so handelt es sich um eine Beweisvereitelung.

## V. Zur Vertiefung

- Thomas/Reichold, § 286, Rn. 17 ff.
- Spindler/Rieckers, JuS 2004, 272 ff.
- Zur Beweislast im Arzthaftungsrecht, BGH, Life&Law 2011, 310 ff.
- Zur Beweislast für Vollzug eines formnichtigen Schenkungsversprechens Life&Law 2007, 379 ff.
- Zur Beweislastverteilung bzgl. des Zustandekommens eines Vertrages über ebay, Life&Law 2007, 585 ff.

# Fall 39: Beweisverwertungsverbot

***Sachverhalt:***

*Unternehmer K verklagt den Unternehmer B auf Kaufpreiszahlung in Höhe von 10.000,- €. Den Kaufvertrag hätten die Parteien bei einem Telefonat fernmündlich vereinbart. B bestreitet den Vertragsabschluss. Daraufhin beantragt K die Vernehmung des Zeugen Z. Dieser habe über eine Mithörvorrichtung bei K das Telefongespräch zwischen K und B mitverfolgt. B widersetzt sich der Zeugenvernehmung, da er das Mithören fremder Gespräche für widerrechtlich hält. K erklärt, aufgrund der weiten Verbreitung von Mithöreinrichtungen müsse man im Geschäftsleben schon damit rechnen, dass auch ein Dritter Kenntnis vom Gespräch nimmt.*

***Frage:*** *Wäre eine Aussage des Z verwertbar?*

## I. Einordnung

Wurde ein Beweismittel rechtswidrig erlangt, so ist dessen Verwertbarkeit im Zivilprozess streitig.

Die h.M.[21] lässt nur die Verwertung schlicht rechtswidriger, aber ohne Grundrechtsverletzung erlangter Beweismittel zu (z.B. gestohlene Urkunde).

**hemmer-Methode:** Es lässt sich auch gut die völlige Unverwertbarkeit rechtswidrig erlangter Beweismittel vertreten. Lässt man nämlich die Verwertbarkeit teilweise zu, schafft dies einen Anreiz für strafbare Handlungen.

Vorliegend hat sich Z aber durch das Mithören nicht einmal strafbar gemacht. Der allenfalls in Betracht kommende Tatbestand des § 201 II S. 1 Nr.1 StGB ist nicht erfüllt, da es sich bei einer Mithörvorrichtung nicht um ein Abhörgerät handelt[22].

Eine Verwertung kann daher allein unter dem Gesichtspunkt der Verletzung von Grundrechten des B ausgeschlossen sein.

## II. Gliederung

**1. Beweisverwertungsverbot wegen Grundrechtsverletzung**

Verletzung eines verfassungsrechtlich geschützten Rechtsguts kann zur Unverwertbarkeit führen

**Grundrechtseingriff durch Verwertung der Aussage** des Z

- **Fernmeldegeheimnis**, Art. 10 GG ⇨ (-), geschützt wird die Vertraulichkeit der Nutzung des eingesetzten Kommunikationsmittels, nicht das Vertrauen der Kommunikationspartner zueinander
- **Allgemeines Persönlichkeitsrecht**, Art. 2 I, 1 I GG ⇨ (+), Recht am eigenen Wort umfasst die Befugnis, seine Kommunikationspartner selbst zu bestimmen

[21] Überblick bei Werner, NJW 1988, 997 ff.

[22] Tröndle/Fischer, § 201, Rn. 5.

**Interessenabwägung**

- Allgemeine Interesse an einer funktionstüchtigen Zivilrechtspflege hat nicht stets Vorrang vor allgemeinem Persönlichkeitsrecht, sondern nur bei Hinzutreten weiterer Aspekte
- Schlichtes Beweisinteresse des K nicht ausreichend, qualifiziertes Interesse nicht ersichtlich

## III. Lösung

Die Aussage des Z könnte der Entscheidung des Gerichts dann nicht zu Grunde gelegt werden, wenn ein Beweisverwertungsverbot besteht.

Im Gegensatz zur StPO existieren in der ZPO keinerlei gesetzliche Beweisverwertungsverbote.

**hemmer-Methode:** Auch im Strafprozess gibt es neben den gesetzlichen Beweisverwertungsverboten eine Reihe von grundsätzlich anerkannten, aber nicht normierten Fällen.

Es ist jedoch anerkannt, dass die Verletzung verfassungsrechtlich geschützter Grundrechte ein Beweisverwertungsverbot nach sich ziehen kann.

Daher ist zu prüfen, ob eine Verwertung der Aussage des Z in die Grundrechte des B eingreifen würde und, wenn dies der Fall wäre, ob der Eingriff gerechtfertigt wäre.

### 1. Grundrechtseingriff

### a) Fernmeldegeheimnis, Art. 10 I GG

Dieses Grundrecht könnte im Hinblick auf die Art, wie der Zeuge vom Inhalt des Gesprächs Kenntnis erlangt hatte, verletzt sein.

### aa) Schutzbereich

Das Fernmeldegeheimnis dient der freien Entfaltung der Persönlichkeit durch einen Kommunikationsaustausch mit Hilfe des Fernmeldeverkehrs. Der Schutzbereich erstreckt sich nach der Liberalisierung des Telefonwesens auch auf die von Privaten betriebenen Telekommunikationsanlagen.

Art. 10 I GG soll Gefahren für die Vertraulichkeit von Mitteilungen begegnen, die aus dem Übermittlungsvorgang entstehen. Er begründet ein Abwehrrecht gegen die Kenntnisnahme des Inhalts und der näheren Umstände der Telekommunikation durch den Staat.

**hemmer-Methode:** Zwar handelt es sich bei Z um eine als solche nicht von der Grundrechtsbindung nach Art. 1 III GG erfasste Privatperson, hier geht es aber darum, dass das Gericht als staatliche Stelle die so gewonnenen Erkenntnisse verwenden möchte.

Der Schutz richtet sich gegen Eingriffe in die durch die Telekommunikationsanlagen übermittelte Kommunikation. Geschützt wird die Vertraulichkeit der Nutzung des zur Nachrichtenübermittlung eingesetzten Mediums, nicht aber das Vertrauen der Kommunikationspartner zueinander. Risiken, die nicht in der telekommunikativen Übermittlung durch einen Dritten (Telekom), sondern in Umständen aus dem Einfluss- und Verantwortungsbereich eines der Kommunizierenden begründet sind, werden nicht erfasst.

#### bb) Ergebnis

Der Schutzbereich ist daher nicht beeinträchtigt, wenn der Gesprächspartner in seinem Machtbereich einem anderen (Zeuge) den Zugriff auf die Telekommunikationseinrichtung durch eine Mithörvorrichtung ermöglicht. Es realisiert sich dann nicht die von Art. 10 I GG vorausgesetzte spezifische Gefährdungslage.

Die Verwertung der Aussage des Z würde daher nicht Art. 10 I GG verletzen.

### b) Allgemeines Persönlichkeitsrecht, Art. 2 I, 1 I GG

Durch das Mithören des Z könnte das Selbstbestimmungsrecht des B bezüglich seiner eigenen Darstellung bei der Kommunikation mit anderen verletzt sein.

#### aa) Schutzbereich

Das allgemeine Persönlichkeitsrecht schützt Elemente der Persönlichkeit, die nicht schon Gegenstand anderer Freiheitsgarantien des Grundgesetzes sind.

Es ist allgemein anerkannt, dass darunter auch das Recht am eigenen gesprochenen Wort fällt. Dieses umfasst die Befugnis eines Menschen, selbst und allein zu entscheiden, mit wem er kommuniziert und ob der Inhalt einzig dem Gesprächspartner, einem bestimmten Personenkreis oder der Öffentlichkeit zugänglich sein soll.

Der Schutzbereich ist damit eröffnet.

#### bb) Eingriff

Ein Eingriff stellt die Verwertung der durch das Mithören gewonnenen Erkenntnisse allerdings nur dar, wenn keine Einwilligung des B in das Mithören des Z vorliegt.

Eine ausdrückliche Einwilligung lag nicht vor, möglicherweise erklärte sich B aber stillschweigend mit dem Mithören eines Dritten einverstanden. Dies könnte dann angenommen werden, wenn ein bestimmtes Verhalten in einem solchen Maße üblich und geradezu selbstverständlich ist, dass nach Treu und Glauben von einer Zustimmung ausgegangen werden muss, wenn kein expliziter Widerspruch vorliegt.

Die bloße praktische Verbreitung von Mithöreinrichtungen rechtfertigt aber nicht einmal den Schluss auf deren allgemeine Nutzung durch Dritte. Doch selbst wenn das heimliche Mithören in bestimmten Kreisen faktisch häufig ist, reicht dies nicht aus, eine Einwilligung in das Mithören als unerheblich anzusehen. Aus dem Umstand allein, dass jemand von einer Mithörmöglichkeit Kenntnis hat, folgt jedenfalls nicht notwendig, dass er mit einem tatsächlichen Mithören rechnet und zugleich stillschweigend einverstanden ist.

**hemmer-Methode:** Die Zivilgerichte, gegen deren Entscheidung Verfassungsbeschwerden erhoben wurden, sahen dies anfänglich anders. Sie waren der Auffassung, das Mithören im Geschäftsverkehr sei so verbreitet, dass auf jeden Fall damit zu rechnen und gegebenenfalls zu widersprechen ist.

Da nicht von einer konkludenten Einwilligung ausgegangen werden kann, liegt ein Eingriff in das allgemeine Persönlichkeitsrecht, Art. 2 I, 1 I GG, vor.

#### cc) Rechtfertigung

Das allgemeine Persönlichkeitsrecht ist nicht vorbehaltlos gewährleistet.

Zur verfassungsmäßigen Ordnung, die gem. Art. 2 I GG eine Beschränkung rechtfertigen kann, zählen die zivilprozessualen Vorschriften über die Vernehmung von Zeugen, §§ 373 ff. ZPO, und die richterliche Beweiswürdigung, § 286 ZPO.

Dem Erfordernis einer wirksamen Zivilrechtspflege kommt als Bestandteil des Rechtsstaatsprinzips eine besondere Bedeutung zu. Das allgemeine Interesse an materiell richtigen Entscheidungen ist aber im Rahmen einer Abwägung nicht stets als vorrangig gegenüber dem allgemeinen Persönlichkeitsrecht anzusehen.

Vielmehr ist erforderlich, dass weitere Aspekte hinzutreten, die das Interesse an der Beweiserhebung trotz der Persönlichkeitsbeeinträchtigung als schutzwürdig erscheinen lassen. Ein so qualifiziertes Interesse an der Verwertung des Beweismittels kann K hier aber nicht darlegen.

Sein allgemeines Interesse, ein Beweismittel für zivilrechtliche Ansprüche zu sichern, ist nicht ausreichend.

**hemmer-Methode:** Gerechtfertigt ist eine Verwertung etwa in notwehrähnlichen Lagen, z.B. zur Feststellung eines anonymen Erpressers oder Verleumders.

#### c) Rechtfertigung

Der Eingriff in das Recht des B am eigenen gesprochenen Wort bei Verwertung einer Zeugenaussage des Z wäre verfassungsrechtlich nicht gerechtfertigt.

Damit besteht ein Beweisverwertungsverbot.

## IV. Zusammenfassung

- Würde die Verwertung von Beweismitteln zu einer Verletzung verfassungsrechtlich geschützter Grundrechte einer Partei führen, so besteht ein Beweisverwertungsverbot.

## V. Zur Vertiefung

- BVerfG, Life&Law 2003, 165 ff.
- BGH, Life&Law 2003, 546 ff.
- Zur Verwertbarkeit einer Videoaufzeichnung bei verhaltensbedingter Kündigung im Arbeitsrecht vgl. BGH, Life&Law 2012, 795 ff.

# Fall 40: Präklusion

***Sachverhalt:***

*K erwarb von B ein gebrauchtes Kraftfahrzeug und bezahlte dieses sofort. Nach kurzer Zeit zeigten sich erhebliche Mängel. K erklärt nach fruchtlosem Fristablauf die Minderung und verklagt den B auf teilweise Rückzahlung des Kaufpreises. Das Gericht bestimmt den frühen ersten Termin auf den 1. Dezember und setzt dem B eine Frist zur Klageerwiderung bis zum 5. November. Der vielbeschäftigte B kommt allerdings bis zu diesem Zeitpunkt nicht dazu, sich um die in seinen Augen lächerliche und völlig unbegründete Klage zu kümmern. Erst am 29. November sucht er den Rechtsanwalt R auf. Er erklärt, dass bei Übergabe noch keine Mängel vorlagen. Zum Beweis benennt er zwei Zeugen. Zudem könne dies ja wohl auch durch ein Sachverständigengutachten geklärt werden.*

***Frage:*** *Was wird R unternehmen?*

## I. Einordnung

Um die Funktionsfähigkeit der Zivilrechtspflege zu gewährleisten, ist es erforderlich, dass ein Prozess so zügig wie möglich erledigt wird.

Aus diesem Grund durchzieht der Beschleunigungsgrundsatz, die sog. Konzentrationsmaxime, die gesamte ZPO. Deutlich zum Vorschein kommt er in den Präklusionsvorschriften der §§ 296, 296a, 531 ZPO.

**hemmer-Methode:** Auch das Versäumnisverfahren, §§ 330 ff. ZPO, ist eine Ausprägung des Beschleunigungsgrundsatzes.

Durch diese Normen wird eine Partei sanktioniert, die den Rechtsstreit nicht ordnungsgemäß führt und dadurch seine Erledigung verzögert. Verspätet vorgebrachte Angriffs- und Verteidigungsmittel kann oder muss das Gericht zurückweisen.

**hemmer-Methode:** Mit Hinblick auf Art. 103 I GG ist die Präklusion von Parteivorbringen als Mittel der Prozessbeschleunigung seit eh und je auf Bedenken gestoßen. Das BVerfG hat allerdings entschieden, dass die gesetzmäßige Präklusion verfassungskonform ist (vgl. die Nachweise bei Thomas/Putzo, Einl I, Rn. 14). Das Recht auf richterliches Gehör wird nur dann verletzt, wenn die Verfahrensvorschriften der ZPO in nicht mehr vertretbarer Weise ausgelegt und angewendet werden.

## II. Gliederung

**1. Vorbringen im frühen ersten Termin**

**(P): Zurückweisung nach § 296 I ZPO**

- Angriffs- oder Verteidigungsmittel ⇨ (+), Antrag auf Gegenbeweis ist Verteidigung
- Frist i.S.d. § 296 I ZPO versäumt ⇨ (+), Klageerwiderungsfrist, § 275 I S. 1 ZPO bereits abgelaufen
- Ungenügende Entschuldigung ⇨ (+), nach § 296 I ZPO vermutetes Verschulden kann nicht widerlegt werden

- Ursächliche Verzögerung ⇨ (+) nach absolutem Verzögerungsbegriff, bei Zulassung der Zeugenvernehmung (Ladung, § 377 ZPO !!!) und Einholung Sachverständigengutachten würde Prozess länger dauern als bei Zurückweisung

Vorgehensweise ist nicht Erfolg versprechend, da Gericht zurückweisen müsste

**2. Flucht in die Berufung**

Partei tritt im Termin auf, stellt aber keine Beweisanträge

- Klagestattgebendes Endurteil ergeht
- Dagegen Berufung statthaft, § 511 I, II Nr.1 ZPO
- Anführung des Beweisangebots in Berufungsbegründungsschrift, § 520 III Nr. 4 ZPO
  Ausschluss gem. § 531 I ZPO ⇨ (-), soweit in erster Instanz noch nicht angeboten

**(P): Zulässigkeit nach § 531 II S. 1 Nr. 3 ZPO**
⇨ (-), da Nichtgeltendmachung in erster Instanz auf Nachlässigkeit beruht

**3. Flucht in die Säumnis**

Partei tritt im Termin nicht auf

- Es ergeht VU nach § 331 ZPO
- Gegen VU kann Einspruch, § 338 ZPO, eingelegt werden
- In der Einspruchsschrift werden Beweisangebote vorgetragen
  **(P): Ursächliche Verzögerung i.S.d. § 296 I ZPO** ⇨ (-), wenn im Einspruchstermin Beweiserhebung möglich ist, da Verzögerung dann nur auf Einspruch, nicht auf verspätetem Vorbringen beruht

Vorgehensweise Erfolg versprechend, R wird daher bis zum Erlass eines VU vorerst nichts unternehmen

## III. Lösung

Was R unternimmt, hängt davon ab, mit welcher (legalen) Vorgehensweise er für seinen Mandanten ein optimales Prozessergebnis erzielen kann.

Gute Aussichten auf einen Prozessgewinn bestehen hier jedenfalls dann, wenn B den Beweis führen kann, dass die verkaufte Sache bei Übergabe nicht mangelhaft war. Dieser Beweis kann aber nur dann erfolgreich geführt werden, wenn die Beweisangebote des B Berücksichtigung finden.

**hemmer-Methode:** Natürlich muss K hinsichtlich des Mangels zunächst den Hauptbeweis antreten. Es ist aber davon auszugehen, dass dies geschieht.

R wird alle möglichen Handlungsalternativen begutachten und dann diejenige wählen, bei der die Zeugenvernehmung und Verwertung eines Sachverständigengutachtens möglich ist.

### 1. Vorbringen im frühen ersten Termin

R könnte zum frühen ersten Termin am 1. Dezember erscheinen und Beweisanträge hinsichtlich der Zeugenvernehmung, § 373 ZPO, und der Einholung eines Sachverständigengutachtens, § 403 ZPO, stellen.

Möglicherweise müssten diese aber vom Gericht nach § 296 I ZPO zurückgewiesen werden.

#### a) Angriffs- oder Verteidigungsmittel

Ein Vorbringen kann nach § 296 I ZPO nur als verspätet zurückgewiesen werden, wenn es sich dabei um ein Angriffs- oder Verteidigungsmittel handelt.

Dazu zählen Behauptungen, Bestreiten, Einwendungen, Einreden und Beweisanträge, nicht hingegen Rechtsausführungen und Sachanträge.

Bei den auf Beklagtenseite von R gestellten Beweisanträgen, die auf die Führung des Gegenbeweises abzielen, handelt es sich um Verteidigungsmittel i.S.d. § 296 I ZPO.

**hemmer-Methode:** Die Widerklage ist kein Verteidigungsmittel, sondern der Angriff selbst. Sie darf daher nicht nach § 296 I, II ZPO zurückgewiesen werden.

### b) Fristversäumung

Dem B wurde eine Klageerwiderungsfrist gem. § 275 I S. 1 ZPO gesetzt. Dabei handelt es sich um eine der in § 296 I ZPO aufgeführten Fristen.

Die Frist wurde hier offensichtlich versäumt.

### c) Ungenügende Entschuldigung

Ein Vorbringen darf nur dann als verspätet zurückgewiesen werden, wenn die Partei die Frist schuldhaft versäumt hat.

Nach der Formulierung des § 296 I ZPO wird das Verschulden allerdings vermutet. Die Partei muss sich also entlasten.

Sie ist etwa dann entschuldigt, wenn ihr das verspätet vorgebrachte Angriffs- und Verteidigungsmittel bis zum Fristablauf nicht bekannt war und sie es auch nicht unschwer durch Erkundigung ermitteln konnte. Ebenso trifft sie kein Verschulden, wenn sie einen gerichtlichen Hinweis infolge unklarer Formulierung nicht verstanden hat.

Dass hier etwas zur Entlastung des B vorgetragen werden kann, ist nicht ersichtlich. Insbesondere wäre eine Arbeitsüberlastung des B kein Entschuldigungsgrund.

### d) Ursächliche Verzögerung

Durch das verspätete Vorbringen des Verteidigungsmittels müsste es auch zu einer kausalen Verzögerung des Prozesses kommen.

Ob eine Verzögerung eintritt, stellt das Gericht nach freier Überzeugung fest.

**hemmer-Methode:** Dadurch soll die Feststellung einer Verzögerung jeder Beweiserhebung entzogen werden, die ihrerseits nur wieder den Prozess unnötig verzögern würde.

Umstritten ist allerdings, welcher Maßstab bei der Bestimmung der Verzögerung anzulegen ist.

#### aa) Hypothetischer Verzögerungsbegriff

Nach einer in der Rechtslehre vertretenen Ansicht liegt eine Verzögerung nur dann vor, wenn der Rechtsstreit bei Berücksichtigung des verspäteten Vorbringens länger dauern würde, als er bei unterstellter Rechtzeitigkeit des Vorbringens gedauert hätte.

#### bb) Absoluter Verzögerungsbegriff

Nach der Rechtsprechung und dem überwiegenden Teil der Rechtslehre ist hingegen der absolute Verzögerungsbegriff zu verwenden.

Danach kommt es allein darauf an, ob die Erledigung des gesamten Rechtsstreits allein durch die Zulassung des verspäteten Vorbringens länger dauern würde als durch dessen Zurückweisung.

### cc) Entscheidung

Die nach dem hypothetischen Verzögerungsbegriff notwendige Ermittlung eines hypothetischen Prozessverlaufs ist äußerst schwierig und kaum praktikabel. Sie wäre in Grenzfällen mit langwierigen Untersuchungen verbunden, die das Verfahren verzögern würden, was § 296 ZPO gerade vermeiden will.

Der absolute Verzögerungsbegriff hingegen bietet aufgrund seiner guten Handhabbarkeit Rechtssicherheit und wird dem Sinn und Zweck von § 296 I, II ZPO gerecht. Zwar kann er sogar zu einer „Überbeschleunigung" des Verfahrens führen, dies ist aber bei Säumigkeit einer Partei nichts besonderes, wie die §§ 330 ff. ZPO zeigen.

Daher ist grundsätzlich der absolute Verzögerungsbegriff zu verwenden.

**hemmer-Methode:** Nach dem BVerfG gilt dieser nicht ausnahmslos. Wenn es sich geradezu aufdrängt, dass auch bei rechtzeitigem Vorbringen eine entsprechende Verzögerung eingetreten wäre, so ist wegen Art. 103 I GG der hypothetische Verzögerungsbegriff anzuwenden

Im vorliegenden Fall wäre nach dem absoluten Verzögerungsbegriff bei Zulassung der Beweisanträge eine Vertagung nötig.

So müssten die Zeugen des B erst geladen werden, § 377 ZPO. Dies könnte man zwar dadurch abwehren, dass die Zeugen zum Termin mitgebracht werden, jedoch kann der Gegner bei ungünstiger Aussage wiederum einen Gegenzeugen benennen, für dessen Aussage es wiederum auf einen neuen Termin ankäme.

Zudem bedürfte es für die Einholung des Sachverständigengutachtens in jedem Fall eines neuen Termins.

Die Berücksichtigung des verspäteten Vorbringens würde somit zu einer kausalen Verzögerung des Prozesses führen.

### dd) Durchlauftermin

Handelt es sich bei dem angesetzten frühen ersten Termin allerdings nur um einen sog. Durchlauftermin von wenigen Minuten Dauer, in dem allenfalls Anträge gestellt, Vergleichsmöglichkeiten besprochen und der sowieso folgende Haupttermin vorbereitet wird, dann ist eine abschließende mündliche Verhandlung von vornherein nicht möglich.

Der Grundsatz des rechtlichen Gehörs, Art. 103 I GG, verbietet die Zurückweisung in einem solchen Termin[23].

**hemmer-Methode:** Hier wird also eine Ausnahme vom absoluten Verzögerungsbegriff gemacht. Der hypothetische Verzögerungsbegriff kommt zur Anwendung, nach dem gerade keine Verzögerung vorliegt.

Ist hingegen der frühe erste Termin zur abschließenden Erledigung geplant, so kann Zurückweisung nach § 296 I ZPO erfolgen.

Als vorsichtiger Anwalt muss R davon ausgehen, dass es sich bei dem angesetzten Termin nicht nur um einen Durchlauftermin handelt.

23 BVerfG, NJW 1985, 1149. = **juris**byhemmer

**hemmer-Methode:** Um in der Praxis herauszufinden, ob ein sog. Durchlauftermin vorliegt, wird der Anwalt bei der Geschäftsstelle anrufen und sich erkundigen, wie viel Zeit für die Sache nach dem Sitzungskalender eingeplant ist. Sind z.B. 20 Sachen auf 10 Uhr angesetzt und weitere 20 auf 11 Uhr, liegen nur Durchlauftermine vor. Wurden hingegen 30 Minuten vorgesehen, so ist der Termin zur abschließenden Erledigung geplant.

### e) Rechtsfolge

Da die Voraussetzungen des § 296 I ZPO vorliegen, muss das Gericht die Beweisanträge zurückweisen. Nach dem Wortlaut der Vorschrift („sind nur zuzulassen, wenn...") ist diese Rechtsfolge zwingend, ein Ermessen steht dem Gericht nicht zu.

**hemmer-Methode:** Anders ist dies im Fall des § 296 II ZPO, wenn keine Frist versäumt wird, sondern die Angriffs- und Verteidigungsmittel nur nicht schnellstmöglich vorgebracht werden. Der Wortlaut („können zurückgewiesen werden...") räumt hier ein Ermessen ein.

Das Gericht darf allerdings trotz Fristversäumung Angriffs- und Verteidigungsmittel nicht unberücksichtigt lassen, wenn die Verzögerung durch zumutbare Prozessförderungsmaßnahmen des Gerichts noch aufgefangen werden kann.

Selbst wenn R aber noch am 29. November die Beweisanträge durch Fax bei Gericht einreicht, ist es wegen der knappen Zeit bis zum angesetzten Verhandlungstermin hier jedenfalls nicht mehr möglich, das Sachverständigengutachten erstellen zu lassen.

**hemmer-Methode:** Hätte B das Sachverständigengutachten bis zum Ablauf der Klageerwiderungsfrist, dem 5. November, beantragt, so wäre diese mit hoher Wahrscheinlichkeit ebenfalls nicht bis zur Verhandlung am 01. Dezember erstellt worden. Hier führt der absolute Verzögerungsbegriff demnach zu der oben angesprochenen „Überbeschleunigung".

### f) Ergebnis

Es ist kein Erfolg versprechendes Vorgehen für R, am 1. Dezember zum Termin zu erscheinen und die Beweisanträge zu stellen, da dies zu deren Zurückweisung nach § 296 I ZPO führt.

## 2. Flucht in die Berufung

Wenn R zum Termin erscheint, könnte er zur Vermeidung der Zurückweisung das Stellen der Beweisanträge unterlassen.

Ergebnis dieser Handlungsalternative ist zunächst mit hoher Wahrscheinlichkeit ein der Klage des K stattgebendes Endurteil.

### a) Rechtsmittel

Gegen das Endurteil wäre die Berufung des B statthaft, § 511 I, II Nr.1 ZPO.

In der Berufungsschrift können die Beweisanträge auf Zeugenvernehmung und Sachverständigengutachten gestellt werden, § 520 III Nr.4 ZPO.

### b) Zulassung des Beweisangebots

Die Beweisanträge sind als Verteidigungsmittel nicht bereits nach § 531 I ZPO ausgeschlossen. Da sie in erster Instanz überhaupt nicht gestellt wurden, erfolgte auch keine Zurückweisung.

**hemmer-Methode:** Dies ist der Ansatzpunkt für die Möglichkeit der Flucht in die Berufung.

Die Zulassung neuer Angriffs- und Verteidigungsmittel ist in der Berufungsinstanz jedoch nur unter den Voraussetzungen des § 531 II ZPO möglich.

So darf die Nichtgeltendmachung in erster Instanz nicht auf Nachlässigkeit beruht haben, § 531 II S. 1 Nr.3 ZPO. Dies ist z.B. stets gegeben, wenn das neue Angriffs- oder Verteidigungsmittel erst nach Schluss der mündlichen Verhandlung entstanden ist. Liegt hingegen bereits leichte Fahrlässigkeit der Partei oder ihres Bevollmächtigten vor, so steht dies der Zulassung schon entgegen.

Die Existenz der Beweismittel war B bereits in erster Instanz bekannt, nach der Prozesslage erschien deren Einbringung auch erforderlich. Indem dies dennoch schuldhaft nicht geschah, lag Nachlässigkeit vor.

Die Beweisanträge werden daher nicht von der Berufungsinstanz zugelassen.

### c) Ergebnis

Die Flucht in die Berufung ist kein Erfolg versprechendes Vorgehen. Es ist auch hier nicht möglich, die Beweismittel des B noch zu verwerten.

## 3. Flucht in die Säumnis

Schließlich könnte R zum Verhandlungstermin auch überhaupt nicht erscheinen.

Es erginge dann ein Versäumnisurteil (VU), § 331 ZPO, gegen den B.

### a) Rechtsbehelf

Gegen das VU müsste innerhalb von zwei Wochen Einspruch eingelegt werden, §§ 338, 339 I ZPO.

In der Einspruchsbegründung, § 340 ZPO, kann R nun das vortragen, was er auch in der Klageerwiderungsschrift geschrieben hätte, also auch die Beweisanträge stellen.

Rechtsfolge des zulässigen Einspruchs ist, dass der Prozess gem. § 342 ZPO in die Lage vor der Säumnis zurückversetzt wird.

### b) Verzögerung

Problematisch ist, ob das Beweisangebot des B im Einspruchstermin, § 341a ZPO, zu berücksichtigen oder nach § 296 I ZPO zurückzuweisen ist.

Da nach § 342 ZPO der Prozess nur in die Lage vor der Säumnis, also bis zum Beginn der mündlichen Verhandlung am 1. Dezember, zurückversetzt wird, kommt es nicht zu einer Heilung der versäumten Klageerwiderungsfrist nach § 275 I S. 1 ZPO.

Soweit die Beweisanträge im Einspruchstermin erledigt werden können (Zeugen sind anwesend, Sachverständigengutachten liegt vor), ist aber möglicherweise keine Verzögerung i.S.d. § 296 I ZPO mehr gegeben.

Dies ist nach dem absoluten Verzögerungsbegriff zu beurteilen. Dass der Einspruchstermin selbst bereits den Prozess verzögert, hat dabei aber außer acht zu bleiben, da dies eine gesetzliche Folge von VU und Einspruch ist. Unter dieser Prämisse kommt es aber durch die Berücksichtigung der Beweismittel im Einspruchstermin zu keiner weiteren Verzögerung des Prozesses.

**hemmer-Methode:** Das Gericht ist aber nicht gehalten, den Einspruchstermin so weit hinauszuschieben, bis die Beweismittel präsent sind. Wird der Einspruchstermin daher kurzfristig anberaumt, kann es auch hier noch zur Präklusion kommen, vgl. Th/P, § 341a, Rn.2.

#### c) Zulässigkeit dieses Vorgehens

Teilweise wird die Flucht in die Säumnis als Missbrauch der Verfahrensvorschriften angesehen.

Nach der Rechtsprechung des BGH ist sie jedoch zulässig. Die Kostenlast für den Säumigen nach § 344 ZPO sowie die vorläufige Vollstreckbarkeit des VU gem. § 708 Nr.2 ZPO seien ausreichende Barrieren gegen einen Missbrauch.

#### d) Ergebnis

Die Flucht in die Säumnis ist gegenüber den anderen Handlungsalternativen Erfolg versprechender.

R wird daher folglich zum Verhandlungstermin nicht erscheinen.

## IV. Zusammenfassung

- Versäumt eine Partei schuldhaft richterlich gesetzte Fristen, so kann dies nach § 296 I ZPO zu einer Präklusion von verspätet vorgebrachten Angriffs- und Verteidigungsmitteln führen.
- Voraussetzung für eine Zurückweisung ist, dass der Rechtsstreit bei Zulassung länger dauern würde als ohne (absoluter Verzögerungsbegriff).
- Im Fall des § 296 I ZPO muss das Gericht zurückweisen, bei § 296 II ZPO steht ihm dagegen ein Ermessen zu.
- Widerklage ist kein Angriffs- und Verteidigungsmittel, sondern der Angriff selbst. Sie darf daher nicht zurückgewiesen werden.
- Bei drohender Präklusion bietet sich die Flucht in die Säumnis an. Das Vorbringen zur Einspruchsbegründung darf nämlich nur dann zurückgewiesen werden, wenn es nicht im Einspruchstermin erledigt werden kann.

## V. Zur Vertiefung

- Hemmer/Wüst, ZPO I, Rn. 428 ff.

Die Zahlen beziehen sich auf die Nummern der Fälle.

## A



## B



## C



## D



## E



## F



## G



## H

hemmer/wüst
Verlagsgesellschaft mbH

Mergentheimer Str. 44 / 97082 Würzbur
Tel.: 09 31 /7 97 82 38 / Fax: 09 31/7 97 82 4
Internet: www.hemmer-shop.de

## REIHE INTELLIGENTES LERNEN

ISBN 978-3-86193

Auflage/Jahr/Euro

### Grundwissen für Anfangssemester

| | | |
|---|---|---|
| GW10 (-222-2) | BGB-AT Theorieband zu den wicht. Fällen | 6.A/13 · 7,80 |
| GW11 (-276-5) | SchuldR-AT Theorieband zu den wicht. Fällen | 6.A/14 · 7,80 |
| GW12 (-257-4) | SchuldR-BT I Theorieband zu den wicht. Fällen | 6.A/13 · 7,80 |
| GW13 (-194-2) | SchuldR-BT II Theoriebd. zu den wicht. Fällen | 5.A/13 · 7,80 |
| GW14 (-184-3) | Sachenrecht I Theorieband zu den wicht. Fällen | 5.A/12 · 7,80 |
| GW15 (-256-7) | Sachenrecht II Theorieband zu den wicht. Fällen | 5.A/14 · 7,80 |
| GW20 (-294-9) | Strafrecht AT Theorieband zu den wicht. Fällen | 6.A/14 · 7,80 |
| GW21 (-131-7) | Strafrecht BT Theorieband zu den wicht. Fällen | 4.A/12 · 7,80 |
| GW30 (-308-3) | StaatsR Theorieband zu den wicht. Fällen | 6.A/14 · 7,80 |
| GW31 (-269-7) | VerwaltungsR Theorieband zu den wicht. Fällen | 6.A/14 · 7,80 |

### Die wichtigsten Fälle

| | | |
|---|---|---|
| DF0 (-198-0) | **Sonderband:** Der Streit- und Meinungsstand im neuen Schuldrecht | 5.A/13 · 14,80 |
| DF1 (-231-4) | 76 Fälle - BGB AT | 7.A/13 · 12,80 |
| DF2 (-241-3) | 55 Fälle - Schuldrecht AT | 8.A/13 · 12,80 |
| DF3 (-273-4) | 51 Fälle - Schuldrecht BT - Kauf/WerkV | 8.A/14 · 12,80 |
| DF4 (-172-0) | 42 Fälle - GoA/Bereicherungsrecht | 7.A/12 · 12,80 |
| DF5 (-171-3) | 45 Fälle - Deliktsrecht | 6.A/12 · 12,80 |
| DF6 (-304-5) | 44 Fälle - Verwaltungsrecht | 8.A/14 · 12,80 |
| DF25 (-238-3) | 30 Fälle - Verwaltungsrecht BT Bayern | 3.A/13 · 12,80 |
| DF7 (-253-6) | 32 Fälle - Staatsrecht | 9.A/13 · 12,80 |
| DF8 (-230-7) | 34 Fälle - Strafrecht AT | 8.A/13 · 12,80 |
| DF9 (-199-7) | 44 Fälle Strafrecht BT I - Vermögensd. | 8.A/13 · 12,80 |
| DF10 (-178-2) | 44 Fälle Strafrecht BT II - Nicht-Vermögensd. | 7.A/12 · 12,80 |
| DF11 (-263-5) | 50 Fälle - Sachenrecht I | 7.A/13 · 12,80 |
| DF12 (-328-1) | 43 Fälle - Sachenrecht II - ImmobiliarSR | 8.A/14 · 12,80 |
| DF13 (-189-8) | 40 Fälle - ZPO I - Erkenntnisverfahren | 6.A/13 · 12,80 |
| DF14 (-283-3) | 25 Fälle - ZPO II - ZwangsvollstreckungsV | 6.A/14 · 12,80 |
| DF15 (-233-8) | 35 Fälle - Handelsrecht | 6.A/13 · 12,80 |
| DF16 (-307-6) | 36 Fälle - Erbrecht | 6.A/14 · 12,80 |
| DF17 (-274-1) | 26 Fälle - Familienrecht | 7.A/14 · 12,80 |
| DF18 (-174-4) | 32 Fälle - Gesellschaftsrecht | 5.A/12 · 12,80 |
| DF19 (-190-4) | 39 Fälle - Arbeitsrecht | 5.A/13 · 12,80 |
| DF20 (-159-1) | 35 Fälle - Strafprozessrecht | 4.A/12 · 12,80 |
| DF21 (-237-6) | 23 Fälle - Europarecht | 4.A/13 · 12,80 |
| DF22 (-280-2) | 10 Fälle - Musterkl. Examen ZivilR | 6.A/14 · 14,80 |
| DF23 (-079-2) | 10 Fälle - Musterkl. Examen StrafR | 5.A/11 · 14,80 |
| DF24 (-175-1) | 8 Fälle - Musterkl. Examen SteuerR | 7.A/12 · 14,80 |

### Skripten Basics (110)

| | | |
|---|---|---|
| BI/1 (-165-2) | Zivilrecht I - BGB AT u.vertragl. SchuldV | 9.A/12 · 15,80 |
| BI/2 (-251-2) | Zivilrecht II - Sachenrecht/gesetzl. SV | 7.A/13 · 15,80 |
| BI/3 (-277-2) | Zivilrecht III - FamilienR/ErbR | 7.A/14 · 15,80 |
| BI/4 (-145-4) | Zivilrecht IV - ZivilprozessR | 7.A/12 · 15,80 |
| BI/5 (-309-0) | Zivilrecht V - Handels-/GesellschR | 7.A/14 · 15,80 |
| BI/6 (-258-1) | Zivilrecht VI - ArbeitsR | 5.A/13 · 15,80 |
| BII (-122-5) | Strafrecht | 6.A/12 · 15,80 |
| BIII/1 (-268-0) | Öffentliches Recht I - VerfassR/StaatsHR | 6.A/14 · 15,80 |
| BIII/2 (-111-9) | Öffentliches Recht II - VerwaltungsR | 6.A/12 · 15,80 |
| BIV (-140-9) | Steuerrecht - EstG & AO | 8.A/12 · 15,80 |
| BV (-314-4) | Europarecht | 8.A/14 · 15,80 |

ISBN 978-3-86193

Auflage/Jahr/

### Skripten Zivilrecht (120)

| | | |
|---|---|---|
| 1 (-284-0) | BGB-AT I, Ensteh.d.Primäranspruchs | 13.A/14 · 1 |
| 2 (-296-3) | BGB-AT II, Scheitern des Primäranspr. | 13.A/14 · 1 |
| 3 (-234-5) | BGB-AT III, Erlösch.d. Primäranspruchs | 12.A/13 · 1 |
| 4 (-278-9) | Schadensersatzrecht I | 8.A/14 · 1 |
| 5 (-109-6) | Schadensersatzrecht II | 6.A/12 · 1 |
| 6 (-293-2) | Schadensersatzrecht III (§§ 249 ff.) | 11.A/14 · 1 |
| 7 (-342-7) | Verbraucherschutzrecht | 4.A/14 · 1 |
| 51 (-279-6) | Schuldrecht AT | 9.A/14 · 1 |
| 52 (-156-0) | Schuldrecht BT I | 8.A/12 · 1 |
| 53 (-260-4) | Schuldrecht BT II | 8.A/13 · 1 |
| 8 (-318-2) | Bereicherungsrecht | 14.A/14 · 1 |
| 9 (-321-1) | Deliktsrecht I | 12.A/14 · 1 |
| 10 (-203-1) | Deliktsrecht II | 9.A/13 · 1 |
| 11 (-265-9) | Sachenrecht I | 12.A/14 · 1 |
| 12 (-264-2) | Sachenrecht II | 10.A/14 · 1 |
| 12A (-196-6) | Sachenrecht III | 11.A/13 · 1 |
| 13 (-333-5) | Kreditsicherungsrecht | 11.A/14 · 1 |
| 14 (-259-8) | Familienrecht | 12.A/13 · 1 |
| 15 (-266-6) | Erbrecht | 12.A/14 · 1 |
| 16 (-313-7) | Zivilprozessrecht I | 12.A/14 · 1 |
| 17 (-317-5) | Zivilprozessrecht II | 11.A/14 · 1 |
| 18 (-255-0) | Arbeitsrecht | 14.A/13 · 1 |
| 19A (-155-3) | Handelsrecht | 10.A/12 · 1 |
| 19B (-185-0) | Gesellschaftsrecht | 12.A/12 · 1 |
| 31 (-128-7) | Herausgabeansprüche | 6.A/12 · 1 |
| 32 (-254-3) | Rückgriffsansprüche | 7.A/13 · 1 |

### Skripten Strafrecht (120)

| | | |
|---|---|---|
| 20 (-295-6) | Strafrecht AT I | 12.A/14 · 1 |
| 21 (-197-3) | Strafrecht AT II | 11.A/13 · 1 |
| 22 (-141-6) | Strafrecht BT I | 11.A/12 · 1 |
| 23 (-224-6) | Strafrecht BT II | 11.A/13 · 1 |
| 30 (-142-3) | Strafprozessordnung | 10.A/12 · 1 |

### Skripten Öffentliches Recht (120/130)

| | | |
|---|---|---|
| 24 (-285-7) | Verwaltungsrecht I | 12.A/14 · 1 |
| 25 (-227-7) | Verwaltungsrecht II | 11.A/13 · 1 |
| 26 (-144-7) | Verwaltungsrecht III | 11.A/12 · 1 |
| 27 (-300-7) | Staatsrecht I | 11.A/14 · 1 |
| 28 (-287-1) | Staatsrecht II | 9.A/14 · 1 |
| 29 (-240-6) | Europarecht | 11.A/13 · 1 |
| 40 (-335-9) | Staatshaftungsrecht | 4.A/14 · 1 |
| 33 (-163-8) | Baurecht/Bayern | 10.A/12 · 1 |
| 33 (-086-0) | Baurecht/Nordrhein-Westfalen | 8.A/11 · 1 |
| 33 (-143-0) | Baurecht/Baden-Württembg. | 3.A/12 · 1 |
| 33 (-331-1) | Baurecht/Hessen | 2.A/14 · 1 |
| 33 (-847-0) | Baurecht/Saarland | 1.A/08 · 1 |
| 34 (-327-4) | Polizei- u. Sicherheitsrecht/Bayern | 10.A/14 · 1 |
| 34 (-097-6) | Polizei- u. Ordnungsrecht/NRW | 5.A/12 · 1 |
| 34 (-023-5) | Polizeirecht/Baden-Württembg. | 3.A/11 · 1 |
| 34 (-005-1) | Polizei- u. Ordnungsrecht/Hessen | 1.A/10 · 1 |
| 34 (-028-0) | Polizei- u. Ordnungsrecht/Rheinl.-Pfalz | 1.A/11 · 1 |
| 34 (-877-7) | Polizei- u. Sicherheitsrecht/Saarland | 1.A/09 · 1 |
| 35 (-176-8) | Kommunalrecht/Bayern | 9.A/12 · 1 |
| 35 (-076-1) | Kommunalrecht/NRW | 8.A/11 · 1 |
| 35 (-261-1) | Kommunalrecht/Baden-Württembg. | 4.A/13 · 1 |

**hemmer/wüst**
Verlagsgesellschaft mbH

**Mergentheimer Str. 44 / 97082 Würzburg**
**Tel.: 09 31 /7 97 82 38 / Fax: 09 31/7 97 82 40**
**Internet: www.hemmer-shop.de**

ISBN 978-3-86193 — Auflage/Jahr/Euro

## Lexikon/Definitionen

| ISBN | Titel | Auflage/Jahr/Euro |
|---|---|---|
| (-288-8) | Definitionen Strafrecht - schnell gemerkt | 4.A/14 · 16,80 |
| (-065-5) | Legal terms für Juristen - Fachwörterbuch Englisch - Deutsch | 1.A/11 · 19,80 |

## Skripten Schwerpunkt (120)

| ISBN | Titel | Auflage/Jahr/Euro |
|---|---|---|
| (-239-0) | Kriminologie | 6.A/13 · 19,80 |
| (-245-1) | Völkerrecht | 8.A/13 · 19,80 |
| (-243-7) | Rechtsgeschichte I | 3.A/13 · 19,80 |
| (-119-5) | Rechtsgeschichte II | 2.A/12 · 19,80 |
| 1 (-085-3) | Rechts- und Staatsphilosophie sowie Rechtssoziologie | 2.A/11 · 19,80 |
| 2 (-183-6) | Insolvenzrecht | 3.A/12 · 19,80 |
| 3 (-805-0) | Wasser- und ImmissionsschutzR | 1.A/08 · 19,80 |

## Skripten Steuerrecht (120)

| ISBN | Titel | Auflage/Jahr/Euro |
|---|---|---|
| (-173-7) | Abgabenordnung | 8.A/12 · 16,80 |
| (-267-3) | Einkommensteuerrecht | 8.A/14 · 21,80 |

## Skripten für BWL´er, WiWi & Steuerberater

| ISBN | Titel | Auflage/Jahr/Euro |
|---|---|---|
| (-061-7) | PrivatR f. BWL'er, WiWi & Steuerberat | 7.A/11 · 14,80 |
| (-102-7) | Ö-Recht f. BWL'er, WiWi & Steuerberat | 4.A/12 · 14,80 |
| (-480-9) | Musterkl. für's Vordiplom PrivatR | 2.A/04 · 14,80 |
| (-197-6) | Musterkl. für's Vordiplom Ö-R | 1.A/00 · 14,80 |
| 1 (-250-5) | Die 74 wicht. Fälle (BGB AT, SchuldR AT/BT) | 4.A/13 · 14,80 |
| 2 (-247-5) | Die 44 wicht. Fälle (GoA, BerR, GesR, ...) | 2.A/13 · 14,80 |

## Skripten Fachbegriffe & Erläuterungen

| ISBN | Titel | Auflage/Jahr/Euro |
|---|---|---|
| (-146-1) | Mikroökonomie & Makroökonomie | 1.A/12 · 19,80 |
| (-147-8) | Buchführung/Jahresabschl./Rechnungsw. | 1.A/12 · 19,80 |
| (-151-5) | HandelsR/GesellschaftsR/WirtschaftsR | 1.A/12 · 19,80 |
| (-152-2) | Öffentl. Recht/EuropaR/VölkerR | 1.A/12 · 19,80 |

## Basics Karteikarten

| ISBN | Titel | Auflage/Jahr/Euro |
|---|---|---|
| 1 (-329-8) | Basics - Zivilrecht | 6.A/14 · 13,80 |
| 2 (-914-9) | Basics - Strafrecht | 3.A/09 · 13,80 |
| 3 (-320-5) | Basics - Öffentliches Recht | 4.A/14 · 13,80 |

## Karteikarten Zivilrecht

| ISBN | Titel | Auflage/Jahr/Euro |
|---|---|---|
| 1 (-262-8) | BGB-AT I | 8.A/13 · 15,80 |
| 2 (-305-2) | BGB-AT II | 7.A/14 · 15,80 |
| 3 (-340-3) | Schuldrecht AT I | 9.A/14 · 15,80 |
| (-271-0) | Schuldrecht AT II | 7.A/14 · 15,80 |
| 5 (-252-9) | Schuldrecht BT I (Kauf-u.WerkVR) | 7.A/13 · 15,80 |
| 6 (-201-7) | Schuldrecht BT II | 6.A/13 · 15,80 |
| 7 (-202-4) | Arbeitsrecht | 4.A/13 · 15,80 |
| 8 (-117-1) | Bereicherungsrecht | 6.A/12 · 15,80 |
| 9 (-306-9) | Deliktsrecht | 6.A/14 · 15,80 |
| 11 (-286-4) | Sachenrecht I | 8.A/14 · 15,80 |
| 12 (-244-4) | Sachenrecht II | 7.A/13 · 15,80 |
| 13 (-947-7) | Kreditsicherungsrecht | 3.A/10 · 15,80 |
| 14 (-336-6) | Familienrecht | 4.A/14 · 15,80 |
| 15 (-188-1) | Erbrecht | 4.A/13 · 15,80 |
| 16 (-225-3) | ZPO I | 6.A/13 · 15,80 |
| 17 (-168-3) | ZPO II | 5.A/12 · 15,80 |
| 18 (-034-1) | Handelsrecht | 4.A/11 · 15,80 |
| 19 (-095-2) | Gesellschaftsrecht | 5.A/11 · 15,80 |

ISBN 978-3-86193 — Auflage/Jahr/Euro

## Die Shorties (Minikarteikarten) inkl. Box

| ISBN | Titel | Auflage/Jahr/Euro |
|---|---|---|
| SH1 (-246-8) | **Box 1:** BGB AT, Schuldrecht AT | 7.A/13 · 21,80 |
| SH2/I (-326-7) | **Box 2/1:** vertragliches Schuldrecht | 5.A/14 · 21,80 |
| SH2/II (-316-8) | **Box 2/2:** gesetzliches Schuldrecht | 5.A/14 · 21,80 |
| SH3 (-249-9) | **Box 3:** Sachenrecht, ErbR, FamR | 6.A/13 · 21,80 |
| SH4 (-182-9) | **Box 4:** ZPO I/II, GesellschaftsR, HGB | 5.A/12 · 21,80 |
| SH5 (-319-9) | **Box 5:** Strafrecht | 8.A/14 · 21,80 |
| SH6 (-248-2) | **Box 6:** Grundrecht, StaatsOrgR, BauR, u.a. | 6.A/13 · 21,80 |

## Karteikarten Strafrecht

| ISBN | Titel | Auflage/Jahr/Euro |
|---|---|---|
| KK20 (-324-3) | Strafrecht AT I | 8.A/14 · 15,80 |
| KK21 (-164-5) | Strafrecht-AT II | 7.A/12 · 15,80 |
| KK22 (-275-8) | Strafrecht-BT I | 8.A/14 · 15,80 |
| KK23 (-167-6) | Strafrecht-BT II | 7.A/13 · 15,80 |
| KK24 (-186-7) | StPO | 5.A/12 · 15,80 |

## Karteikarten Öffentliches Recht

| ISBN | Titel | Auflage/Jahr/Euro |
|---|---|---|
| KK25 (-315-1) | Verwaltungsrecht I | 8.A/14 · 15,80 |
| KK26 (-118-8) | Verwaltungsrecht II | 5.A/12 · 15,80 |
| KK27 (-071-6) | Verwaltungsrecht III | 5.A/11 · 15,80 |
| KK28 (-177-5) | Staats- u. Verfassungsrecht | 8.A/12 · 15,80 |
| KK29 (-161-4) | Europarecht | 3.A/12 · 15,80 |

## Überblickskarteikarten

| ISBN | Titel | Auflage/Jahr/Euro |
|---|---|---|
| ÜK I (-228-4) | BGB im Überblick I | 10.A/13 · 30,00 |
| ÜK II (-282-6) | BGB im Überblick II (Nebengebiete) | 7.A/14 · 30,00 |
| ÜK III (-236-9) | StrafR im Überblick | 7.A/13 · 30,00 |
| ÜK IV (-325-0) | Öffentl.-R im Überblick | 9.A/14 · 16,80 |
| ÜK V (-289-5) | Öffentl.-R im Überblick II Bayern | 7.A/14 · 16,80 |
| ÜK VI (-787-9) | Öffentl.-R im Überblick II NRW | 2.A/08 · 16,80 |
| ÜK VII (-242-0) | Europarecht | 5.A/13 · 16,80 |

## Assessor-Basics/Theoriebände (410)

| ISBN | Titel | Auflage/Jahr/Euro |
|---|---|---|
| A IV (-229-1) | Die zivilrechtl. Anwaltsklausur/Teil 1 | 10.A/13 · 18,60 |
| A VII (-235-2) | Das Zivilurteil | 10.A/13 · 18,60 |
| A VIII (-270-3) | Die Strafrechtskl. im Assessorexamen | 7.A/14 · 18,60 |
| A IX (-104-1) | Die Assessorklausur Öffentl. Recht | 5.A/12 · 18,60 |

## Assessor-Basics/Klausurentraining

| ISBN | Titel | Auflage/Jahr/Euro |
|---|---|---|
| A I (-281-9) | Zivilurteile | 16.A/14 · 18,60 |
| A II (-298-7) | Arbeitsrecht | 14.A/14 · 18,60 |
| A III (-191-1) | Strafrecht | 11.A/13 · 18,60 |
| A V (-226-0) | Zivilrechtl. Anwaltsklausuren/Teil 2 | 10.A/13 · 18,60 |
| A VI (-009-9) | Öff.rechtl. u. strafrechtl.Anwaltskl. | 5.A/10 · 18,60 |

## Assessorkarteikarten

| ISBN | Titel | Auflage/Jahr/Euro |
|---|---|---|
| AK I (-166-9) | Zivilprozessrecht im Überblick | 5.A/12 · 19,80 |
| AK II (-272-7) | Strafprozessrecht im Überblick | 7.A/14 · 19,80 |
| AK III (-158-4) | Öffentliches Recht im Überblick | 4.A/12 · 19,80 |
| AK IV (-195-9) | Familien- und Erbrecht im Überblick | 2.A/13 · 19,80 |

hemmer/wüst
Verlagsgesellschaft mbH

Mergentheimer Str. 44 / 97082 Würzbur
Tel.: 09 31 /7 97 82 38 / Fax: 09 31/7 97 82 4
Internet: www.hemmer-shop.de

## REIHE INTELLIGENTES LERNEN

## Sonderartikel

Euro

**Lernkarteikartenbox (28.01)**

LB ______ Die praktische Lernbox für die Karteikarten — 1,99

S 810 ______ Din A4, 80 Blatt 10er Pack — 17,50

S1 ______ **Der Referendar (70.01)** 1. Aufl. 2003
Meine größten Rein-) Fälle ( Format A6) — 9,80

S2 ______ **Der Rechtsanwalt (70.02)** 1. Aufl. 2006
24 Monate zwischen Genie und Wahnsinn ( Format A6) — 9,80

S3 ______ **Der Jurist (70.03)** 1. Aufl. November 2009
Ein Lehrbuch für Leader ( Format A6) — 9,80

S5 ______ **Coach dich! (70.05)**
Psychologischer Ratgeber, 1. Auflage, 2004 — 19,80

S6 ______ **Lebendiges Reden (70.06)**
Psychologischer Ratgeber inkl. Audio-CD, 2. Auflage, 2008 — 21,80

S7 ______ **NLP für Einsteiger (71.01)**
Psychologischer Ratgeber, 12. neugestaltete Auflage, 2008 — 12,80

S8 ______ **Prüfungen als Herausforderung (70.08)**
Psychologischer Ratgeber, 1. Auflage 2011 — 14,80

______ **Wiederholungsmappe (75.01)** — 9,90
Intelligentes Lernen
inkl. Handbuch und Kurzskript

______ **Ordner hemmer.group (88.20)** — 2,50
Ringbuchmappe für Einlagen, DIN A4

**(100.201)** ______ **AudioCards auf CD:** BGB AT I - III — 59,95
Das Frage-Antwort-System der hemmer-Skripten zum Hören

(-200-0) ______ **Die wahren Paradiese** - 15 traumhafte Gärten — 39,80
Gebunden (Hardcover) mit Schutzumschlag, 208 Seiten
(275 x 255 mm), 1. Auflage 2013
Dieses Buch begleitet Sie durch 15 wunderschöne Gärten in Deutschland und Österreich. Die beschreibenden Texte wurden von den Gartenbesitzern selbst verfasst. So individuell wie die Gartengeschichten sind auch die gezeigten Gärten. Vom eleganten Landhausgarten und überbordende Rosengärten bis hin zum verwunschenen Waldgarten - den Leser erwartet eine lustvolle grüne Reiseroute.

## Life&Law

Eu

______ Einzelheft der Life&LAW — 6,8

AboLL ______ Abonnement der Life&LAW
Life&Law 3 Monate kostenfrei,
danach erhalten Sie die Life&Law zum Preis von — 5,8

LLJ ______ Life&LAW Jahrgangsband 1999 - 2012
______ bitte Jahrgang eintragen — je 50,0

LLJ13 ______ Life&LAW Jahrgangsband 2013 — 80,0

LLE ______ Einband für Life&LAW Jahrgang — je 6,0

## Die AnwaltsBasics

**Herausgeber: hemmerVerlag für Anwälte GmbH**

978-3-9813969-0-4 ______ **Die AnwaltsBasics Erbrecht**
**1. Auflage, November 2010, 429 S.** — 39,9

978-3-9813969-5-9 ______ **Die AnwaltsBasics Mediation**
erweiterte **2. Auflage, November 2013, 237 S.** — 23,9

978-3-9813969-4-2 ______ **Die AnwaltsBasics Mietrecht**
**1. Auflage, November 2013, 401 S.** — 39,9

**Endsumme:**

Lieferung erfolgt in aktueller Auflage

Kundennummer D

Prüfen Sie in Ruhe zuhause!
Alle Produkte dürfen innerhalb von 14 Tagen an den Verlag (Originalzustand) zurückgeschickt werden. Es wird ein uneingeschränktes gesetzliches Rückgaberecht gewährt. Hinweis: Der Besteller trägt bei einem Bestellwert bis 40 Euro die Kosten der Rücksendung. Über 40 Euro Bestellwert trägt er ebenfalls die Kosten, wenn zum Zeitpunkt der Rückgabe noch keine (An-) Zahlung geleistet wurde.

Die Lieferung erfolgt versandkostenfrei an Ihre angegebene Adresse. Ich weiß, dass meine Bestellung nur bearbeitet wird, wenn ich zum Einzug ermächtige. Bestellungen auf Rechnung können nicht berücksichtigt werden.
Bei fehlerhaften oder unleserlichen Angaben, sowie einer Rücklastschrift aufgrund Nichtdeckung meines Kontos wird der branchenübliche Schaden in Rechnung gestellt. Der Kunde ist berechtigt, diesem Pauschalbetrag den Nachweis entgegenzuhalten, dass nur ein geringerer Schaden entstanden ist. Die Lieferung erfolgt unter Eigentumsvorbehalt.

Name: ______ Vorname: ______

Adresse: ______

Telefon: ______ e-mail-adresse: ______

**Buchen Sie die Endsumme von meinem Konto ab:**

Konto-Nr.: ______ Bankleitzahl: ______

Bank: ______ BIC: ______

IBAN: ______

Ort, Datum: ______ Unterschrift: ______